Chefsache

Reihe herausgegeben von

Peter Buchenau
The Right Way GmbH
Waldbrunn, Deutschland

EBOOK INSIDE

Die Zugangsinformationen zum eBook inside finden Sie am Ende des Buchs.

Die Management-Reihe „Chefsache" beschäftigt sich mit Führungsthemen und Aufgabengebieten, die für die Führungskräfte von Morgen wichtig sind. Neben klassischen Themen wie Organisation, Führung, Human Ressource Management oder Vertrieb nehmen Gender-, Diversity- und Gesundheitsthemen oder Soft Skills eine besondere Stellung ein – laut dem Institut für Führungskultur im digitalen Zeitalter sind dies jene wichtige Faktoren für ein erfolgreiches Agieren am Markt. Das Führungsverhalten wird sich demnach in den nächsten Jahren massiv verändern. Künftige Chefs, die sich deren Relevanz bewusst sind, sie verstehen und berücksichtigen, werden zu den Gewinnern von Morgen gehören. Die Chefsache-Reihe besteht aus Autoren- und Herausgeberwerken. Erfolgreiche Manager bringen ihre Erfahrungen ein und bieten den Leserinnen und Lesern die Möglichkeit, sich Fachwissen anzueignen und im eigenen beruflichen Kontext umzusetzen. Peter Buchenau als Initiator der Chefsache-Serie lädt regelmäßig Führungskräfte aus unterschiedlichsten Institutionen ein, ihre Expertise in der Buchreihe auf verständliche und anschauliche Weise umsetzungsorientiert einzubringen. Die Fachbücher sind Werke von Profis für Profis, aus der Praxis für die Praxis. Zur Zielgruppe zählen Führungskräfte der zweiten und dritten Führungsebene in Konzernen, Unternehmer im klein- und mittelständischen Bereich sowie Selbstständige.

Weitere Bände in dieser Reihe: http://www.springer.com/series/16162

Cordula Grimm

Chefsache Perspektivwechsel

Eingefahrene Unternehmerdenkweisen auf den Kopf gestellt

Cordula Grimm
Bayreuth, Deutschland

Chefsache
ISBN 978-3-658-26120-7   ISBN 978-3-658-26121-4 (eBook)
https://doi.org/10.1007/978-3-658-26121-4

Die Deutsche Nationalbibliothek verzeichnet diese Publikation in der Deutschen Nationalbibliografie; detaillierte bibliografische Daten sind im Internet über http://dnb.d-nb.de abrufbar.

Springer Gabler
© Springer Fachmedien Wiesbaden GmbH, ein Teil von Springer Nature 2019
Das Werk einschließlich aller seiner Teile ist urheberrechtlich geschützt. Jede Verwertung, die nicht ausdrücklich vom Urheberrechtsgesetz zugelassen ist, bedarf der vorherigen Zustimmung des Verlags. Das gilt insbesondere für Vervielfältigungen, Bearbeitungen, Übersetzungen, Mikroverfilmungen und die Einspeicherung und Verarbeitung in elektronischen Systemen.
Die Wiedergabe von allgemein beschreibenden Bezeichnungen, Marken, Unternehmensnamen etc. in diesem Werk bedeutet nicht, dass diese frei durch jedermann benutzt werden dürfen. Die Berechtigung zur Benutzung unterliegt, auch ohne gesonderten Hinweis hierzu, den Regeln des Markenrechts. Die Rechte des jeweiligen Zeicheninhabers sind zu beachten.
Der Verlag, die Autoren und die Herausgeber gehen davon aus, dass die Angaben und Informationen in diesem Werk zum Zeitpunkt der Veröffentlichung vollständig und korrekt sind. Weder der Verlag, noch die Autoren oder die Herausgeber übernehmen, ausdrücklich oder implizit, Gewähr für den Inhalt des Werkes, etwaige Fehler oder Äußerungen. Der Verlag bleibt im Hinblick auf geografische Zuordnungen und Gebietsbezeichnungen in veröffentlichten Karten und Institutionsadressen neutral.

Springer Gabler ist ein Imprint der eingetragenen Gesellschaft Springer Fachmedien Wiesbaden GmbH und ist ein Teil von Springer Nature.
Die Anschrift der Gesellschaft ist: Abraham-Lincoln-Str. 46, 65189 Wiesbaden, Germany

Vorwort

Bei der Jagd nach Aufträgen oder beim Bewältigen der Auftragsflut der letzten Jahre haben viele Unternehmer paradoxerweise das Unternehmen verlernt: Sie konzentrieren sich so intensiv auf „Aufträge! Umsatz! Kosten!", dass sie schon heute, spätestens morgen vom Wandel der Zeit, von der Digitalisierung, dem Fachkräftemangel und anderen akuten oder absehbaren Bedrohungen überrollt werden. Dabei haben sie ausgerechnet das sträflich vernachlässigt, was viel wichtiger als eine aktuell gute Auftragslage ist: eine erfolgreiche und sichere Zukunft. Ein Perspektivwechsel tut Not: vom Heute auf das Morgen. Ja, Aufträge sind wichtig – doch die Zukunft ist wichtiger. Der unternehmerische Blick sollte öfter, länger und intensiver als bisher auf einer nachhaltigen Existenzsicherung liegen. Nur wer die Zukunft in den Fokus nimmt, hat eine gute Zukunft.

Als Unternehmer, Mittelständler, Handwerker, Selbstständiger, Freiberufler oder Einzelhändler arbeiten Sie hart und – bei aller Bescheidenheit – auch erfolgreich. Sie haben etwas aufgebaut, können etwas vorweisen. Ihre Kunden sind zufrieden mit Ihnen; manche loben Sie sogar in höchsten Tönen. Am Ort und in der Region haben Sie sich einen Namen gemacht und Sie gelten etwas unter den Kolleginnen und Kollegen und in der Branche.

Die Auftragslage ist ordentlich bis überhitzt, Ihre Familie ist stolz auf Sie (auch wenn sie es etwas häufiger zeigen könnte). Ihre Mitarbeiter schätzen Sie als Chef (dito). Alles in allem ist die Lage gut. Sie könnten sich durchaus zurücklehnen und das Leben genießen. Wenn im Hinterkopf nicht Gedanken herumspuken würden. Einige davon drehen sich um Beziehung und Familie: Schenken Sie ihnen genügend Zeit? Andere drehen sich um die Gesundheit: Man sollte vielleicht nicht so oft von Snacks und Fast Food leben. Und einige dieser leicht beunruhigenden Gedanken drehen sich um etwas, das wichtiger ist als die aktuell möglicherweise recht komfortable Lage: Ihre Zukunft. Haben Sie eine? Eine gute? Wird der Erfolg von heute auch morgen noch anhalten?

Sich solche Fragen zu stellen ist kein Zeichen eines pessimistischen Gemüts, sondern ganz im Gegenteil das Gütesiegel einer zentralen Schlüsselfähigkeit: Zukunftskompetenz. Jeder Unternehmer und jede Selbstständige, jede Händlerin und jeder Handwerker, der und die ihr Geld wert sind, fragen sich in den stillen Minuten des Lebens: Hält die gute

Lage an? Wie kann ich mein Geschäft auch unabhängig von der Konjunktur zukunftssicher machen? Wie kann ich meiner Familie und meinen Mitarbeitern eine gute Zukunft sichern? Ist mein Betrieb überhaupt schon zukunftsfähig? Und wie sehr?

Wenn Sie diese tiefschürfenden Fragen für wichtig halten, haben Sie das Gebot der Stunde erkannt (sonst hätten Sie kaum dieses Buch in die Hand genommen): Noch in den 70er-, 80er- und 90er-Jahren war die Zukunft mehr oder weniger eine Fortschreibung der Vergangenheit. Die Zeiten waren relativ stabil und veränderungsarm. Das ist heute nicht mehr so. Ganz im Gegenteil.

Seit über 25 Jahren berate, trainiere und coache ich die Eigentümer, Unternehmer, Führungskräfte und Mitarbeitenden mittlerer und kleiner Unternehmen aller Branchen und vieler Länder und ich muss sagen: Noch nie in der jüngsten Wirtschaftsgeschichte waren die Zukunft, der Erfolg und die Existenz von Mittelstand, Selbstständigen und kleinen Unternehmen so heftig, umfänglich und grundlegend bedroht wie heute. Die Gründe dafür kennen wir alle, weil wir täglich damit medial bombardiert werden: Digitale Revolution, Industrie 4.0, radikaler Wertewandel in der Gesellschaft, rasante Veränderung der Kundenwünschen, Bedrohung durch E-Commerce, Gefahr durch Billigkonkurrenz und neue Mitbewerber aus anderen Ländern, Angriffe auf ganze Branchen durch Investoren, Fachkräftemangel, Bürokratiewahnsinn, Überregulierung … Die Liste der akuten Bedrohungen ist schier endlos.

Diese Bedrohungen sind gefährlich und umwälzend – „disruptiv" (locker übersetzt: zerstörerisch) ist das Stich- und Modewort unserer Tage. Nicht umsonst wird gesagt und geschrieben, wir würden in „dynaxen" Zeiten leben: in dynamischen und komplexen Zeiten. Die Medien erklären uns, dass wir in der VUCA-Ära leben; einer Zeit, die geprägt ist durch Volatilität, Unsicherheit, Komplexität und Ambiguität. Wer vorher noch nicht beunruhigt war, ist es spätestens, nachdem ihm diese Schlag- und Drohworte täglich dutzendfach Angst einflößen.

Einmal abgesehen von solchen Schlagworten: Die Bedrohungen für den Mittelstand sind auch rein sachlich betrachtet real und massiv. Doch paradoxerweise gibt es noch etwas Bedrohlicheres als diese Bedrohungen. Am heftigsten wird das, was Sie geschaffen haben und was Sie und Ihre Lieben ernährt, nicht von den eben aufgezählten Risiken bedroht, sondern von einem Paradoxon: Sie als Unternehmer müssten diese Bedrohungen doch eigentlich bewältigen, managen, überwinden, entschärfen. Doch genau das haben viele Entscheider und Führungskräfte in den letzten, den guten, den fetten Jahren verlernt: Viele Unternehmer haben das Unternehmen verlernt. Kein Vorwurf!

Die bittere Wahrheit ist: Wir alle wurden dazu verführt. Von etwas, das eigentlich angenehm und gut ist: von der guten Auftragslage der letzten Jahre. Bei Ihnen war die Auftragslage aber gar nicht rosig? Paradoxerweise ändert das nichts. Denn ein Mittelständler, der wegen überhitzter Auftragslage nur noch daran denken kann, wie er den Auftragsstau abarbeiten kann, denkt genauso überwiegend und schlagseitig hauptsächlich nur noch an „Aufträge!" wie der Mittelständler, der bei schwacher Auftragslage ebenfalls nur noch „Aufträge ranschaffen! Mehr Umsatz! Bessere Akquise!" denken kann.

Das Auftrags-Paradoxon sagt: Aufträge zuerst! Der Kunde ist König! Der Kunde darf nicht warten! Keine Rückstände auflaufen lassen! Bei dieser Fokussierung auf etwas Wichtiges kommt dann paradoxerweise etwas noch viel Wichtigeres unter die Räder: Ihre Zukunft. Wer vor lauter Auftragsstau oder Auftragsmangel nur noch an Aufträge denken kann, kann nicht an die Zukunft denken.

Wer zehn, zwölf Stunden am Tag hinter Aufträgen herrennt – entweder um sie abzuarbeiten oder sie zu akquirieren – hat schlicht keine Zeit mehr, sich um die eigene Zukunft zu kümmern. Schlimmer noch: Wer keine Zeit dafür hat, verliert auch schnell die Fähigkeit dazu. Zukunftsfähigkeit ist eine Fähigkeit wie Tennisspielen auch: Was man nicht tut, verlernt man schnell. Irgendwann möchte man sich schon wieder um das Morgen kümmern, „kann" Zukunft dann aber nicht mehr. Wer ständig auf den Füßen ist, um Aufträgen hinterher zu rennen, verliert irgendwann den Kopf. Dann ist man zwar bei guter Auftragslage, aber eben kopflos unterwegs.

Eine Einzelhändlerin im Norden Deutschlands, die wegen dieser kurzsichtigen Perspektive auf die Aufträge von heute fast komplett die (auch digitalen) Aufträge von morgen verschlafen hätte, sagte nach vollzogenem Perspektivwechsel und deshalb überstandener Krise: „Erst seit wir das Geschäft grundlegend auf den Kopf gestellt haben, haben wir auch wieder eine Zukunft." Genau dafür sind Sie und ich in diesem Buch unterwegs: Es geht um nichts weniger als Ihre Zukunft. Um nachhaltige Existenz und künftigen Erfolg Ihres Geschäftes. Es geht um Ihre Zukunftsfähigkeit. Wir stärken sie. Damit Sie, Ihr Geschäft oder Unternehmen und Ihre Lieben eine gute Zukunft haben werden.

Bayreuth, Deutschland   Cordula Grimm

Inhaltsverzeichnis

1 Das verlernte Unternehmertum 1
  1.1 Aufträge sind gut, Zukunft ist besser 1
  1.2 Was passiert, wenn man nur noch an Aufträge denken kann 2
      1.2.1 Was wir vernachlässigen 3
      1.2.2 Früher war das nicht so schlimm 4
  1.3 Wie bereit sind Sie für die Zukunft? 4
  1.4 Bitte kritzeln Sie! 5
  1.5 Sprungbrett der Zukunft: Das Organigramm 6
      1.5.1 Der Brauchen-wir-nicht-Mythos 6
      1.5.2 Das Organigramm ist nicht die Organisation 7
  1.6 Erfassen Sie die tatsächlichen Zuständigkeiten 8
      1.6.1 Die informelle Organisation von ihrer schlimmsten Seite 8
      1.6.2 Kein Vorwurf! 8
      1.6.3 Es geht nicht darum, „Bildchen" zu malen 9
      1.6.4 „Dafür haben wir nicht die Zeit!" 9
      1.6.5 Wie gut kennen Sie Ihren „Laden"? 10
      1.6.6 Vermeiden Sie Strafaktionen 10
      1.6.7 Seien Sie spontan, aber nicht kategorisch 10
      1.6.8 Solo oder im Team? 11
  1.7 Die Ergebnisse der Bestandsaufnahme 11
      1.7.1 Dank und spontane Begeisterung 11
      1.7.2 Die sachlichen Ergebnisse 12
      1.7.3 Die Ergebnissicherung 13
      1.7.4 Unerwartete Ergebnisse: Mitarbeiter arbeiten mit! 15
  1.8 Fit für die Zukunft 15
      1.8.1 Indikatoren der Zukunftskompetenz 16
      1.8.2 Weitere Indikatoren: Was sagen andere über Sie? 16
      1.8.3 Was Sie sonst noch für sich tun können 17
      1.8.4 Die schnellen Fische fressen die langsamen 17
  1.9 Unternehmen lernen 18

2 Die Ziele der Zukunft ... 21
2.1 Die Gretchen-Frage: Wie halten Sie's mit den Zielen? ... 22
2.1.1 Zukunft beginnt mit Zielen ... 22
2.1.2 Ziele sind nicht unbedingt populär ... 23
2.1.3 Was andere Ihnen raten, sind nicht automatisch Ihre Ziele! ... 23
2.2 Praxisbeispiel: Falsche Ziele führen in die Sackgasse, nicht in die Zukunft ... 24
2.2.1 Warum falsche Ziele nicht funktionieren ... 24
2.2.2 Wenn wir der Versuchung der falschen Ziele erliegen ... 25
2.2.3 Der Fluch des falschen Ziels ... 25
2.2.4 Umsatz reicht nicht ... 26
2.2.5 Das Ende vom Lied: Ein gutes Ende ... 26
2.3 Was sind Ihre „eigentlichen" Ziele? ... 27
2.3.1 Leitfragen der Zielfindung ... 28
2.3.2 Bitte nicht ungeduldig werden! ... 29
2.3.3 Von Unternehmerzielen zu Unternehmenszielen ... 29
2.3.4 Authentische Ziele geben mehr als neuen Schwung ... 30
2.3.5 Bitte noch nicht loslegen! ... 30
2.3.6 Mit neuen Zielen führen ... 30
2.4 Niemand wird Unternehmer bloß wegen dem Geld! ... 32
2.4.1 Wovon träum(t)en Sie? ... 32
2.4.2 Kein Traum, keine Ziele, keine Zukunft ... 32
2.4.3 Passt nicht mehr zum Traum? Wird verkauft! ... 33
2.5 Eklatante Zielallergie ... 34
2.6 Frequently Asked Questions ... 35
2.6.1 „Umsatz ist doch das Wichtigste – warum reichen Umsatzziele nicht?" ... 35
2.6.2 „Kann man mehrere Zukunftsziele haben?" ... 35
2.6.3 „Was sind denn konkrete Ziele zum Beispiel?" ... 36
2.6.4 „Muss man seine Ziele priorisieren?" ... 36
2.6.5 „Wie viele Ziele sind sinnvoll? Wo liegt die Grenze?" ... 37
2.6.6 „Aber in Unternehmerziele spielen doch auch Familienziele und persönliche Ziele rein, oder?" ... 37
2.6.7 „Soll ich die Belegschaft in die Zielfindung einbeziehen?" ... 38
2.6.8 „Es ist mir peinlich, aber ich kann mir meine Ziele nicht alle merken." ... 38
2.6.9 „Ich will vor allem keinen Stress und keine Hektik mehr!" ... 39
2.6.10 „Unsere Ziele sind einfach eine Nummer zu groß!" ... 39
2.6.11 „Unsere neuen Ziele setzen uns mächtig unter Druck!" ... 39
2.7 Der beste Prädiktor für Zukunftserfolg ... 40

3 Die Werte der Väter (oder Mütter) ... 41
3.1 Welche Werte leiten uns? ... 42
3.1.1 Was uns wichtig ist: Werte ... 42
3.1.2 Warum wir uns streiten ... 43
3.1.3 Nur die richtigen Werte führen in die Zukunft ... 43
3.2 Führen mit Werten ... 44
3.2.1 Beste Deeskalation: Unterbewusste Werte bewusst ansprechen ... 44
3.2.2 Die Würdigung von Werten ist kein Rezept, sondern eine Technik ... 45
3.2.3 Neue Besen kehren gut, sollten jedoch darauf achten, was genau sie hinauskehren ... 45
3.2.4 Folgen Sie Werten nicht blind! ... 46
3.3 Erstellen Sie ein Inventar der Werte! ... 47
3.3.1 Wofür stehen Sie? ... 47
3.3.2 Die Kunst, sich selbst ein Bein zu stellen ... 48
3.3.3 Wofür steht Ihr Betrieb? ... 49
3.3.4 Welche Werte sind nötig für eine gute Zukunft? ... 50
3.4 Werte der Zukunft ... 50
3.4.1 Es gibt keine Zukunftswerte per se ... 51
3.4.2 Verbieg dich nicht! ... 51
3.4.3 Werte sind Stärken und Stärken sind Werte ... 52
3.4.4 Sie sind, was Sie sind – bleiben Sie sich treu! ... 52
3.4.5 Soll auch der Chaot sich treu bleiben? ... 53
3.5 Vertrauen Sie Ihren Werten! ... 54
3.5.1 Mit den Werten fängt man an ... 54
3.5.2 Werte geben Sicherheit ... 54
3.6 Werte: Frequently Asked Questions ... 55
3.6.1 „Welche Werte sind total veraltet?" ... 55
3.6.2 „Müssen wir ein Value Statement haben wie die Konzerne?" ... 56
3.6.3 „Wir haben unsere Werte, aber wir reden nicht darüber!" ... 56
3.6.4 „Werte reflektieren? Ist mir zu schwierig!" ... 56
3.6.5 „Muss man Werte sortieren?" ... 58
3.6.6 „Ach, gehen Sie mir doch weg mit sowas Esoterischem!" ... 59

4 Visionen der Zukunft ... 61
4.1 Wohin wollen Sie? ... 62
4.1.1 Keine Zeit für Visionen – keine Zeit für die Zukunft ... 62
4.1.2 Eine Vision ist wie eine Fernreise ... 63
4.1.3 Das schwere Erbe der Eltern ... 63
4.1.4 Die Verführung der guten Auftragslage ... 64

4.2	Die schlichte Notwendigkeit der Vision	64
	4.2.1 Ohne Vision keine kongruenten Ziele	64
	4.2.2 Henne oder Ei: Was kommt zuerst?	65
	4.2.3 Die Zukunft ist ganz einfach	66
	4.2.4 Tradition der Vision	66
4.3	Wir entwickeln Ihre Vision	66
	4.3.1 Träumen Sie!	66
	4.3.2 Notwendigkeit als Quelle von Visionen	67
	4.3.3 Die dritte Quelle der Vision: Was Sie schon immer machen wollten	67
	4.3.4 Die vierte Quelle: Best Case	67
	4.3.5 Bitte notieren!	68
4.4	Die Vision steht	68
	4.4.1 Die häufigsten Visionen – gibt es nicht	68
	4.4.2 Typisch Vision: Gibt Power!	69
	4.4.3 Der Ziel-Vision-Konflikt	70
	4.4.4 Folgen des Konflikts	70
4.5	Blockaden lösen	71
	4.5.1 Wenn nichts kommt	71
	4.5.2 Wenn ein Gefühl aufsteigt: Nachfragen	71
	4.5.3 Bitte keine Panik!	72
	4.5.4 Eine Vision, viele Facetten	72
4.6	Kooperation und Coopetition: Gründe dafür und dagegen	73
	4.6.1 Konkurrenz ist kein Universalprinzip	73
	4.6.2 Kooperation und Coopetition in der Zukunft	73
	4.6.3 Warum wir wenig kooperieren: Misstrauen	74
	4.6.4 Warum wir wenig kooperieren: Skills	74
	4.6.5 Warum wir wenig kooperieren: Netzwerk-Indolenz	74
	4.6.6 Warum wir wenig kooperieren: Machtängste	75
4.7	Kooperation: Best Practice	75
	4.7.1 Traditionelle Kooperationen	75
	4.7.2 Erweiterte Kooperationen	76
	4.7.3 Zentrale Voraussetzungen erfolgreicher Kooperation	77
4.8	Strategische Aspekte der Kooperation	78
4.9	Die vertikale Kooperation	78
	4.9.1 Horizontale und vertikale Kooperation	78
	4.9.2 Praxisbeispiel vertikale Kooperation	79
	4.9.3 Laufende „Instandhaltung"	79
4.10	Auf gute Kooperation!	80

5	**Zukunft ist Innovation**		81
	5.1 Wie offen sind Sie für Neues?		81
		5.1.1 Motivation zur Innovation	82
		5.1.2 Wer zu spät kommt, den bestraft das Leben	82
		5.1.3 Mit Überzeugung innovieren	83
		5.1.4 Bremsreflexe der Innovation	83
		5.1.5 Best Practice Spontan-Innovation	84
		5.1.6 Über den eigenen Schatten springen	84
		5.1.7 Kulturelle Aspekte der Innovation	85
	5.2 Wie Innovation funktioniert		86
		5.2.1 Vom richtigen Zeitpunkt	86
		5.2.2 Was ist überhaupt Innovation?	86
		5.2.3 Die zwei Geheimnisse der Innovation: Transfer und Adaption	87
		5.2.4 Schlüsselfragen der Adaption	88
		5.2.5 Innovation ist nie zu Ende	88
		5.2.6 Innovation verkaufen	89
		5.2.7 Open Innovation	89
		5.2.8 Jour fixe	90
	5.3 Die Organisation der Innovation		91
		5.3.1 Risikomanagement	91
		5.3.2 Teamarbeit oder Soloprojekt?	91
		5.3.3 Realisation und Umsetzung	92
		5.3.4 Antizipation von Widerständen und Hindernissen	92
		5.3.5 Das betriebliche Vorschlagswesen	93
	5.4 Persönliche und kollektive Voraussetzungen für Innovation		93
		5.4.1 Chefs ohne Mega-Ego	93
		5.4.2 Single Focus	94
		5.4.3 Delegationsfähigkeit	94
		5.4.4 Das nötige Bewusstsein	94
		5.4.5 Sich selbst überflüssig machen	95
		5.4.6 Beharrlichkeit	95
		5.4.7 Fokus auf Verbesserung, nicht auf Produkte	95
		5.4.8 Small Is Beautiful!	96
		5.4.9 Nicht den Tanker versenken!	96
		5.4.10 Die Leute lernen lassen	97
		5.4.11 Subversive ertragen	97
	5.5 Der persönliche Vorteil von Innovation		97

6	**Prozesse optimieren: Schneller, effizienter, flexibler**		99
	6.1	Fehler im Prozess: Zukunft gefährdet	99
		6.1.1 Der verschlampte Auftrag	99
		6.1.2 Prozesse, nicht Personen	100
		6.1.3 Der Prozessabsturz	100
	6.2	Prinzipien des Prozessmanagements	101
		6.2.1 Prozesse und Zuständigkeiten gehören zusammen	101
		6.2.2 Prozesse und Zuständigkeiten sind interdependent	101
		6.2.3 Zuständigkeit determiniert Prozessqualität	102
		6.2.4 Prozesse nicht über die Zuständigkeit steuern	102
		6.2.5 Prozesse steuern mit Standards of Performance	102
		6.2.6 Prozesse laufen ständig, also sollten sie ständig beobachtet werden	103
		6.2.7 Prozesse sollten ständig gemanagt werden	103
		6.2.8 Keep It Short and Simple!	103
		6.2.9 Wer Prozesse optimieren möchte, darf nicht eitel sein	104
		6.2.10 Im Prozessmanagement gibt es keine Schuldigen!	104
		6.2.11 Korrigieren mit W-Korrektur	104
		6.2.12 Frag die Prozessinhaber!	105
		6.2.13 Was nicht gelesen wird, muss besprochen werden	105
	6.3	Der Kulturfaktor beim Prozessmanagement	106
		6.3.1 Faktische Firmenkultur	106
		6.3.2 Kultur und Werte wollen gemanagt werden	107
		6.3.3 Die korrekturfreundliche Firmenkultur	107
	6.4	Persönliche Faktoren des Prozessmanagements	107
		6.4.1 Wie gehen Sie mit Fehler-Feedback um?	108
		6.4.2 Korrekturprädisposition des Inhabers	108
		6.4.3 Wie sind Sie? Und bitte vertrauen Sie nicht auf Ihr Selbstbild	108
		6.4.4 Den Bock zum Gärtner machen	109
		6.4.5 Der klassische Persönlichkeitskonflikt	109
		6.4.6 Autokorrektur stärken	109
		6.4.7 Catch Them Being Good!	110
	6.5	Häufige Fehlerbilder in Prozessen	111
		6.5.1 Fehler im Kundenkontakt	111
		6.5.2 Noch einmal: Prozesse, nicht Personen	111
		6.5.3 Das Prozessmeeting	112
		6.5.4 Lehm-Prozesse	112
		6.5.5 Optimale Kommunikationskultur fürs Prozessmanagement	112
		6.5.6 Informationsdeprivierte Prozesse	113
		6.5.7 Allerweltsfehler	113
		6.5.8 Zu viel Personal!	114
		6.5.9 Der Wasserkopf-Effekt	115

		6.5.10	Optimierungshindernisse	115
		6.5.11	Rückfallprävention	115
	6.6	Tipps fürs Prozessmanagement		116
		6.6.1	Arbeiten Sie mit den Willigen!	116
		6.6.2	Entschärfen Sie die Machtfrage!	116
		6.6.3	Keine Zeit!	117
		6.6.4	Seien Sie mutig!	117
	6.7	Spezialfall Entscheidungsprozesse		118
		6.7.1	Bad Practice: Entscheidungsarthrose	118
		6.7.2	Best Practice: Regelbasierte Entscheidungsfindung – mit Ausnahmen	118
		6.7.3	Entscheidungsverbesserung: Wer entscheidet nicht?	119
		6.7.4	Binnen-Regeln	119
		6.7.5	Management by Exception	120
	6.8	Der Gewinn der Prozessoptimierung		120
7	**Was um Himmels willen war nochmal ein Fax?**			123
	7.1	Auf welcher Seite des Wandels stehen Sie?		124
		7.1.1	Auf der falschen Seite des Wandels	124
		7.1.2	Beliebte Fehleinschätzungen des Wandels: „Nur was für die Großen!"	125
		7.1.3	Beliebte Fehleinschätzungen: „Betrifft uns nicht!"	125
		7.1.4	Beliebte Fehleinschätzung: „Uns geht's doch gut!"	125
		7.1.5	Beliebte Fehleinschätzung: „So schlimm wird's schon nicht werden!"	126
	7.2	Trivialbeispiel eines erfolgreichen Wandels		126
		7.2.1	Der Wandel	127
		7.2.2	Die Bremsen des Wandels	127
		7.2.3	Der Kern des Wandels	127
		7.2.4	Die Chancen liegen auf der Straße. Wer bückt sich?	127
	7.3	Großer Wandel: Die Digitalisierung		128
	7.4	Erfolgreich im Wandel: Augen offenhalten		128
		7.4.1	Externe Quellen der Information zum Wandel	129
		7.4.2	Auf die eigenen Leute hören	129
		7.4.3	Auf die Kunden schauen und hören	130
	7.5	Neue Geschäftsmodelle		130
		7.5.1	Der Klassiker: Service statt Maschinen	130
		7.5.2	Wollen Sie das mal andenken?	131
		7.5.3	Der umgekehrte Fall: Produkt statt Dienstleistung	131
		7.5.4	Was fällt Ihnen ein?	132
		7.5.5	Was hält Sie?	132
	7.6	Organisatorischer Wandel: Die neue Teamkultur		132
	7.7	Der Markt als Impulsgeber für den Wandel		133

7.8	Runter mit der Hemmschwelle: Aus Alt mach Neu	133
7.8.1	Das neue Geschäftsmodell	134
7.8.2	Hemmschwellen und Hindernisse überwinden	134
7.8.3	Wäre das was für Sie?	134
7.9	Das Neue wagen	135
7.9.1	Wir unterschätzen unsere Offenheit für Neues	135
7.9.2	Self-Modelling von Mut	135
7.9.3	Portionierung des Neuen	136
7.10	Vorsicht vor Enthusiasmus und Beratergläubigkeit	136
7.10.1	Enthusiasmus ist gut, Gewissenhaftigkeit ist besser	136
7.10.2	Schutz vor zu viel Enthusiasmus: Auf die Familie hören	137
7.10.3	Berater wissen es nicht unbedingt besser	137
7.10.4	Auch Berater haben eine Wirkungsgrenze	138
7.11	Handwerk ist Zukunft	138
7.11.1	Nicht das Geniale entscheidet, sondern dessen Anwendung	139
7.11.2	Fragen zur Anwendung und Umsetzung	139
7.11.3	Wer handwerklich sauber arbeitet, wird belohnt	139

8 Das Zepter wieder in die Hand nehmen ... 141

8.1	Wissen Sie, was in Ihrem Laden läuft?	142
8.1.1	Mitarbeiter sollten mitarbeiten, nicht führen	142
8.1.2	Was der Chef nicht weiß, macht ihn heiß	142
8.1.3	Weitere weiße Flecken auf der kognitiven Chef-Landkarte	143
8.2	Die Folgen des Führungsverzichts	143
8.2.1	Das miese Gefühl	143
8.2.2	Der kritische Schwellenwert	144
8.2.3	Die Folgen verhindern	144
8.2.4	Wer weiß es?	145
8.2.5	Sehen, was man sehen muss	145
8.2.6	Gesagt bekommen, was man sehen muss	145
8.2.7	Management by Walking around	146
8.2.8	Ein gutes Netzwerk	146
8.3	Muss ein Chef alles wissen?	147
8.3.1	Ein Chef muss seinen Leuten auch vertrauen!	147
8.3.2	Aus Vertrauen wird das Gegenteil	147
8.3.3	Wegschauen hat Konsequenzen	148
8.3.4	Der Image-Schaden	148
8.3.5	„Ich muss nicht jede Schraube im Betrieb abgezählt haben!"	148
8.4	Die berühmten zehn Prozent: Den Laden voll im Griff	148
8.4.1	Der Kultur-Effekt	149
8.4.2	Die Lobby-Anekdote	149
8.4.3	Die Angst des Chefs vorm Durchgriff	149
8.4.4	Auch Erwachsene brauchen Erziehung	150

		8.4.5	Und wieder: Das Zeitargument	150
		8.4.6	Noch einmal: Das Zeitargument ist keines!	151
	8.5	Das Zepter clever schwingen		151
		8.5.1	Das Problem dort lassen, wo es aufgetreten ist	151
		8.5.2	Aber wenn der Mitarbeiter das nicht kann?	152
		8.5.3	Vorne anfangen: Klare Ansage	152
		8.5.4	Das Missverständnis ist der Regelfall der Kommunikation	153
		8.5.5	Die Basiszahlen im Kopf	153
		8.5.6	Schlüsselfrage der Führung: Wie läuft's?	154
		8.5.7	Das Prinzip der positiven Verstärkung	154
		8.5.8	Das Prinzip der aktiven Rückmeldung	154
		8.5.9	Der Chef führt nicht. Der Chef pickt Rosinen	155
	8.6	Was macht ein Chef?		155
		8.6.1	Das Ego vom Chef	155
		8.6.2	Chefs lassen sich reporten	156
		8.6.3	Chefs wollen informiert werden – mit Nachdruck	156
		8.6.4	Chefs halten nach	157
		8.6.5	Chefs kennen keine Tabu-Orte	158
		8.6.6	Chefs hören zu	159
	8.7	Was es bringt: Führung		159
		8.7.1	Die Vorteile eines Chefs mit Durchblick	159
		8.7.2	Wie isst man eine Salami?	159
		8.7.3	Das miese Gefühl ist weg	160
		8.7.4	Die Angst vor Ignoranz	160
		8.7.5	Ein starker Chef hat keine Angst zu fragen	160
9	**Führungskraft vs. Vorgesetzter**			163
	9.1	Das Chef-Dilemma		164
		9.1.1	Der Führungsmangel	164
		9.1.2	Wir alle sind ein wenig vorgesetzt	165
		9.1.3	Der Selektionseffekt	165
		9.1.4	Der Mensch in der Gleichung	166
		9.1.5	Der reine Vorgesetzte ist schädlich fürs Unternehmen ..	166
	9.2	Gehen Sie in Führung!		166
		9.2.1	Führungsfehler sind Trainingscamps	167
		9.2.2	Lass dir raten!	167
		9.2.3	Führungskräfte wollen	168
		9.2.4	Führungskräfte entscheiden	168
		9.2.5	Führungskräfte führen emotional	168
		9.2.6	Generalentschuldigung	169
		9.2.7	Führungskräfte nutzen Chancen	169
		9.2.8	Führungskräfte leben Fehlerkultur	170
		9.2.9	Führungskräfte denken voraus	170

9.3		Wenn Führen so viel besser ist …	170
	9.3.1	Der Vorteil vom Führen	171
	9.3.2	Mehr Respekt	171
	9.3.3	Besser in der digitalen Zukunft	171
	9.3.4	Das ist auch eine Frage des Mindsets	172
	9.3.5	Der Neidfaktor	172
	9.3.6	Der Berufsoptimist	172
	9.3.7	Das große Ganze im Blick	173
9.4		Echte Führungskräfte finden	173
	9.4.1	Der Visitenkarten-Test	174
	9.4.2	Der Wasserglas-Test	174
	9.4.3	Das Führungsethos hinter den Tests	175
	9.4.4	Führung und Fachkräftemangel	175
	9.4.5	Führung und Priorität	175
9.5		Wie führen Sie?	176
	9.5.1	Am Anfang: Die Entscheidung	176
	9.5.2	Wo anfangen? Mit den Publikumsklagen	176
	9.5.3	Im Ernstfall an Fußball denken	177
	9.5.4	Externe Unterstützung	177
	9.5.5	Führen Sie! Probeweise	177
	9.5.6	Häufige Themenfelder von Experimenten	178
	9.5.7	Nicht verbiegen!	178
	9.5.8	Feedback einholen!	179
	9.5.9	Sind wir schon da?	179

10 Beenden Sie die Glorifizierung der Mitarbeiter! ... **181**

10.1		Wen sollen wir einstellen?	182
	10.1.1	Wer braucht Mitarbeiter, die sich vor allem durch ihre Anspruchsmentalität auszeichnen?	182
	10.1.2	No Warm Bodies!	182
	10.1.3	Der Misfit-Charme der Quereinsteiger	183
	10.1.4	Das Übliche ist nicht immer das Beste	183
	10.1.5	Erste Voraussetzung: Integrationskraft von Chef und Belegschaft	184
	10.1.6	An ihrer Sprache werdet ihr sie erkennen	184
	10.1.7	Zweite Voraussetzung: Quereinsteiger-Qualifizierung	185
	10.1.8	Dritte Voraussetzung: Ambiguitätstoleranz	185
	10.1.9	Mitarbeiter wollen geführt werden	186
10.2		So wertvoll kann kein Mitarbeiter sein, dass man sich von ihm erpressen lässt	187
	10.2.1	Der Chef schluckt die Kröte	187
	10.2.2	Chef, wehr dich!	188

		10.2.3	Von der Kunst, Nein zu sagen	188
		10.2.4	Systemische Effekte einer Erpressung	188
	10.3	Es lohnt sich einfach nicht		189
		10.3.1	Exzellentes Impression Management	189
		10.3.2	Leistungsträger sind was anderes	190
		10.3.3	Statusjünger bedrohen die Zukunft eines Betriebs	190
	10.4	Befreien Sie sich aus der Abhängigkeit!		190
		10.4.1	Den Personalfragebogen umkrempeln	191
		10.4.2	Verändern Sie Ihre Einstellungsregularien!	191
		10.4.3	Was denken solche Kandidaten?	192
		10.4.4	Street Smart	192
		10.4.5	Wen wollen Sie lieber?	193
		10.4.6	Der erste Eindruck zählt nicht, sondern verwirrt bloß	193
	10.5	Gibt es den Fachkräftemangel?		194
		10.5.1	Geld wird überbewertet	194
		10.5.2	Wer falsch sucht, produziert den Mangel selber	195
		10.5.3	Immer noch Kunst – oder gutes Handwerk: Den/die Richtige/n finden!	195
		10.5.4	Der schlimmste aller Fehler: Den perfekten Bewerber ziehen lassen	196
		10.5.5	Manche Chefs haben das im Blut	197
	10.6	Die Zukunft ist eher neu als alt		197
11	**Personalentwicklung statt Arbeitskraftbeschaffung**			199
	11.1	Die Welt wandelt sich – wir auch?		200
		11.1.1	Das Private wandelt sich schneller als viele Betriebe	200
		11.1.2	Kompetenz ist Privatsache	200
		11.1.3	Im Gewerbe ist es nicht besser	201
	11.2	Die größten Kompetenzlücken		201
		11.2.1	Kundenkommunikation	201
		11.2.2	Learning by Doing	202
		11.2.3	Kompetenzlücken sind groß, Lernblockaden sind größer	202
		11.2.4	Die moderne Kundenkommunikation	202
		11.2.5	Netikette	203
		11.2.6	Das Mindset	203
		11.2.7	Mindset-Lernblockade	204
	11.3	Strategische Kompetenzlücke: Entscheidungsfindung		204
		11.3.1	Entscheidungen sind entscheidend	204
		11.3.2	Entscheidungspathologien	205
		11.3.3	Entscheiden Sie besser!	205
		11.3.4	Rekrutierung: Entscheidungsfreude	205

11.4	Kompetenzlücke Fehlerkultur		206
	11.4.1	Anpassungsreaktionen	206
	11.4.2	Die gute Fehlerkultur	206
	11.4.3	Den Kulturwandel managen	206
	11.4.4	Lernblockade Kulturwandel	207
	11.4.5	Job Enrichment und Fehlerkultur	207
11.5	Die Welt bewegt sich schneller als wir dazulernen		208
	11.5.1	Sehen die das nicht?	208
	11.5.2	Absenzminimale Schulung	208
	11.5.3	Bildungsindolente Vorgesetzte	209
11.6	Weiterbildung in der Praxis		209
	11.6.1	Am Anfang die Bedarfsanalyse: Wer braucht was?	209
	11.6.2	Die leidige Kostenfrage	210
	11.6.3	Den Sack schlagen und den Esel meinen	210
	11.6.4	Das Fahnenflucht-Argument	210
	11.6.5	Wie viele Tage im Jahr?	211
11.7	Der Entwicklungsaspekt		211

Schlusswort von der Zukunft 213

Über den Initiator der Chefsache-Reihe 215

Über die Autorin

Cordula Grimm geboren im August 1970 in Göttingen lebt und arbeitet sie seit gut 45 Jahren in Bayreuth in Oberfranken. Nach ihrem Abitur mit Schwerpunkt Sprachen machte sie eine Ausbildung zur Industriekauffrau mit den Schwerpunkten Marketing und internationaler Vertrieb. Ihre Liebe zu fremden Ländern und deren Sprachen führte sie im Anschluss zu einem internationalen Unternehmen das im Gesundheitsmarkt tätig ist. Von der Assistentin arbeitete sie sich hoch bis zur Marketingleitung der größten Unternehmenssparte. Während ihrer Zeit im Unternehmen unterstütze sie viele Kunden durch Seminare, Coachings und Trainings in diversen Ländern den Vertrieb zu etablieren und auszuweiten. All diese Eindrücke nutzte sie um vor einigen Jahren ihr eigenes Unternehmen aufzubauen und KMU's dabei helfen und zu unterstützen ihr Unternehmen in eine disruptive, volatile und digitale Zukunft zu bringen. Ganz wichtig dabei ist ihr, dass Führungskräfte und Mitarbeiter ebenfalls mit Begeisterung und Leidenschaft in die positiven Veränderungen des Unternehmens einbezogen werden.

Um auch anderen Unternehmern einen Einblick in ihre Ergebnisse zu geben, und diese auch zu ermutigen einen Wandel in ihrem Unternehmen zu etablieren, hat sie angefangen ihre Methoden und Ergebnisse zusammenzutragen und diese in Buchbeiträge, Presseartikel und jetzt das 1. eigenen Buch zusammenzufassen. Ihre **Vision** Unternehmen zu etablieren mit begeisterten, zufriedenen und glücklichen Mitarbeitern und Kunden, die Engagement und Freude bei der Arbeit haben. Eine Welt ohne Burn-/Boreout, Fachkräftemangel und Wirtschaftsschwankungen die selbst verursacht worden sind, dafür setzt sie sich täglich ein.

In ihrer Freizeit praktiziert und unterrichtet sie mit Leidenschaft Pilates und Yoga. Seit mehr als 35 Jahren arbeitet sie wöchentlich ehrenamtlich in der städtischen Klinik für das Bayerische Rote Kreuz und engagiert sich als Katzenliebhaberin für den Tierschutz.

Mehr zu Cordula Grimm und ihrem Coachingangebot finden Sie unter www.grimm-coaching.de oder unter https://www.facebook.com/cordula.grimm.de oder https://www.linkedin.com/in/cordula-grimm-6828a6169

Das verlernte Unternehmertum

Auftragsbücher ersetzen keine Zukunftskompetenz

> *„Ich kann freilich nicht sagen, ob es besser werden wird, wenn es anders wird; aber so viel kann ich sagen: Es muss anders werden, wenn es gut werden soll."* Georg Christoph Lichtenberg, 1742–1799, deutscher Physiker und Aphoristiker

Zusammenfassung

Viele Erfolgsfaktoren weisen den Weg in eine gute, sichere, erfolgreiche Zukunft. Ein zentraler Faktor ist der Organisationsgrad eines Betriebs, Ladens, Geschäftes: Wie klar, effektiv, effizient, flexibel und agil werden die Zuständigkeiten im Betrieb organisiert und auch eingehalten? Die vollständige, wahrheitsgetreue und exakte Bestandsaufnahme der tatsächlichen Zuständigkeiten ist die solide Basis, von der ein Betrieb aus reorganisiert, auf Vordermann gebracht, gut aufgestellt und in die Zukunft geführt werden kann. Alles, was Sie brauchen, um diese Bestandsaufnahme aufzustellen und diese Basis für Ihre Zukunft zu schaffen, beschreibt Kap. 1.

1.1 Aufträge sind gut, Zukunft ist besser

Es ist so paradox wie gefährlich: Wegen der guten Auftragslage der letzten Jahre haben viele Unternehmer das Unternehmen verlernt. Jene, bei denen die Auftragslage nicht so gut war, haben es sogar noch stärker verlernt: Sie jagten so intensiv Aufträgen hinterher, dass sie nur an den nächsten Auftrag, den nächsten Tag, die nächste Woche – nicht aber ans nächste Jahr oder die fernere Zukunft dachten und denken. Das ist in beiden Fällen verständlich, menschlich und normal. Aber es ist so gefährlich wie Fahren ohne Bremse. Die Frage ist nicht, *ob* das schiefgeht, sondern in welcher Kurve. Der Vergleich mit dem Fahren ohne Bremse passt, verniedlicht das Problem jedoch eher.

Denn das Problem geht tiefer. Es steckt im Kopf fast jedes Unternehmers fest und vergiftet sein Denken. Es steckt so tief fest, dass es noch nicht einmal in Form von bewussten, rationalen Gedanken erscheint. Es ist eher ein diffuses Bauchgefühl, ein trügerisches Gefühl von Sicherheit, das uns auf der Ebene der Emotionen suggeriert: „Auftragsbuch voll? Zukunft gesichert!" Wer würde das nicht angesichts voller Auftragsbücher denken? Das ist doch völlig logisch und nachvollziehbar! Und in stabilen Zeiten mit wenig Dynamik stimmt das ja auch. In unseren hoch dynamischen Zeiten dagegen nimmt der schlagseitige Fokus auf „Aufträge! Umsatz! Kosten!" in der Regel ein schlimmes Ende, denn: Auftragsbücher ersetzen keine Zukunftskompetenz.

Wir brauchen beides: gute Auftragslage und gute Zukunftskompetenz. Beide sind Komplementärfähigkeiten: Sie komplettieren sich gegenseitig. Etwa wie linker und rechter Schuh: Mit nur einem Schuh an den Füßen geht niemand auf die Straße.

Zukunftskompetenz? Das klingt relativ abstrakt. Der Fertigungsleiter eines hessischen Betriebs meinte dazu: „Das ist sicher wieder so ein Modewort, von dem bald keiner mehr redet!" Vielleicht verschwindet der Begriff tatsächlich irgendwann – aber die Zukunft? Kann die Zukunft denn verschwinden? Wohl eher nicht.

Wir brauchen uns auch nicht lange mit abstrakten Begriffen – ob Mode oder nicht – aufzuhalten. Was passiert, wenn man sich unter dem Druck einer zu stürmischen oder zu schwachen Auftragslage zu sehr auf Aufträge, Umsatz und Kosten konzentriert, hat ganz konkrete Konsequenzen. Betrachten wir sie.

1.2 Was passiert, wenn man nur noch an Aufträge denken kann

Sich nur noch auf die Erledigung aufgelaufener oder die Gewinnung fehlender Aufträge zu konzentrieren, macht heute kein Problem. Aber morgen. Viele Unternehmer, Entscheidungsträger und Führungskräfte registrieren diese Probleme auch. Manche sitzen sie nolens volens aus – eben weil man viel zu sehr mit den Aufträgen von heute beschäftigt ist als sich um die Hindernisse auf dem Weg in die Zukunft zu beschäftigen. Andere versuchen, diese Hindernisse zu überwinden. Etliche rufen mich oder andere Externe, um die Probleme schneller zu beseitigen. Wenn ich mit ihnen, ihren Mitarbeitern, Lieferanten und Kunden rede, sprechen sie immer wieder dieselben „Zukunfts-Killer" an:

- „Vom Auftragseingang bis zur Auftragsbearbeitung – das dauert bei uns viel zu lange!"
- „Ständig verlieren wir Zeit, weil die internen Zuständigkeiten nicht klar sind!"
- „Kundenfreundlich sind unsere Auftragsabläufe ganz sicher nicht."
- „Macht ihr hier nur Bürokram oder kümmert ihr euch auch mal um Kunden?"
- „Der Kunde wartet nicht, bis unsere arthritische Bürokratie so weit ist!"
- „Während alle um uns herum digitalisieren, arbeiten wir hier noch mit dem Karteikasten."
- „Früher waren die mal innovativ. Jetzt führen sie etwas Neues erst ein, wenn alle anderen es bereits haben."
- „Unsere Kunden ändern sich schneller als wir!"

- „Die Kundschaft ist schon 70 Prozent digital – wir höchstens zu 30 Prozent. Das passt nicht!"
- „Wir kriegen doch jetzt schon keine Lehrlinge mehr. Wie soll das erst in fünf Jahren sein?"
- „Hoffentlich ebbt der Auftragsboom bald ab. Ich komme schon auf dem Zahnfleisch daher."
- „Noch einen klitzekleinen Auftrag mehr und meine Frau droht mit Scheidung."
- „Meine Kinder siezen mich demnächst …"
- „Wir bräuchten dringend zwei Fachkräfte zusätzlich. Aber wir bräuchten sie nicht, wenn unsere Arbeits- und Auslieferungsprozesse effizienter wären. Und vor allem unser Back Office!"

1.2.1 Was wir vernachlässigen

Solche Aussagen oder Gedanken kennen wir alle. Entweder aus der Anschauung (von Kollegen und Mitbewerbern) oder aus eigener Erfahrung. Viele nehmen diese Probleme als „normal", fast schon als gottgegeben. Sie erkennen nicht, woher diese Probleme stammen. Andere wiederum erkennen das oft blitzartig. Immer wieder höre ich von Unternehmerinnen und Entscheidern: „Das kommt davon, wenn sich alles nur noch um Aufträge, Umsatz und Kosten dreht!" Das ist der springende Punkt.

Wer sich – natürlich unter dem Druck der Nachfrage oder Liquidität – zu sehr um Aufträge kümmert, vernachlässigt andere, wichtige, entscheidende Aspekte seines Berufslebens. Zum Beispiel die Gesundheit, die Familie, Hobbys, Freunde, aber eben auch die Zukunft seines Geschäfts oder seines Unternehmens. Das ist der Fluch der schlagseitigen Auftragsorientierung: Man vernachlässigt zwangsläufig, ob man will oder nicht, ob man es bemerkt oder nicht die Qualität und die Schnelligkeit der Auftrags-, Arbeits- und Auslieferungsprozesse. Man denkt zu selten an die immer langsamer werdenden oder im Gegenteil immer riskanter beschleunigten Entscheidungs- und Planungsprozesse.

Man vernachlässigt die Kontrolle und Pflege von Effektivität und Effizienz der internen Abläufe, die Transparenz gegenüber Kunden, Lieferanten und Geschäftspartnern, die interne und externe Kommunikation und die Agilität und Flexibilität der eigenen Supply Chain (Lieferkette). Man verschläft Megatrends wie die Digitale Revolution oder kommt zu langsam in die Gänge. Man vernachlässigt die Entwicklung eigener Innovationen. Was blieb und bleibt bei Ihnen zwangsläufig auf der Strecke, wenn und solange Sie sich zu sehr um Aufträge, Umsatz und Kosten kümmern?

Machen Sie doch mal (gerne hier am Buchrand) eine kleine oder größere Auf-der-Strecke-geblieben-Liste auf. Wenn Sie es professionell machen, priorisieren Sie die Liste noch: Was vom Vernachlässigten wiegt am schwersten, am schmerzlichsten? Aus Ihrer Sicht? Aus Sicht eines wohlwollenden, aber besorgten Dritten? Aus Sicht Ihrer Familie? Oder Ihrer besten Mitarbeiterinnen und Mitarbeiter? Ja, so eine Liste geht ans Eingemachte, erfordert ganz schön Mumm und Überwindung. Wie alles im Leben, das sinnvoll und nützlich ist.

Ob mit oder ohne so eine Liste: Es ist immer etwas, das bei der Jagd nach Aufträgen auf der Strecke bleibt und den Weg in eine erfolgreiche Zukunft be- oder verhindert. Früher war das nicht so schlimm.

1.2.2 Früher war das nicht so schlimm

Früher wartete der Kunde auch mal, wenn unsere arthritischen internen Prozesse nicht schnell genug zu Potte kamen. Heute? Allein der Gedanke ist lachhaft. Im Internet-Zeitalter der sofortigen Wunscherfüllung warten Kunden nur noch in Ausnahmefällen, bis wir liefern können. Sie warten nicht, sie wechseln. Kunden sind es gewohnt, alles per 24-Stunden-Lieferung zu bekommen. In Großstädten sogar mit 1-h-Belieferung. Und es ist nicht nur der Kunde, der Druck macht.

Kein Geschäft, dessen interne Prozesse und Entscheidungswege sich wegen zu intensiver Auftragsorientierung verhärtet und verlangsamt haben, hat noch eine Chance, wenn und sobald ein Mitbewerber auftritt, der schneller und flexibler plant, entscheidet und liefert. Oder der innovativere Produkte, Services und Bestell- und Liefermöglichkeiten entwickelt und anbietet. Oder der schneller digitalisiert. In vielen Branchen kaufen Investoren einige wenige marode Betriebe auf, pumpen viel Geld und Management-Kompetenz hinein, beschleunigen damit alle Abläufe, werten die Produkte und Services auf, innovieren mit viel Einsatz – und fegen in der Folge alle etablierten Firmen vom Markt, die ihre Management- und Zukunftskompetenz bislang vernachlässigt haben.

In den meisten Fällen reagieren die Betroffenen überrascht: „Es lief doch so lange so gut!" Eben das ist des Pudels Kern: Dass etwas so lange so gut lief, bedeutet heute im Gegensatz zu früher eben nicht, dass es auch weiterhin so gut laufen wird. Eher im Gegenteil: Je länger etwas gut lief, desto größer wird das Risiko, dass es schon bald gar nicht mehr gut laufen wird. Weil man sich zu sehr darauf konzentriert hat, sich davon einlullen ließ, dass es so gut läuft.

Viele sagen auch: „Ich dachte eigentlich, wir sind ganz gut aufgestellt!" Das sind sie auch! Das ist auch wichtig. Doch es ist eben nicht entscheidend. Weil etwas fehlt. Es kommt nicht nur darauf an, wie gut man jetzt, heute, in der Gegenwart aufgestellt ist. Es kommt noch viel stärker darauf an, wie zukunftssicher man heute schon managt, agiert, operiert, seine Geschäfte führt. Eben: Wie bereit man für die Zukunft ist. Wie bereit sind Sie?

1.3 Wie bereit sind Sie für die Zukunft?

Das ist die entscheidende Frage. Sie ist etwas heikel. Denn die meisten Unternehmer und Führungskräfte wissen nicht, wie zukunftskompetent sie sind.

Die einen haben „ein gutes Bauchgefühl" – bis sich dieses eben als das herausstellt, was es ist: lediglich ein Gefühl. Die Tatsachen, die unsere stürmische Zeit mit ihrem disruptiven Wandel mit sich bringt, strafen es bald schon Lügen. Bei anderen führt das diffuse

Bauchgefühl zur Panikreaktion: „Wir sind überhaupt nicht zukunftssicher aufgestellt!" Doch auch hier täuscht das unkultivierte Bauchgefühl in vielen Fällen, wenn sich bei näherem Hinsehen zeigt, dass bereits viele Elemente im Unternehmen eine gute Basis für Zukunftssicherheit bilden. Nichts gegen das oft sehr hilfreiche und Sicherheit vermittelnde, legendäre und vielgerühmte Bauchgefühl, doch: Gefühle sind keine Fakten.

Die meisten Unternehmer und Entscheidungsträger verfügen über kein gesichertes Wissen, was die Zukunftssicherheit ihres Geschäfts angeht. Das ist menschlich, verständlich und normal. Denn woher sollten Sie wissen, wie es um Ihre Zukunftskompetenz bestellt ist, wenn Sie täglich tausend andere, dringendere Dinge zu tun haben? Was in diesen Fällen der strukturellen Unwissenheit hilft, ist das, was jeder Lagerarbeiter oder jede Sekretärin weiß, die das Büromateriallager verwaltet: Bestandsaufnahme. Nur wer den aktuellen Bestand aufnimmt, erkennt zuverlässig und belastbar, was vorhanden ist, was teilweise vorhanden ist und was ganz fehlt: Nehmen Sie den Bestand Ihrer Zukunftskompetenz auf!

1.4 Bitte kritzeln Sie!

Bestandsaufnahme? Das kennen Sie schon! Stimmt. Ich bringe Ihnen damit nichts Neues bei. Deshalb ist Zukunftskompetenz kein Hexenwerk, keine Hirnchirurgie, keine Raketenwissenschaft. Zukunftskompetenz ist etwas ganz Bodenständiges, Normales, Logisches. Im Grunde wissen Sie vieles von dem bereits, was Zukunftskompetenz ausmacht. Das ist der Vorteil: Sie müssen nicht viel Neues lernen. Sie wissen (fast) alles schon. Wissen ist gut. Ich möchte Sie lediglich auf eine Gefahr aufmerksam machen, die im Zusammenhang mit Wissen oft übersehen wird:

Wer etwas weiß, tut es deshalb nicht automatisch.

Wissen heißt nicht Handeln.

Wir alle *wissen* zum Beispiel nur zu gut, was wir tun müssten, um abzunehmen, uns mehr zu bewegen, mehr Zeit mit der Familie zu verbringen, uns weiterzubilden – aber wir *tun* es (meist) nicht.

Wissen ist gut, Handeln ist besser. Kommen Sie ins Tun! Das ist das Wichtigste.

Also nehmen Sie Zettel und Stift zur Hand oder Ihr Tablet oder setzen Sie sich an den PC. Kritzeln Sie notfalls hier in den Buchrand oder auf eine Serviette! Lesen ist gut. Kritzeln ist besser. Wie das Sprichwort sagt: Wer schreibt, der bleibt. Das gilt nicht nur für die folgende Bestandsaufnahme Ihrer Zukunftsfähigkeit.

Das gilt für alles, was Sie in diesem Buch lesen werden: Lesen ist gut, Machen ist besser. Aber Kritzeln ist doch kein „Machen"? Doch, ist es. Es ist deutlich besser als tatenlos lesend dazusitzen und alles, was notwendigerweise zu tun ist, auf „später" zu verschieben. Erstens ist Kritzeln und Mitnotieren ganz sicher etwas, das man/frau *macht*. Und zweitens zeigt die Erfahrung: Wer auch nur Stichworte oder eigene Baustellen und Lösungsansätze oder Vorhaben mitkritzelt, kommt danach sehr viel eher, schneller und leichter zum tatsächlich Anpacken, Verändern und Zukunftsgestalten. Also tun Sie sich selber einen Gefallen und schreiben Sie sich sozusagen in die Zukunft. Beginnen wir mit der Bestandsaufnahme Ihrer Zukunftsfähigkeit: Nehmen Sie Ihr Organigramm zur Hand.

1.5 Sprungbrett der Zukunft: Das Organigramm

Sie haben aber kein Organigramm? Ja, klar – ein Organigramm haben vor allem große Unternehmen und Konzerne. „Sowas brauchen wir nicht! Wir wissen auch so, wer bei uns wofür zuständig ist!", meinen viele Führungskräfte kleiner und mittlerer Unternehmen. Dieser Mythos ist weit verbreitet.

1.5.1 Der Brauchen-wir-nicht-Mythos

Dass in seinem kleinen Unternehmen ein formelles Organigramm unnötig sei, sagte mir auch der Inhaber eines Herstellers für Laborbedarf mit 27 Mitarbeitenden. Seine Controllerin, die zufällig daneben saß und mithörte, räusperte sich und sagte: „Entschuldigung, Chef, aber wenn wir wissen, wer bei uns wofür zuständig ist, woher kommen dann die unnötigen und teuren Doppel- und Mehrfachzuständigkeiten? Woher kommen die vielen, teilweise dringlichen Angelegenheiten, für die sich niemand so recht zuständig fühlt, die unerledigt herumliegen und die Kunden verärgern? Und warum streiten sich drei unserer Fachgruppen seit Monaten wegen der Zuständigkeit für Sonderprojekte?" – „Oh", sagte der Inhaber.

Das alles hatte er entweder noch nicht mitbekommen oder aber nicht in direktem Zusammenhang zu seinem (fehlenden) Organigramm gesehen. Seine Mitarbeiterinnen und Mitarbeiter an der Basis jedoch bekamen die dadurch verursachten und chronifizierten Zuständigkeitskonflikte fast täglich schmerzhaft, effizienzschädigend und kostenträchtig zu spüren:

„Sorry, nicht unsere Zuständigkeit!"

„Aber sicher fällt das in euren Zuständigkeitsbereich! Kümmert euch gefälligst darum!"

Oder:

„Was fällt euch ein? Darum kümmern wir uns! Das ist nicht eure Angelegenheit!"

„Doch natürlich ist das unsere Angelegenheit! Wir haben das schon immer gemacht!"

Solche Dialoge hörte man mehrfach täglich im Betrieb. Und nicht nur die Controllerin ahnte, wieviel Geld dieser Zuständigkeitswirrwarr die Firma kostete. Wobei Geld das eine ist. Das andere, viel wichtigere ist die Zukunft:

Unklare Zuständigkeiten sind Zukunfts-Killer.

Denn sie beschädigen die Effizienz, die Auftragsdurchlaufgeschwindigkeit, die Kundenzufriedenheit und -treue, die Auftragsbearbeitungsqualität, die Liquidität und den guten Ruf eines Betriebs und Unternehmens. Und mit diesen Beschädigungen soll das Unternehmen humpelnd in die Zukunft schreiten? Wenn diese Schäden schon in der Gegenwart riskant sind, werden sie in einer disruptiven Zukunft geradezu selbstmörderisch. Das gilt selbst für die seltenen Fälle, in denen auch kleine und mittlere Unternehmen tatsächlich ein Organigramm angelegt haben.

1.5.2 Das Organigramm ist nicht die Organisation

In Seminaren und Workshops heben bei der Diskussion des Themas „Organigramm als Grundlage einer gesicherten Zukunft" manche TeilnehmerInnen freudig lächelnd die Hand und sagen: „Wir haben ein Organigramm!" Worauf die anderen Teilnehmenden applaudieren und ich frage: „Wann hat Ihr Organigramm das letzte Update bekommen?" Meist geht dann ein Stöhnen durch die Reihen.

Und meist sagen die Angesprochenen darauf: „Ja, stimmt, die aktuelle Fassung ist auch schon wieder ... Jahre alt." Der Haken ist: Seit dem letzten Update hat sich mit hoher Wahrscheinlichkeit etwas eingeschlichen, was die Experten „gewachsene Organisation" nennen. „Wildwuchs" wäre meist passender. Die zu selten aktualisierte Landkarte der Zuständigkeiten zeigt schon lange nicht mehr die Landschaft der Organisation, wie sie aktuell tatsächlich im Betrieb ausgeübt wird. Die reale Organisation und die Zuständigkeiten haben sich bereits zigfach geändert, ohne dass das Organigramm sich entsprechend mitverändert hätte. Deshalb läuft vieles im Betrieb schief, ohne Kenntnis vom Chef, intransparent, zu langsam oder komplett daneben: Weil das alles wild gewachsen ist, anstatt gut geplant.

Der Müller denkt zum Beispiel, die Schmitz sei für die Elektrik neuer Aggregate zuständig, dabei ist das schon seit acht Monaten der Meier. Das hat der Müller aber noch nicht mitbekommen, weshalb er bereits fünf Mails an die Schmitz geschickt hat und darüber drei Tage verliert, weil die Schmitz keine Ahnung hat, was er von ihr will und anderes zu tun hat, als ihn über seinen Irrtum aufzuklären. Sie denkt schlicht, sie sei nicht gemeint und ignoriert die Mails. Und so wartet der Kunde noch drei Tage, in denen nichts passiert, weil sein Auftrag zwischen Müller und Schmitz buchstäblich in der Luft hängt.

Beziehungsweise: Der Kunde wartet nicht, sondern rotiert auf 180, storniert und geht zur Konkurrenz. Unzufriedene oder abwandernde Kunden sind aber nicht etwas, das man „Basis einer erfolgreichen geschäftlichen Zukunft" nennen könnte. Das weiß im Grunde auch jeder Unternehmer, jede Führungskraft. Manche wissen das schon lange. Sie brauchen lediglich einen kleinen Stupser, damit sie vom Wissen zum Handeln kommen. Entweder im Coaching oder Workshop. Oder von diesem Buch.

Dass der Stupser funktioniert, merke ich daran, dass die Betreffenden irgendwann mit Vehemenz sagen: „Wir müssen endlich wissen, wer bei uns wofür zuständig ist!" Und zwar umfassend, flächendeckend, ausnahmslos, exakt, personengenau, über sämtliche Tätigkeiten, Prozesse, Angelegenheiten, Projekte, Sonderaufgaben und Strukturen hinweg und am besten mit Nullfehler-Toleranz.

Das denken Sie auch? Dann sind Sie auf dem richtigen Weg. Dieser Weg führt geradewegs in eine erfolgreiche Zukunft und eine gesicherte Existenz. Denken Sie das nicht bloß. Handeln Sie auch danach. Erfassen Sie Ihre Zuständigkeiten.

1.6 Erfassen Sie die tatsächlichen Zuständigkeiten

Bestandsaufnahmen der Zuständigkeiten machen wir regelmäßig in Seminaren, Workshops oder bei der Beratung vor Ort gemeinsam. Sie können Ihre Bestandsaufnahme zusammen mit anderen oder einem Berater angehen. Sie können das aber auch do-it-yourself machen. Mit anderen zusammen und/oder mit externer Expertise fällt es lediglich leichter und geht schneller. Ganz gleich, ob Sie solo oder mit anderen zusammen Ihre Zuständigkeiten erfassen: Machen Sie Party!

1.6.1 Die informelle Organisation von ihrer schlimmsten Seite

Denn wenn die echten, wahren, wirklichen Zuständigkeiten erfasst werden, amüsieren sich alle Beteiligten köstlich – wenn sie sich nicht in die Haare kriegen. Oft passiert abwechselnd beides. Denn es ist tatsächlich höchst amüsant bis heftig konfliktstiftend, was sich in jedem halbwegs normalen Betrieb in den letzten Jahren von den meisten Führungskräften und Mitarbeitenden unbemerkt an informellen Prozessen, Abkürzungen und Seilschaften gebildet hat. Oder auch an kleinen Dienstwegen, Firmen in der Firma, Wagenburgen, Kaminen, Sackgassen, Bypass-Lösungen, Einbahnstraßen, verfeindeten Fraktionen, Geheimkommandos, U-Boot-Projekten, toten Briefkästen, Treibsandgebieten, Engpässen, Steckenpferdprojekten, Doppel- und Mehrfachzuständigkeiten, überlappenden und überschneidenden Kompetenzen, Tabu-Zuständigkeiten, Leichen im Keller und zuständigkeitsfreien Räumen.

1.6.2 Kein Vorwurf!

Natürlich entstehen informelle, wilde Organisationslösungen immer nur mit bester Absicht oder unter dem Druck der Dringlichkeit. Niemand, der bei Verstand ist, macht zum Beispiel eine Doppelzuständigkeit auf, um dem eigenen Betrieb zu schaden. Und manchmal ist es auch absolut notwendig, dass es „schnell und unbürokratisch" geht und man die eigentlich für eine Sache zuständige Instanz im Betrieb (Eigner, Chef, Meister, Buchhalter, Disponent, Einkauf …) umgeht, bypasst. Damit „quick and dirty" etwas Dringendes erledigt werden kann. Der Haken an diesen Provisorien: Sie bleiben nicht provisorisch. Sie verfestigen sich, machen sich selbstständig, stecken andere Organisationseinheiten an und verfilzen die Organisation mehr und mehr. So lange, bis es zur Organisationsarthrose kommt und in dem ganzen Zuständigkeitswirrwarr keiner mehr weiß, wer wofür zuständig ist und warum das alles so lange dauert und so umständlich ist und sich Kolleginnen und Kollegen gegenseitig (unabsichtlich) behindern.

Wenn diese ganzen Orga-Katastrophen erst einmal entdeckt und dokumentiert werden, höre ich am häufigsten – kommen Sie drauf? Ja, klar: „Es ist ein Wunder, dass bei uns überhaupt noch etwas funktioniert!" Das ist natürlich ironisch gemeint und haltlos übertrieben.

Denn funktionieren tut der Betrieb oder das Geschäft ja zweifelsohne. Doch das Ausmaß der organisatorischen Arthrose und Effizienzvernichtung ist nach so einer Bestandsaufnahme regelmäßig schockierend. Danach erschließt sich wirklich jedem, der vorher noch skeptisch war: Mit so einem organisatorischen Klotz am Bein kommt man nicht ungeschoren, geschweige denn erfolgreich in die Zukunft. Das ist einfach zu viel unnötiger Ballast.

Eben weil die Zukunft so dynax und disruptiv ist, überleben und reüssieren nur Betriebe, die flexibel und agil sind (ebenfalls zwei populäre Schlagwörter der Zukunftskompetenz). Und mit Klotz am Bein ist niemand flexibel und agil.

1.6.3 Es geht nicht darum, „Bildchen" zu malen

Viele gestandene Praktiker haben ein Problem mit dem Organigramm: „Bildchen malen ist nicht so mein Ding!" Dann lassen Sie es! Es kommt nicht auf die „Bildchen" an. Es kommt darauf an, dass Sie sich (endlich) einen klaren, zuverlässigen und vollständigen Überblick über die realen Zuständigkeiten in Ihrem Betrieb oder Ihrem Führungsbereich verschaffen. In welcher Form Sie das tun – ob als Organigramm, Kuchendiagramm, Liste, Tabelle oder was auch immer – ist im Grunde egal: Wählen Sie, was Ihnen passt und was einen guten Überblick gewährt.

Denn es geht letztendlich nicht ums Organigramm. Es geht darum, dass Sie die vielen eingeschlichenen Fehler, Versäumnisse und Mängel bei den Zuständigkeiten erkennen, erfassen und ausräumen: „Meier ist für die Auftragsprozesse 1 bis 8, Müller für 9 bis 12 zuständig, im Zweifelsfall entscheidet Schmitz und wenn eine Zuständigkeit offen ist, regelt das Walther."

1.6.4 „Dafür haben wir nicht die Zeit!"

Wer hat die schon? Aber was heißt „die Zeit"? Was ist das in Minuten? Die meisten Praktikerinnen und Praktiker sind bass erstaunt, wenn ich die Faustregel nenne: In einem halben Tag ist das erledigt. Und diesen halben Tag müssen Sie noch nicht einmal am Stück nehmen. Das geht auch scheibchenweise in 10-Minuten-Häppchen.

Natürlich dauert es in größeren Betrieben entsprechend länger. Doch die Zeit als Kostenfaktor zu betrachten, ist ohnehin ein Fehler, der nur Anfängern passiert: Zeit ist kein Kostenfaktor, sondern eine Investition. Wie gestandene Praktiker mir gerne erzählen: „Es kommt nicht darauf an, wie lange das dauert, sondern was das bringt! Wenn der Output größer als der Input ist, rentiert sich das doch und wir wären schön blöd, wenn wir es nicht machen würden." Dem ist nichts hinzuzufügen.

Trotzdem bleiben natürlich einige immer noch skeptisch – was ich begrüße. Wer skeptisch ist, denkt mit und wer mitdenkt, hat eine bessere Zukunft. Warum bleiben einige skeptisch?

1.6.5 Wie gut kennen Sie Ihren „Laden"?

Je besser Sie ihn kennen, desto schneller geht Ihnen die Feststellung der tatsächlichen Zuständigkeiten von der Hand. Diese Voraussetzung leuchtet ein, ist jedoch nicht so häufig gegeben wie man annehmen könnte: Viele kennen ihren Betrieb nicht gut genug; nicht, wenn es um die stillen Zuständigkeiten geht. Eben deshalb heißen sie „still": Sie sind oft selbst dem Chef verborgen, weil sie meist heimlich ablaufen.

Das eine bedingt das andere: Der Wildwuchs in einer Organisation kann umso eher entstehen und umso länger bestehen, je weniger der Eigentümer oder Chef davon Kenntnis hat. Viele haben deshalb ein schlechtes Gewissen: „Ich kenne nicht mal meinen eigenen Laden!" Das ist Unfug! Niemand sollte sich deswegen Vorwürfe machen. Das bringt nichts, außer mieser Stimmung und Passivität. Sie sollten im Gegenteil die Gelegenheit nutzen, Ihren Betrieb im Zuge der Bestandsaufnahme der Zuständigkeiten von Grund auf kennenzulernen, neu zu organisieren und richtig stark aufzustellen.

1.6.6 Vermeiden Sie Strafaktionen

Die Bestandsaufnahme der Zuständigkeiten fördert unter Garantie Missstände zutage. Einen guten Chef bringt das auf die Palme. Oft höre ich: „Also so geht es wirklich nicht! Da sind ja gleich zwei (drei, zehn …) Mitarbeiter für praktisch dieselbe Aufgabe zuständig, wo wir höchstens einen (zwei, fünf …) brauchen! Kein Wunder, dass wir dieses Chaos haben!" Manche erkennen: „Ich dachte, unsere Hektik liegt an der stürmischen Auftragslage. Jetzt sehe ich: Sie liegt zu großen Teilen an unserem Zuständigkeitswirrwarr." Andere sagen: „Das hätte ich mir denken können, dass für diese Aufgaben und Prozesse sich keiner zuständig fühlt! Deshalb bleibt so viel bei uns liegen! Das muss ein Ende haben!" Und was kommt dann?

Dann kommt die große Gardinenpredigt an die Mannschaft als Ganzes oder an einzelne „Übeltäter": Verzichten Sie darauf! Aus zwei guten Gründen.

Zum einen lösen Strafpredigten in den überwiegenden Fällen keine Veränderung zum Positiven aus, sondern Trotz, Frust, Wut, Unverständnis, Rechtfertigungsorgien, Schuldigen-Safaries und Widerstandsverhalten. Zum anderen sind wir noch gar nicht so weit! Mit Ihren Mitarbeitenden sollten Sie erst dann über Missstände sprechen, wenn Ihnen nicht nur klar ist, wo die alte Organisation steht, sondern vor allem, wie die neue Organisation aussehen soll. Und das können Sie erst absehen, wenn Sie auch Ihre persönlichen und geschäftlichen Ziele generalüberholt haben. Genau das machen wir im folgenden (Kap. 2).

1.6.7 Seien Sie spontan, aber nicht kategorisch

Das heißt nicht, dass Sie auf Sofort-Aktionen ganz verzichten sollten! Manchmal sind die Missstände, die bei einer Bestandsaufnahme der Zuständigkeiten ans Tageslicht kommen, so eklatant und augenfällig, dass sich Spontanmaßnahmen geradezu aufdrängen; zum Beispiel: „Frank, du kannst dir die wöchentliche Auflistung der Verbrauchsmengen in der

Lehrwerkstatt sparen – die Mengen werden doch schon über die Liste bei den Lagerausgängen von Susi erfasst!" Und Frank ist froh und seinem umsichtigen Chef dankbar, weil er dadurch jede Woche eine halbe Stunde unnötigen Papierkram spart. In dieser Zeit kümmert er sich lieber um einige Innovationen für den Betrieb: Das ist Zukunftsstärke!

Manchmal kriegt ein Eigner oder Chef den Koller, wenn er sieht, was alles in seinem Betrieb organisatorisch schiefläuft – und setzt daraufhin zum Rundumschlag, zum Turnaround und zur Komplett-Reorganisation an: Tun Sie das nicht! Es überfordert Ihre Mitarbeiter, Ihre Ablauforganisation (die Auftragsbearbeitung leidet) und ist für Belegschaft, Kunden und Familie nicht wirklich nachvollziehbar. Planvoll und dosiert zu verändern, ist der Unterschied zwischen Hauruck-Aktionen und professionellem Change Management. Genau diesen Unterschied praktizieren Sie mit diesem Buch.

1.6.8 Solo oder im Team?

Diese Frage wird oft gestellt – was gut ist. Denn wird sie nicht gestellt, folgen Eigentümer und Chefs meist ihrer persönlichen Prädisposition: Der Einzelkämpfer-Chef macht die Bestandsaufnahme im stillen Kämmerlein, weil er es so gewohnt ist – und seine Belegschaft reagiert möglicherweise pikiert, brüskiert und frustriert, weil sie sich außen vor gelassen fühlt. Außerdem weiß sie viele Dinge, die der Chef vielleicht nicht weiß, aber nie erfährt, weil er sie nicht fragt. Der eher kollegiale und teamorientierte Chef macht die Bestandsaufnahme dagegen von vornherein im Team, weil er es so gewohnt ist – und sein Team diskutiert und zofft sich und ihn zu Tode.

Deshalb sollte man die Frage „solo oder Team?" nicht (nur) auf Grundlage der eigenen Gewohnheiten beantworten, sondern (vor allem) auf Basis der Teamreife und des Kooperationsgrades der Belegschaft: Ist die Belegschaft ein gut eingespieltes, harmonisch und effizient agierendes und vor allem kommunizierendes Team, spricht alles für eine Teambeteiligung bei der Bestandsaufnahme. Ist der Kooperationsgrad dagegen schwach, sollte der Chef den Bestand solo erheben und gelegentlich mit Rückfragen an einzelne Mitarbeitende absichern. Man könnte das auch Management by Walking Around nennen: Der Chef sucht den jeweiligen Mitarbeiter auf und schaut selber nach, ob dieser sich tatsächlich um Prozess X kümmert – wie der Chef die Zuständigkeiten versteht – oder eben nicht.

1.7 Die Ergebnisse der Bestandsaufnahme

1.7.1 Dank und spontane Begeisterung

Wenn Sie die Bestandsaufnahme im Team machen, ist das erste Ergebnis oft: Lob, Begeisterung, Dank und Enthusiasmus von Seiten Ihrer Mitarbeiterinnen und Mitarbeiter. Wenn ich bei der Beratung oder im Workshop mit dabei bin, höre ich häufig:

- „Danke Chef, dass das endlich geklärt ist! Wenn wir das früher schon gemacht hätten, hätte ich mir jede Menge unnötiger Arbeit erspart!"
- „Ich hatte schon immer den Verdacht, dass dieser ganze Kram mich im Grunde nichts angeht."
- „Wow, das wusste ich nicht! Künftig mische ich mich da nicht mehr ein!"
- „Seht ihr? Also haltet euch endlich raus, wenn wir ... machen!"

Natürlich sind nicht alle Mitarbeiterinnen und Mitarbeiter dankbar! Einige werden auch angefressen sein aus den verschiedensten Gründen. Einige der häufigsten sind:

- „Warum besprechen wir das jetzt erst? Das Problem ist doch uralt!"
- „Wir haben das doch immer wieder moniert! Warum haben Sie nicht früher auf uns gehört?"
- „Warum soll ich dafür nicht mehr zuständig sein? Das mache ich doch schon ewig!"
- „Nee, das können Sie mir nicht auch noch an die Backe kleben!"

Im normalen Arbeitsalltag übergeht man solche Einwände auch schon mal. Vorsicht! Wir sind nicht mehr im normalen Arbeitsalltag. Wenn es um Ihre Zukunft geht, geht es um Change Management. Und beim Management des Wandels gilt: Wer Einwände nicht respektvoll behandelt, bremst jeden Veränderungsprozess aus. Kompetente Einwandsbehandlung ist angesagt; zum Beispiel, bezogen auf die obigen Einwände:

- „Du hast recht, das macht uns schon viel zu lange Probleme – deshalb packen wir es jetzt endlich an!"
- „Ich habe euch schon früher gehört. Aber erst jetzt formalisieren wir den Prozess so, dass sich auch endlich was ändert. Seid ihr dabei?"
- „Und ich bin Ihnen dankbar, dass Sie sich der Sache angenommen haben. Aber wie Sie selber schon oft gesagt haben, sollten Sie sich jede Minute des Tages um Ihre eigentlichen Aufgaben kümmern – damit haben Sie mehr als genug zu tun."
- „Nicht als Zusatzaufgabe: Wir organisieren das so um, dass jeder, der an einer Stelle mehr tun muss dafür an einer anderen Stelle weniger tun braucht."

1.7.2 Die sachlichen Ergebnisse

Am Ende Ihrer Bestandsaufnahme haben Sie ein Organigramm oder ein Verzeichnis der Ist-Zuständigkeiten – wie immer Sie es nennen, formalisieren und dokumentieren möchten. Das heißt, Sie und Ihre Mitarbeitenden wissen jetzt ...

- ... wer aktuell und faktisch wofür zuständig ist.
- ... worin diese Zuständigkeit in den wesentlichen Aspekten besteht und welche Aspekte fehlen.

- … wo die jeweilige Zuständigkeit beginnt und wo sie endet.
- … welche Aufgaben und (Teil)Prozesse zur Zuständigkeit gehören und welche nicht.
- … wie die Übergabe der Zuständigkeiten an der jeweiligen Schnittstelle erfolgt und welche Schnittstellen-Friktionen und Übergabe-Probleme bestehen, wie zum Beispiel zu wenig Info, zu späte Übergabe, Heiße-Kartoffel-Problematik (Fehler werden einfach weitergeschoben).
- … wo Doppel- und Mehrfachzuständigkeiten herrschen.
- … wo sich Zuständigkeiten überschneiden und deshalb Konflikte, Ineffizienz und unzufriedene Kunden verursachen.
- … wo ein Mangel an Zuständigkeit herrscht.
- … wo Lücken bei den Zuständigkeiten klaffen.
- … wo Zuständigkeiten unklar oder missverständlich geregelt sind oder ausgelegt werden.
- … wo Zuständigkeiten nicht den Erfordernissen der Situation der Auftragslage oder den Wünschen der Kunden gerecht werden.
- … wo Zuständigkeiten nicht den Erwartungen und Wünschen der Mitarbeiter entsprechen.
- … welche Zuständigkeiten zu langsam oder fehlerhaft funktionieren.
- … wofür keiner formell zuständig ist.
- … wofür sich keiner trotz formeller Regelung zuständig fühlt.
- … wofür zu wenige oder zu viele zuständig sind – gemessen am Arbeitsanfall.
- … wo Verantwortung und Kompetenz auseinanderklaffen.
- … welche Kern- und Zukunftsthemen wie Innovation, Digitalisierung, IT-Sicherheit, Marketing oder Kundenakquise zu kurz kommen, weil zu wenige oder die falschen MitarbeiterInnen dafür zuständig sind.
- … welche Aufgaben chronisch und notorisch leiden, weil immer nur und ausschließlich „der Chef" dafür zuständig ist (oder ein anderer, der oder die völlig überlastet ist).
- … wie die Zuständigkeitsübergabe bei Urlaub und Krankheit funktioniert und wann und wo sie nicht funktioniert.
- … ob Ihre Kunden mit Ihren Zuständigkeiten klarkommen oder das Pontius-Pilatus-Spiel spielen müssen, um bei Ihnen jemand zu erreichen, der sich zuständig fühlt („Die haben mich von Pontius zu Pilatus durchgereicht, bis endlich jemand gesagt hat: ‚Darum kümmere ich mich!'").

Sie können diese Auflistung auch vorab als Muster für Ihre Vorgehensweise bei der Bestandsaufnahme verwenden oder hinterher als Checkliste für die Überprüfung der Vollständigkeit Ihrer Bestandserhebung.

1.7.3 Die Ergebnissicherung

Ohne Zweifel: Eine Bestandsaufnahme der Zuständigkeiten in Ihrem Betrieb oder Führungsbereich macht Arbeit. Manchmal müssen Sie wie ein Detektiv vorgehen und herausfinden: Läuft das bei diesem Arbeitsprozess immer so? Oder ist das die Ausnahme? Ist diese Regelung, die ich grad entdeckt habe, bloß ein organisatorischer Ausreißer? Oder hat sich hier eine unheilige Schattenorganisation etabliert, die sich völlig meiner Kontrolle, ja meines Einblicks entzogen hat?

Eben weil sich ein guter Chef oder Unternehmer normalerweise stark in diese Detailarbeit vertieft, verliert er dabei oft das große Ganze aus dem Blick – ähnlich ergeht es seinen Mitarbeitern. Es klingt fast ein wenig lustig, aber in Workshops höre ich oft die Frage: „Und wozu machen wir das Ganze nochmal?" Das ist keine dumme Frage! Wer diese Frage nicht hieb- und stichfest beantworten kann, der gibt das ganze Unterfangen und damit seine Zukunft oft auf wie eine Diät, die nicht auf Anhieb anschlagen will. Dann schmeißt man enttäuscht die Flinte ins Korn und tut sich damit keinen Gefallen: Das Hüftgold sitzt ja noch immer auf der Hüfte. Deshalb sollten Sie sich und Ihren Mitarbeitern (und auch Ihrer Familie) immer wieder vor Augen halten:

- Ein Betrieb, der nicht sauber und friktionsarm durchorganisiert ist, der nicht (wie es heute heißt) gut aufgestellt ist, ist zu langsam, zu chaotisch, zu ineffizient und kundenfern für unsere dynamischen und komplexen Zeiten, die immer anspruchsvolleren Kundenwünsche und eine disruptive Zukunft.
- Außerdem herrscht in so einem Betrieb in aller Regel ein schlechtes Arbeitsklima, weil die desorganisierten Zuständigkeiten ständig Reibereien provozieren.
- Entscheidungen werden gerade in unseren hyper-beschleunigten Zeiten viel zu langsam getroffen, da entweder zu viele Instanzen/Mitarbeiter dreinreden oder sich keiner zuständig fühlt oder über Zuständigkeiten gestritten wird.
- Schwach organisierte Betriebe sind oft auch wenig innovativ, weil Innovation höchste Anforderungen an die eigene Organisationsfähigkeit stellt.
- Leistung und Qualität einerseits und Organisation andererseits sind direkt korreliert: Nur gut organisierte Betriebe können dauerhaft Leistung auf höchstem Niveau bringen und vor allem garantieren und glaubhaft damit werben.
- Desorganisierte Mitarbeiter sind meist auch desorientiert: Sie können Wichtiges nicht von Dringendem unterscheiden.
- Schwach organisierte Betriebe sind nicht kundenfreundlich, weil sie ständig um den eigenen Bauchnabel kreisen – anstatt um Kunden und Aufträge.
- Nötige Aktionen bleiben auf der Strecke oder werden immer wieder verschoben, weil: „Nicht meine Baustelle! Hab schon genug zu tun!"
- Die Schuld an den ganzen Missständen wird nach außen geschoben: „Immer machen die Kunden so einen Stress!", „Die Konkurrenz bedient sich unlauterer Mittel!" Anstatt zu erkennen: „Auch dieser Auftrag wurde wieder Opfer vom Chaos in unserem Laden."
- Wer ständig um Zuständigkeiten kämpft, hat keine Zeit fürs Wesentliche: „Hilfe! Kunde droht mit Auftrag! Wer kümmert sich darum?" Wer sich um das Wichtigste in der Firma kümmert, die Aufträge, ist nicht geklärt? Das ist die Katastrophe.
- Wer ständig nur um sich selber kreist, verpasst den aktuellen Entwicklungsstand von neuen, digitalen Technologien, Rahmenbedingungen, Marktveränderungen, Cyber-Bedrohungen, Mitbewerber-Verhalten, Wertewandel und Kundenwünschen.

Ich kenne UnternehmerInnen und Führungskräfte, die diese Liste ausgehängt haben und immer wieder kommunizieren. Denn wenn alle ständig daran erinnert werden, warum sie das machen, was sie machen – machen sie es auch!

„Machen" ist das Stichwort: Das, was Sie hier lesen und (hoffentlich) bald machen, ist ganz klar nicht das, was Sie sonst jeden Tag machen. Es ist nicht Business as usual. Es ist nicht, Aufträge abzuarbeiten oder ihnen hinterher zu jagen. Es ist nicht eine Ihrer üblichen Aufgaben – es ist eine Unternehmeraufgabe. Und genau das, das eigentliche Unternehmen, haben viele Unternehmer leider verlernt; mangels Zeit. Deshalb fällt es am Anfang vielleicht schwer, macht aber nach einiger Zeit mächtig Spaß, weil man sieht, was es bringt. Und jetzt mal ehrlich: Wer diese Unternehmeraufgabe(n) nicht anpackt, macht seine Zukunft schlicht vom Zufall abhängig. Und wer will das schon.

1.7.4   Unerwartete Ergebnisse: Mitarbeiter arbeiten mit!

Selbst wenn Sie Ihre Bestandsaufnahme im Büro bei verschlossener Tür vornehmen: Die Mitarbeiter arbeiten nicht auf dem Mond. Die kriegen das mit. Selbstverständlich auch dann, wenn Sie die Bestandsaufnahme im Team machen. Viele Chefs sind überrascht, wenn die Mitarbeitenden dann von sich aus Missstände in der Organisation aufdecken, die der Chef vielleicht gar nicht als solche betrachtet:

Bitte niemals abtun, abwerten, verniedlichen, von der Hand weisen oder vom Tisch wischen!

Das wäre ultimativ demotivierend. Gute Führung und ein echter Unternehmer sein heißt: Jeder Vorschlag ist erst einmal ein guter und wird als solcher in der ersten Reaktion vorbehaltlos und bedingungslos begrüßt; zum Beispiel mit: „Danke für den Hinweis!", „Gute Idee!", „Starker Vorschlag!" Dasselbe gilt für die Steigerung der Mitarbeiterbeteiligung: Lösungsvorschläge. Leider machen viele Vorgesetzte hierbei den zweiten vor dem ersten Schritt: „Das können wir uns nicht leisten!", „Zu aufwändig!", „Bringt doch nichts!" Was machen die Mitarbeiter dann wohl mit Ihren Lösungsvorschlägen, wenn Sie die Vorschläge der Mitarbeiter derart abwerten?

Sie werden sich gerne revanchieren – oder Ihre Vorschläge einfach bloß halbherzig umsetzen. Das ist das Geheimnis der Motivation: Es geht nicht vordringlich darum, Mitarbeiter zu motivieren. Es geht vor allem darum, sie *so selten wie irgend möglich* zu *demotivieren*. Wer sich die täglich üblichen, unbewussten, versehentlichen, aber deshalb trotzdem sehr effektiven Demotivatoren auch nur zu 80 Prozent verkneift, braucht sich um die Motivation seiner Leute (und seiner Familie und Kunden) keine großen Gedanken mehr zu machen.

1.8   Fit für die Zukunft

Der eigene Organisationsgrad, die Regelung der internen Zuständigkeiten, ist die Basis Ihrer Zukunftsfähigkeit. Aber das ist natürlich nicht alles. Es gibt rund um diese starke Basis auch eine Menge anderer Zukunftsfaktoren. Oft werde ich bei der Beratung gefragt:

„Woran erkenne ich denn außerdem noch, ob wir fit für die Zukunft sind?" Gute Frage. Wer so fragt, erfüllt bereits die erste Voraussetzung für zukünftigen Erfolg: Zukunftsbewusstsein, Zukunftsorientierung, Blick übern Tellerrand, Unternehmerdenke. Betrachten wir einige augenfällige Indikatoren für (mangelnde) Zukunftsfitness.

1.8.1 Indikatoren der Zukunftskompetenz

Woran erkennen Sie, dass Sie schon heute das Morgen verlieren? Zum Beispiel an der Stagnation: Die meisten Ihrer Mitbewerber wachsen im Umsatz und Sie stagnieren. Das heißt, die anderen schreiten bereits zügig in die Zukunft voran, während Sie in der Gegenwart verharren. Oder wie der Kalenderspruch sagt: Das Heute ist das Gestern von morgen. Will heißen: Die Zukunft kommt nicht. Sie wird gemacht. Heute. Wachstum ist nicht alles. Aber wer nicht wächst, wenn andere wachsen, verliert Anschluss und Zukunft. Es sei denn, Sie *wollen* nicht weiter wachsen und haben Ihre Ziele und Ihre Strategie bewusst darauf ausgerichtet, weil Sie der Auffassung sind, dass Ihr Business aktuell die optimale Größe erreicht hat.

Ein zweiter Indikator für Zukunftserfolg ist die eigene Innovationsstärke. Bringen Mitbewerber zum Beispiel digitale Services an den Markt und Sie (noch immer) nicht? Nutzen sie neue Technologien und Sie nicht? Haben sie neue Kundenservices eingeführt und Sie nicht? Sind sie Ihnen bei der Marktkommunikation (Website, Blogs und Vlogs, Facebook, Youtube, Newsletter, Handouts, Fachbeiträge …) immer einen Schritt voraus?

Ein fast schon bedrohlicher Indikator für (mangelnde) Zukunftsfähigkeit: Einige Mitbewerber besetzen Marktnischen, die Sie nicht bearbeiten oder noch nicht einmal auf dem Bildschirm haben. Oder sie passen sich an wandelnde Kundenanforderungen an, weil sie den Kunden gut zugehört haben – und Sie nicht.

1.8.2 Weitere Indikatoren: Was sagen andere über Sie?

Ich weiß, das ist für viele Unternehmer ein heikles Thema: „Was interessiert mich, was andere über uns sagen? Die Kunden haben doch keine Ahnung von der Technik. Und dass die Konkurrenz schlecht über uns redet, bedeutet doch, dass sie neidisch auf uns ist!" Dieser Reflex ist so verbreitet, dass er einen eigenen Namen hat: Not-invented-here-Syndrom. Locker übersetzt: „Es kommt von außen? Dann ist es von vornherein irrelevant."

Das Syndrom ist ein sogenannter Bias, eine kognitive Verzerrung, ein Denkfehler wie „Das fünfte Pils schaffe ich auch noch." Ja, klar; aber am Morgen danach brummt der Schädel. Ein Pilstrinker kann sich so einen Bias vielleicht leisten – ein Unternehmer verkneift sich solche eklatanten Denkfehler besser. Was in Ihrem Kopf vorgeht, sollten immer noch Sie bestimmen und nicht irgendwelche Kognitionsverzerrungen: Hören Sie auf Signale von außen! Sie müssen nicht alles glauben – aber alles hören!

Wenn Sie zum Beispiel im Kundenzufriedenheitsbarometer Ihrer Stadt oder Gemeinde (falls vorhanden) abrutschen: Warnsignal! Oder wenn Sie vermehrt unzufriedene oder gar schlechte Bewertungen auf Homepage, bei Google oder Facebook ernten. Oder auch von

Familie und Freunden. Wenn diese zum Beispiel fragen: „Hör mal, was ist denn los bei euch?", ist das praktisch die letzte Warnung vor dem GAU. Manchmal kommen solche Warnsignale auch durch die Blume: „Das letzte Mal, als ich was von euch wollte, hing ich nur noch zwei Minuten in der Warteschleife!" Zwei Minuten Fahrstuhlgedudel? Jeder andere Kunde ist da schon eine Minute weg.

Oder haben Sie schon mal einen Mystery Shopper engagiert? Das muss kein teurer Profi sein. Gewitzte Unternehmer spannen dafür Freunde und Verwandte ein: „Warst du schon mal bei uns? Nein? Dann komm doch mal vorbei und sag, du brauchst … Und merk dir alles, was meine Leute dann machen, um deinen Wunsch zu erfüllen." Manche Chefs mit schauspielerischem Talent rufen auch mal selber bei sich in der Firma an, melden sich unter falschem Namen und erleben ihr blaues Wunder, wie es im Betrieb immer dann zugeht, wenn die Katze aus dem Haus ist: Tanzende Mäuse machen eine schlechte Zukunftskompetenz.

Ein echter Killer-Indikator ist die Mitarbeiter-Fluktuation: Liegt sie bei Ihnen höher als bei den Mitbewerbern am Ort und in der Region? Dann ist es fünf vor zwölf. Tröstlich daran ist, dass die Erfolgsfaktoren der Zukunft interdependent sind, miteinander verzahnt: Wenn Sie Ihre Zuständigkeiten reorganisieren, verbessert sich auch die Staff Retention, die Mitarbeiterbindung.

1.8.3 Was Sie sonst noch für sich tun können

Große Konzerne haben inzwischen ein sogenanntes Innovationsradar: Interne Experten scannen Internet, Studien, Fachveröffentlichungen und andere Quellen ständig nach neuesten Technologien, Entwicklungen, Erfindungen, Forschung und Innovation. Eine ganze Abteilung, die nichts anderes macht, können Sie sich aber nicht leisten? Müssen Sie auch nicht: Eine halbe Stunde pro Woche reicht völlig, wenn Sie die Disziplin haben, das regelmäßig zu machen – oder es einen motivierten und fähigen Mitarbeiter machen lassen. Das „kostet" keine Zeit, das bringt Zukunft. Manche Branchenmagazine oder Veröffentlichungen von Berufsverbänden sind auch relativ fit beim Scannen von Neuerungen: Lesen Sie die entsprechenden Rubriken und Kolumnen regelmäßig. Kostet wenig Zeit und bringt viel: Sie behalten den Anschluss!

Und wenn wir schon dabei sind: Passen Ihre und die Fähigkeiten Ihrer Mitarbeiter noch zu diesen neuen Technologien und Möglichkeiten? Wer bräuchte dringend welche neuen Kompetenzen? Weiterbildung ist kein Dorf im Kaukasus …

1.8.4 Die schnellen Fische fressen die langsamen

Den Spruch kennen wir alle. Er ist fast so etwas wie ein Kalauer der Managementliteratur – aber er passt halt: Zukunft heißt Change. Und wie schnell sind Sie, nein, nicht Sie persönlich, sondern Sie plus Ihr Betrieb, Ihre Mitarbeiter und Ihre Supply Chain, wenn es um Veränderungen geht? Wie fit ist Ihr Change Management? Zählen Sie bei Neuerungen seit Jahren regelmäßig und zuverlässig zu den Avantgardisten, Early Adoptern, Pionieren,

Blitzmerkern? Sind Sie offen für Neues und setzen es auch schnell um? Oder befinden Sie sich im guten Mittelfeld? Im hinteren? Hinken Sie bereits jetzt den neuesten Entwicklungen hinterher? Je disruptiver die Zukunft wird, desto heftiger bestraft sie die langsamen Organisationen – meist wirkt da der Eigner oder Chef prägend.

Zukunftsfitte Unternehmer denken und sagen – und prägen damit ihre gesamte Organisation: „Ich bin offen für alles Neue!", „Neues bietet immer auch neue Chancen und Möglichkeiten.", „Neues finde ich erst mal interessant. Man weiß ja nie, was sich daraus ergeben könnte!" Skeptische, für Neues weniger offene Unternehmer denken und sagen dagegen – und prägen damit ebenfalls ihren Betrieb: „Was neu ist, muss nicht unbedingt gut sein!", „Das ist doch nur eine Mode. Das geht auch vorüber!", „Das sitzen wir erst mal aus!", „Mal sehen, was die andern machen – dann können wir immer noch nachziehen!", „Abwarten und Tee trinken!", „Wir müssen nicht alles mitmachen!", „Wer weiß, ob das überhaupt was bringt!", „Warten wir doch erst mal ab, ob sich das durchsetzt!" So reden Fische, die ein Schild um den Schuppenhals tragen: „Friss mich!" So reden Fische mit der falschen Einstellung. Gute Nachricht: Einstellungen lassen sich ändern. Mit einem entsprechenden Entschluss, viel gutem Willen und Disziplin. Ändern Sie, falls nötig.

1.9   Unternehmen lernen

Viele Unternehmer haben das Unternehmen verlernt. Sie beherrschen ihr Metier, ihr Fach, ihr Gewerbe oft perfekt – aber leider nicht, ein Unternehmen zu führen. Als Schreiner fertigen sie perfekte Möbel, als Elektriker liefern sie perfekte Installationen, als Werkzeugbauer sind ihre Sonderwerkzeuge perfekt und gefragt – aber das Unternehmen schlingert trotzdem in eine ungewisse Zukunft, weil der Unternehmer seine Werkzeuge viel besser entwirft und fertigt als er sein Unternehmen in die Zukunft führt. Das ist schade und gefährlich, weil es die Zukunft kosten kann. Aber das lässt sich ändern.

Unternehmen kann man sich wieder beibringen. Dafür braucht es kein Zusatzstudium und keine zweite Meisterprüfung. Es reicht schon, den eigenen Laden wieder auf Vordermann zu bringen, die Zuständigkeiten erst einmal abzuklären und vollständig zu erfassen, bevor man sie dann neu und besser regelt – und regelmäßig die neuen Regelungen überwacht und feinsteuert.

Denn wie wir alle vom Diäthalten wissen: Gute Vorsätze haben die Tendenz, sich mit der Zeit zu verdünnisieren. Ich besuche häufig Firmenklienten für ein Follow-up und stelle dabei fest: Nach sechs Monaten wird die Hälfte der neuen Zuständigkeiten nicht mehr eingehalten, nach einem Jahr die andere Hälfte – wenn der Chef sich nicht regelmäßig dahinterklemmt, die Fortschritte lobt und die Rückschritte zur Sprache bringt. Wer es richtig gut machen möchte, ruft jedes Quartal einmal seine Leute für ein, zwei Stunden zusammen und überprüft gemeinsam:

1.9 Unternehmen lernen

- Was haben wir damals an Reorganisationsmaßnahmen beschlossen?
- Was wird noch eingehalten?
- Was nicht?
- Was zu Recht nicht?
- Was hat sich bewährt?
- Was nicht?
- Was machen wir also künftig besser?
- Was sollten wir außerdem neu regeln?
- Und was fangen wir mit denen an, die sich notorisch und chronisch nicht daran halten?

Wer seinen Betrieb in den Zuständigkeiten besser organisiert, stärkt seine Zukunftsfähigkeit. Doch die Reorganisation zahlt sich nicht nur für den Betrieb aus. Sie zahlt sich auch persönlich aus. Viele Unternehmer, Händler, Freiberufler und Selbstständige sagen mir: „Seit wir die Zuständigkeiten neu geregelt haben, habe ich den Kopf stärker frei, mehr Zeit, das Klima ist besser, meine Leute motivierter – und das merken auch die Kunden!"

Viele fragen sich danach: „Das hat uns so gutgetan – warum haben wir das nicht schon viel früher gemacht?" Einfache Erklärung: Weil man sich in der operativen Hektik der Auftragsjagd oder -bearbeitung kaum über das eigentlich Unternehmerische oder über die Zukunft Gedanken machen kann oder will. Dafür braucht es in der Regel einen Anstoß, der einen aus der Tretmühle reißt. Ich hoffe, Kap. 1 hat Ihnen diesen Anstoß gegeben.

Die Ziele der Zukunft

Umsatzziele sind keine Zukunftsziele

„Wer nicht weiß, wohin er will, darf sich nicht wundern, wenn er ganz woanders ankommt." Mark Twain

> **Zusammenfassung**
>
> Der Weg in die Zukunft nimmt seinen Ausgang nicht – wie landläufig angenommen – bei Visionen, Strategien und Investitionen, sondern bei den in der Praxis meist vernachlässigten Zielen des Unternehmers und seines Unternehmens. Umsatz- und Kostenziele dominieren allzu häufig das Tagesgeschäft. Doch das sind im engeren Sinne Gegenwartsziele, unter denen die „eigentlichen", zukunftsweisenden, persönlichen und ursprünglich für die Berufswahl entscheidenden Ziele des Unternehmers begraben liegen. Diese wieder auszugraben, erfordert Detektivarbeit, ist jedoch unabdingbar für eine gute Zukunft. Nur wer über die operative Tagesarbeit und die jährlichen Umsatz- und Kostenziele hinausreichende Ziele verfolgt, hat eine gute Zukunft. Dabei ist das Loslösen von „falschen" Zielen genauso wichtig wie die Rekonstruktion der „eigentlichen" Ziele mit Hilfe von Leit- und Schlüsselfragen, die das Kapitel bereitstellt und für die praktische Anwendung erläutert.

Oft werde ich gerufen, um Betriebe, Geschäfte oder Unternehmen zukunftssicher aufstellen zu helfen. Denn dass die Zeiten stürmischer und die Zukunft ungewisser wird, erkennen immer mehr Unternehmer (und ihre Familien und Mitarbeiter). Wenn ich gerufen werde, erwarten Unternehmer und Führungskräfte häufig, dass wir diskutieren und in die

Wege leiten, was die meisten Unternehmer für im Sinne des Wortes zukunftsweisend halten: Visionen und Strategien, Investitionen, Innovationen und neue Geschäftsfelder. Sie reagieren in der Regel überrascht, wenn wir nicht mit diesen schwerwiegenden und tiefgreifenden Themen beginnen, sondern – worauf tippen Sie?

2.1 Die Gretchen-Frage: Wie halten Sie's mit den Zielen?

Eine meiner wichtigsten Fragen im ersten Gespräch ist tatsächlich: Welche Ziele haben Sie für die nächsten fünf Jahre?

Diese Frage würde Sie auf dem falschen Fuß erwischen? Danke für Ihre Ehrlichkeit: Neun von zehn UnternehmerInnen erwischt sie auf dem linken Fuß – wenn sie ehrlich sind. Ich gebe dann gerne etwas Start- und Denkhilfe: Welche Wünsche und Träume hatten Sie in den Monaten und Wochen, bevor Sie Ihr Geschäft eröffnet oder Ihr Unternehmen gegründet oder übernommen haben? Oder ich stelle die Wunderfrage: Wenn Ihnen eine gute Fee erscheinen und Ihnen einen Wunsch freistellen würde, bei dem Sie sich alles wünschen könnten, was Sie wollten, ohne Rücksicht auf reale oder zukünftig zu erwartende Gegebenheiten – was würden Sie sich dann wünschen?

Wenn Sie bei diesen Fragen spontane Erinnerungen, Eingebungen oder Aha-Momente erleben, die gerne auch in diametralem Widerspruch zu Ihren Tages- und Jahreszielen stehen dürfen, dann notieren Sie diese unbedingt sofort, am besten gleich in den Rand dieser Seite, ohne Rücksicht auf die Formulierung. Solche erleuchtenden Augenblicke sind so selten wie wertvoll und wegweisend.

Denn in der Regel herrscht nach diesen Fragen im Workshop oder bei der Beratung meist betretenes, verwirrtes, gereiztes oder irritiertes Schweigen. Manchmal kommt auch die Gegenfrage: „Warum fragen Sie ausgerechnet das? Wozu sollen diese Fragen denn gut sein?"

Ich versuche dann, so behutsam und respektvoll wie möglich zu antworten. Doch das ist schwierig, wenn der Zusammenhang so augenfällig und gravierend ist:

Wie wollen Sie eine gute Zukunft haben, wenn Sie keine über das operative Tagesgeschäft und die Jahresziele hinausweisenden Zukunftsziele haben?

2.1.1 Zukunft beginnt mit Zielen

Wer keine in die Zukunft weisenden Ziele hat, überlässt seine eigene Zukunft dem Tagesgeschäft – kein wirklich verlässlicher Partner. Denn das Tagesgeschäft ist konjunkturabhängig und macht streckenweise, was es will.

Wer sich selber keine weiterreichenden Ziele gibt, macht sich abhängig davon, „was die Zukunft" bringt, was der Markt und die Konkurrenz machen und welchen Wertewandel die Wünsche der Kunden nehmen. Wer nur operative Ziele hat, führt sein Business eher reaktiv als pro-aktiv und wird von Trends und Entwicklungen in der Regel überholt und überrollt.

Zukunftsziele werden nicht immer erreicht. Doch wer (deshalb) auf Zukunftsziele verzichtet, macht sich abhängig von externen Entwicklungen, gibt die eigene Zukunft fahrlässig und ohne Not aus der Hand, wird kurzsichtig und passiv. Das jedoch sind zwei Eigenschaften, die das Gegenteil von Zukunftskompetenz sind.

2.1.2 Ziele sind nicht unbedingt populär

Manche erkennen den Zusammenhang zwischen Zielen und Zukunft auf Anhieb. Man liest und hört ja auch viel darüber, wie wichtig Ziele im Leben und im Beruf sind. Es gibt jede Menge Sprichwörter und Bonmots dazu, wo Menschen enden, die keine Ziele haben. Und trotzdem wissen die meisten Menschen nicht, was sie in den nächsten fünf Jahren erreichen wollen (wenn sie nicht gerade ein Kind bekommen, ein Haus bauen, ein neues Auto kaufen, X Kilo abnehmen wollen oder einen neuen Job möchten). Warum kennen wir unsere eigenen Ziele oft nicht oder nicht gut genug? Ist das nicht seltsam?

Ist es nicht! Denn Ziele werden den meisten von uns von klein an gründlich vermiest. Schon Kinder hören: „Wenn du dein Zimmer aufräumst, darfst du am Handy spielen!" Oder: „Schreib eine zwei in Mathe, dann kriegst du mehr Taschengeld!" Kein Wunder, dass viele westlich sozialisierte Menschen aus der Kindheit eine so unterbewusste wie hoch wirksame Zielabneigung mitnehmen: Man hat ihnen gegenüber viel zu früh, viel zu lange und zu intensiv Ziele als Druckmittel eingesetzt. Im Kopf vieler Menschen regiert die Assoziation: Ziele = Zwang! Deshalb lösen Zielvorgaben oder selbst Zielvereinbarungen bei ihnen einen Kniesehnenreflex der Ablehnung aus: „Bitte bloß nicht!" Selbst professionelle Berater beseitigen diese Zielabneigung nicht, sondern befeuern sie noch.

2.1.3 Was andere Ihnen raten, sind nicht automatisch Ihre Ziele!

Viele Unternehmerinnen und Unternehmer erzählen: „Ja, ich erinnere mich, dass Ziele wichtig sind. Wir hatten vor Jahren mal einen Berater hier, der mit uns zusammen Unternehmensziele entwickelt hat. Die liegen seither in der Schublade. Ich glaube, wir haben gerade mal zwei davon angepackt." Ist die bessere Hälfte des Unternehmers oder der Unternehmerin anwesend, korrigiert sie oder er oft sanft: „Schatz, es war höchstens eines und auch das haben wir nur halbgar umgesetzt." Warum „versagen" so viele beim Verfolgen ihrer Ziele? Was stimmt mit unseren Unternehmern und Führungskräften nicht?

Nichts stimmt mit ihnen nicht! Es liegt nicht an Ihnen! Es liegt an den Zielen. Diese Ziele, die Sie mal mit einem schlauen Kopf ausgearbeitet, sich von der Bank aufschwatzen haben lassen oder sich selber vorgenommen haben, haben Sie nicht erreicht oder oft nicht einmal ernsthaft angepackt, weil diese Ziele auf tönernen Füßen standen oder stehen.

Damit keine Missverständnisse aufkommen: Es waren und sind gute Ziele! Aber sie hatten und haben wenig bis nichts mit Ihren eigenen Wünschen und Vorstellungen zu tun, die Sie zum Beispiel damals hatten, als Sie Ihr Business aufgemacht oder übernommen haben.

Viele Ziele haben nichts mit der treibenden Kraft der Motive zu tun, mit der Sie damals Ihr Geschäft eröffnet oder Ihr Unternehmen gegründet haben. Diese Ziele sind nicht Ihre Wunschziele! Und wie will man Ziele erreichen, die im Gegensatz zu den eigenen Wünschen stehen? Das ist widernatürlich, fast schon anstößig, aber auf jeden Fall abstoßend.

Das ist das Gegenteil von Motivation. Deshalb „funktionieren" diese Ziele nicht oder nur schlecht, sozusagen mit angezogener Handbremse, mit schaumgebremster Motivation. Weil sie – wie in der Schule oder der Kindheit – als aufoktroyiert, als aufgezwungen empfunden werden. Diese Ziele werden als Zwang empfunden und auf Zwang reagiert ein normaler Mensch nicht mit Motivation, sondern mit Trotz, Hemmungen, Widerwillen, Frust, Aufschieberitis (Neuhochdeutsch: Prokrastination), schlechtem Gewissen und Vermeidungsverhalten.

2.2 Praxisbeispiel: Falsche Ziele führen in die Sackgasse, nicht in die Zukunft

Ich erinnere mich an ein mittelständisches Unternehmen, das vor wenigen Jahren umfassend investierte, um eine Werkshalle von Grund auf zu modernisieren. Die Familie des Unternehmers sagte: „Mit der neuen Halle und den neuen Anlagen, da fegen wir die Konkurrenz im 50-km-Umkreis vom Markt!" Die Bank sagte das auch – um sicherzugehen, dass sie ihren Kredit schnell zurückbekam: Marktführer machen mehr Umsatz als ihre Mitbewerber und können daher ihre Kredite sicherer und schneller zurückzahlen. Auch die Mitarbeiter fanden das toll: „Marktführer hier in der Region? Wer würde nicht gerne bei einem Sieger arbeiten!" Selbst der Unternehmer fand die Aussicht reizvoll, von der regionalen Nummer 3 zur unangefochtenen Nummer 1 aufzusteigen. Das fand er vor drei Jahren.

2.2.1 Warum falsche Ziele nicht funktionieren

Heute ist er unzufrieden, gestresst und genervt. Es war schon schwierig, ihn aus der Hamsterrad-Stressspirale auch nur für zehn Minuten herauszuholen, um ihm die Frage zu stellen: Als Sie vor zwölf Jahren den Betrieb übernahmen – was wollten Sie damit erreichen?

Daran erinnerte er sich, nachdem er Abstand von der operativen Tageshektik gewonnen hatte, ganz genau: „In meiner alten Firma (in der er leitend tätig war), sind wir so schnell gewachsen, haben wir so viele Einheiten pro Monat auf den Markt geschmissen, dass am Ende zu großen Teilen der reine Mist ausgeliefert wurde. So einen Pfusch am Kunden und am Produkt wollte ich nie wieder mitmachen! Ich wollte, dass alles, was bei uns von der Rampe geht, 1A Qualität hat!" Und da fragen sich noch einige, warum das Marktführer-Ziel ihm so sauer aufstieß? Es war schlicht nicht *sein* Ziel. Vordergründig ging er darauf ein, weil er sich verführen ließ. Doch tiefgründig sträubte sich alles in ihm gegen den „Verrat an der Qualität".

Deshalb funktionierte das Marktführer-Ziel nicht. Deshalb funktionierte auch vieles in seinem Unternehmen nicht (mehr): Innerlich sabotierte er quasi das Ziel hinter seinem eigenen Rücken. Als ich ihm sagte, er solle das alte Ziel fürs erste einfach vergessen, blühte er richtig auf: „Mir fällt ein Stein vom Herzen! Dieses blöde Ziel lag mir schwer im Magen!" Falsche Ziele sind wie ein Splitter im Schuh: Es wird nicht besser, je länger man damit läuft – es wird schlimmer. Also raus mit dem Splitter! Und zurück zu dem, was Sie „eigentlich" machen woll(t)en.

2.2.2 Wenn wir der Versuchung der falschen Ziele erliegen

Wenn Sie schon beim Wort „Ziele" spontane Antipathie verspüren, liegt es mit hoher Wahrscheinlichkeit daran, dass Sie im Laufe der Zeit den falschen Zielen auf den Leim gegangen sind. Falsche Ziele sind nämlich – wie Alkohol, Drogen oder Binge Watching – sehr verführerisch!

Auch der erwähnte Unternehmer fiel der Versuchung zum Opfer. Er hatte wie wir alle seine ursprünglichen Ziele, die ihn zur Übernahme eines eigenen Betriebs bewogen hatten, mit der Zeit schlicht aus den Augen verloren. Dafür konnte er nichts! Er war zeitweilig einfach sehr schnell gewachsen, konnte gezwungenermaßen nicht mehr so peinlich genau wie früher auf Top-Qualität achten – damit er die Aufträge schnell genug ausliefern konnte! Er hatte sich vom brummenden Umsatz zu Kompromissen bei der Qualität verführen lassen, konnte das Geld auch gut gebrauchen, da er sich ein schönes Haus gebaut hatte. Das zweite Kind war unterwegs, wegen seiner guten Auftragslage hatte er rasch mehrere neue MitarbeiterInnen eingestellt, von denen einige seinen ursprünglichen Qualitätsansprüchen nicht ganz genügten – aber krieg mal in so kurzer Zeit gute Leute! Kein Wunder, dass er sein eigentliches Lebens- und Berufsziel aus den Augen verlor. Und das verwüstete seinen Betrieb.

2.2.3 Der Fluch des falschen Ziels

Nicht nur wurden viel zu viele Qualitätsmängel produziert, die teilweise teuer kamen und Kunden verärgerten. Er verbaute sich damit auch seine eigene Zukunft. „Beste Qualität in der Region" hatte noch Zukunftspotenzial. „Macht's auch nicht besser als die andern im Landkreis" dagegen schon nicht mehr. Vor allem aber ruinierte das falsche Ziel den Unternehmer und die Motivation jener Mitarbeiter, die schon seit Anfangszeiten bei ihm waren: Wer ohne innere Überzeugung arbeitet, ist bald nicht mehr auszustehen für Belegschaft, Familie, Kunden und auch für sich selber. Das wissen wir eigentlich alle: Falsche Ziele sind schlechte Ziele. Doch wir rutschen eben immer wieder rein – und kommen dann kaum mehr raus. Denn falsche Ziele sind wie Kaugummi: Klebt er erst mal am Schuh, ist er kaum noch wegzukriegen.

Wer sich einmal auf falsche Ziele einlässt, den lassen sie so leicht und schnell nicht mehr los. Der besagte Unternehmer meinte zum Beispiel: „Was soll ich denn machen? Wir haben neue Leute eingestellt – wir brauchen das Wachstum und den Umsatz!" Deshalb lautete sein aufoktroyiertes Ziel „Schneller! Höher! Weiter!" statt: Was wollten wir eigentlich mal? Qualität? Da war doch was … Vor zwölf Jahren war Qualität das Ziel und *nach* zwölf Jahren kam irgendwie Quantität dabei heraus!

2.2.4 Umsatz reicht nicht

Alle Betriebe, alle Geschäfte und alle Unternehmen haben Ziele. Die häufigsten sind Umsatz- und Kostenziele. Was fällt daran auf? Außer, dass sie uns im Regelfall ganz schön stressen können, wenn wir hinter ihnen her hecheln?

Das sind reine und ausschließliche Gegenwartsziele. Selbst wenn es Jahresziele fürs Ende vom Jahr sind und wir stehen am Jahresanfang: Ein Jahr ist keine Zukunft. Zukunft beginnt sozusagen erst nach Jahresablauf. Umsatz und Kosten sind keine Zukunftsziele. Eher im Gegenteil. Deshalb kann doch wie im geschilderten Praxisbeispiel nach zwölf Jahren pflichtschuldigster Verfolgung von Jahreszielen das Gegenteil der eigentlichen, ursprünglichen Ziele herauskommen! Man verfolgt die Gegenwartsziele und verfehlt die Zukunftsziele. Das ist eine Art Crowding-out: Gegenwart verdrängt Zukunft. Jacke ist näher als Hose – das stimmt! Aber das ist fatal, wenn es um die eigene Zukunft geht.

Kosten- und Umsatzziele sind absolut nötig und nützlich. Allein, sie haben mit der Zukunft wenig zu tun. Vor allem: Sie haben mit dem persönlichen Lebenserfolg wenig zu tun. Oft im Gegenteil, wie wir an unserem Praxisbeispiel sehen: Der Unternehmer erreichte zwölf Jahre lang fast jedes Umsatz- und Kostenziel. Doch das fühlte sich für ihn nicht wie ein Erfolg, wie sein persönlicher Erfolg an, sondern eher wie eine lästige Pflichtübung (damit die Bank Ruhe gibt und die Familie ein schönes Heim hat). Es war geradezu umgekehrt: Je „erfolgreicher" der Unternehmer wurde, desto genervter, gestresster, unausstehlicher und unzufriedener wurde er! Und desto chaotischer ging es in seinem Unternehmen zu. Weil ein Teil der Mitarbeiter sich noch an das alte, eigentliche, hehre Qualitätsziel erinnerte, der andere Teil dagegen „Massenmurks" produzierte. Das gab ständig heftige Konflikte im Unternehmen:

„Seid ihr meschugge? So könnt ihr das doch nicht ausliefern!"

„Was soll's? Der Kunde bezahlt's doch. Wenn es ihm nicht passt, kann er es ja retournieren!"

Wer so miteinander redet, arbeitet weniger zusammen als gegeneinander. Klima, Effizienz, Motivation, Commitment, Kundenzufriedenheit und -bindung leiden entsprechend.

2.2.5 Das Ende vom Lied: Ein gutes Ende

Wir hatten kaum eine halbe Stunde miteinander geredet, da kassierte der Unternehmer bereits sein falsches Ziel. Weil es ihm wie Schuppen von den Augen fiel (die übliche Reaktion bei falschen Zielen – wenn man endlich draufkommt): „Nee, das lassen wir lieber. Damit wird keiner von uns glücklich!"

Wenn ich dieses Ende vom Lied berichte, winken in Seminar, Gruppencoaching oder Workshop immer einige wild mit den Händen und sagen: „Aber wenn er das Ziel aufgibt, Marktführer zu sein, wenn er nicht mehr Masse produziert, sondern Klasse, dann kann er doch seinen Kredit nicht mehr bedienen! Dann bricht sein Umsatz ein! Dann muss er Leute entlassen!"

Sagten wir nicht, dass falsche Ziele eine hohe Verführungskraft besitzen? Mit solchen Argumenten heben sie ihr verführerisches, respektive drohendes Haupt: „Umsatzeinbruch! Risiko!" In Wirklichkeit war und ist überwiegend das Gegenteil der Fall:

- Der Unternehmer hätte gut und gerne auch einen starken Umsatzrückgang in Kauf genommen, da er den „Massenramsch" einfach nicht mehr ertragen konnte.
- Doch der Umsatz (Menge mal Preis) sank nur minimal: Zwar ging der Absatz (Menge, Stückzahl) leicht runter. Doch da man bessere Qualität (an eine teilweise andere Zielgruppe) zu höheren Preisen verkaufen kann, war der Rückgang beim Umsatz gering.
- Dieser leichte Rückgang wurde mehr als ausgeglichen durch die Kosten, die er einsparte: Wer weniger Ausschuss, Qualitätsmängel, Reklamationen, innerbetriebliche Friktionen und Retouren produziert, hat weniger Kosten, macht also mehr Gewinn.
- Das echte, authentische Ziel rentierte sich damit nicht nur im übertragenen, sondern auch im buchhalterischen Sinne: Der Unternehmer machte mehr Rendite, mehr Gewinn.
- Außerdem wuchsen sein Umsatzpotenzial und seine Zukunftsperspektive: Hochwertige Ware hat langfristig höhere Marktchancen als Massenware.
- Der Unternehmer gewann wieder Kunden hinzu, weil sich seine gesteigerte Qualität herumsprach.
- Die neuen Kunden sind bessere Kunden. Kunden, die Qualität schätzen, haben eine stärkere Bindung und Markentreue als Massekunden (und sie bezahlen besser).

Ergo: Es lohnt sich, von den falschen auf die echten Ziele umzusteigen. Das heißt nicht, dass man die alten Ziele wegschmeißen, ignorieren muss oder soll. Aber sie kommen auf jeden Fall nicht mehr an erster Stelle. An erster Stelle kommt das, was für Sie und für Sie ganz persönlich und nachweislich Ihre eigene, besondere und spezifische treibende Kraft ist.

2.3 Was sind Ihre „eigentlichen" Ziele?

Jeder und jede von uns verfolgt über die Jahre streckenweise und teilweise Ziele, die er und sie „eigentlich", früher, ursprünglich nicht verfolgen wollten. Die falschen Ziele haben sich irgendwann und irgendwie an uns geheftet und jetzt werden wir sie nicht mehr so leicht und schnell los, wie wir sie eingefangen haben.

Trotzdem oder gerade deshalb sollten wir sie durchschauen, ihre beeindruckende Adhäsionskraft überwinden und sie abschütteln. Dass uns das Angst macht, ist normal!

Den gewohnten Weg zu verlassen, macht jedem intelligenten Menschen Angst. Angst ist jedoch kein guter Ratgeber. Auch Pferde sind hoch intelligent und laufen zurück in den brennenden Stall, weil sie das Feuer derart stresst, dass sie gewohnte Gemäuer aufsuchen, um sich zu beruhigen – und zu sterben.

Was ich damit sagen will: Selbst wenn die falschen Ziele schon seit zig Jahren wie eine Klette an Ihnen kleben, lohnt es sich immens, wenn Sie sich wieder an Ihre eigentlichen, wahren, echten, authentischen, persönlichen Ziele, Träume und Wünsche erinnern. Tun Sie's. Zum Beispiel mit Hilfe folgender Leit- und Schlüsselfragen.

2.3.1 Leitfragen der Zielfindung

Mit welchen Zielen führen Sie Ihr Business und Ihre Mitarbeiter aktuell? Häufig genannt werden: Auftragszahlen, Umsatz, Kosteneinsparungen, aber auch Projekte, bestimmte Maßnahmen und Innovationen. Das sind nötige und nützliche Ziele, aber weder echte Zukunftsziele, noch sind es Ihre „eigentlichen" Ziele, die Sie persönlich gerne verfolgen würden, wenn Sie freie Hand hätten. Was waren/sind denn nun Ihre so zukunftsweisenden eigentlichen, persönlichen Ziele? Die folgenden Fragen helfen Ihnen, diese „eigentlichen" Ziele wieder zu entdecken, auszugraben und wiederzubeleben. Wenn Sie möchten, notieren Sie gleich Stichworte in den Rand der Seite:

- Mit welchen Vorstellungen und Zielen sind Sie in diesen Beruf oder mit dem aktuellen Unternehmen gestartet?
- Was wollten Sie damals wirklich und mit Nachdruck?
- Was war Ihr Traum?
- Was war oder ist Ihr Herzenswunsch?
- Warum haben Sie damals diesen Beruf ergriffen, diese Branche gewählt?
- Welche Spuren wollen Sie dereinst hinterlassen?
- Was soll Ihr Vermächtnis an Ihre Kinder oder die Nachwelt sein?
- Wofür stehen Sie? Wofür möchten Sie bekannt sein?
- Was soll ein guter Laudator bei Ihrem nächsten runden Geburtstag über Sie sagen?
- Was an Ihrem Beruf hat Ihnen einst eine Riesenfreude gemacht und warum?
- Wenn ein guter Freund oder die beste Freundin Sie anschauen und sagen würde: „Du wolltest doch früher mal …!" Was wäre das, was Sie früher mal wollten?
- Wenn eine gute Fee Ihnen ein Wunschziel für Ihr Business freistellen würde und alles möglich wäre, selbst die verrücktesten Vorstellungen – was wäre Ihr Wunsch?

Alles, was Ihnen bei diesen (und ähnlichen) Fragen durch den Kopf schießt oder aus dem Bauch hochbrodelt, hilft Ihnen, Ihre eigentlichen, persönlichen, authentischen Ziele und damit Ihre Zukunftsziele auszugraben und wiederzuentdecken. Notieren Sie sie bitte unbedingt! Spontane Eingebungen sollte man sofort dokumentieren, weil man sie allzu leicht und allzu schnell vergessen könnte (wie in den letzten Jahren).

2.3.2 Bitte nicht ungeduldig werden!

Sie tun sich schwer mit dem Ausgraben Ihrer wahren, persönlichen Ziele? Danke für Ihre Ehrlichkeit: Den meisten geht es so (auch wenn die wenigsten das offen zugeben). Wer 24/7 vom Diktat des Dringlichen getrieben wird, nur ans operative Geschäft, Umsatz, Aufträge und Kosten denken kann und woher er brauchbares Personal bekommt, der und die tut sich beim Umschalten auf „Ich wollte doch damals was ganz anderes – was war das nochmal?" ziemlich schwer. Weil der Kopf derart in der Gegenwart gefangen ist, dass er es nicht mehr gewohnt ist, in Vergangenheit und Zukunft zu denken.

Keine Bange: Das ist nur eine Gewohnheit und Gewohnheiten lassen sich ändern. Am einfachsten, indem Sie eine neue, bessere Gewohnheit möglichst oft wiederholen. Viele UnternehmerInnen sagen: „Ich hab mich drei, vier Tage lang immer mal wieder zwischendurch gefragt, was ich damals eigentlich mit dem Geschäft erreichen wollte und wohin ich damit in den nächsten Jahren möchte. Am ersten Tag fiel mir nicht viel ein. Am zweiten schon mehr. Und am dritten war alles wieder da: Wie vor zig Jahren! Und noch so frisch und kraftvoll wie damals."

Manche sagen auch: „Wie konnte ich das, was mich damals so begeistert und motiviert hat, bloß derart vergessen und verraten? Ich habe mich buchstäblich selbst verloren!" Macht nichts – Sie gehen sich ja nicht selbst verloren. Sie können sich jederzeit selber wiederfinden. Sobald Sie sich die passenden Leit- und Schlüsselfragen stellen.

2.3.3 Von Unternehmerzielen zu Unternehmenszielen

Ihre „eigentlichen" Ziele sind zugleich Ihre Zukunftsziele. Aber: Es sind *Ihre* Ziele. Und Sie sind nicht Ihr Unternehmen. Also: Nachdem Sie Ihre wahren, persönlichen Ziele wiederentdeckt haben – was bedeuten diese Ziele für Ihr Unternehmen? Kurz gesagt:

Wir machen aus Unternehmerzielen nun Unternehmenszielen.

Wenn Sie Ihren wahren Wünschen, eigentlichen Zielen und echten, persönlichen Zukunftszielen treu bleiben wollen – wie müssten Sie dann Ihr Unternehmen neu ausrichten, neu aufstellen, führen? Allein beim Lesen dieser Frage beschleicht Sie bereits leise Unlust? Weil das Arbeit macht? Aber nur beim Lesen.

Wer einmal damit loslegt, stellt schnell fest: Die eigentlichen, wahren und authentischen Ziele geben so viel Kraft, Begeisterung und neue Energie, dass man gerne die Ärmel hoch- und den eigenen Laden umkrempelt. Und diese neue Begeisterung vom Chef steckt natürlich andere an! Geschäftspartner, Familie, Kunden und Mitarbeiter. Viele Familienmitglieder merken das und sagen: „Endlich bist du wieder der Alte! Wir haben dich so vermisst! Warum hat das so lange gedauert!" Mitarbeiter kommentieren: „Was ist mit der Chefin los? Die wirbelt wie schon lange nicht mehr! Die ist richtig gut drauf und gar nicht mehr stressig und nervig!" Auch die Kunden merken das: „Sie sind ja bester Laune! Waren Sie im Urlaub?" Ganz im Gegenteil. Echte, wahre, authentische Zukunftsziele geben mehr Power als zwei Wochen Urlaub. Mars bringt verbrauchte Energie sofort zurück? Echte Ziele bringen Energie sofort zurück!

2.3.4 Authentische Ziele geben mehr als neuen Schwung

Die wahren Ziele motivieren nicht nur äußerst stark und vor allem absolut nachhaltig. Sie geben auch eine oft lange vermisste und unbestechliche Struktur und Klarheit. Normalerweise ist das die wenig bekannte, aber treibende Kraft kleiner und mittlerer Unternehmen, die Seele des Betriebs: die wahren Wünsche des Chefs. Nichts bringt mehr Klarheit, Struktur, Power und Drive in ein Leben und einen Betrieb als starke Wünsche vom Chef. Wer sein persönliches Ziel wie ein Leuchtfeuer in der Nacht vor sich sieht, geht mit ganz anderer Klarheit und Entschlossenheit an die Dinge heran.

Nichts bringt mehr Klarheit und Mumm als starke Wünsche. Die Ziele, die sich aus diesen starken Wünschen speisen, sind dann auch auf den ersten Blick klar unterscheidbar von den Zielen des Business-as-usual. Es sind eben nicht Ziele wie „Aufträge!", „Umsatz!" oder „Kosten runter!", sondern Ziele wie: „Wir arbeiten keine Aufträge ab – wir helfen Menschen!" Oder: „Wir sorgen dafür, dass es unseren Kunden richtig gut geht!" Schon beim Lesen merken wir: Das ist was ganz anderes als der übliche Zielzirkus. Das gibt Power, das macht Lust, das steckt an. Auch die Mitarbeiter.

„Umsatz! Umsatz! Umsatz!" begeistert niemanden wirklich, auch wenn wir die Notwendigkeit von Umsatzzielen durchaus anerkennen. Doch wenn der Chef weiß, was er wirklich will, dann wissen auch seine Mitarbeiterinnen und Mitarbeiter (endlich) wieder, wofür sie stehen und können sich mit Zielen, Chef und Unternehmen endlich wieder identifizieren.

2.3.5 Bitte noch nicht loslegen!

Authentische Ziele motivieren oft so heftig, dass Menschen, sobald sie ihre wahren Ziele wiederentdeckt haben, sich kaum mehr bremsen können, sofort loslegen und den Laden umkrempeln wollen: Tun Sie's noch nicht!

Denn wir haben noch nicht das ganze Fundament Ihrer Zukunft gegossen. Es fehlen noch jene Werte, die Ihre Wertvorstellungen bestimmen. Wir sollten Ihre neuen Ziele daher erst noch mit Ihren alten Werten abgleichen. Keine Ungeduld: Das machen wir bald (Kap. 3). Oft stehen alte Werte und neue Ziele noch im Widerspruch, reiben sich, bremsen sich gegenseitig oder streiten um die Oberhand. Diesen Ziele-Werte-Konflikt lösen wir, bevor Sie loslegen. Das gibt noch mehr Schwung. Bevor wir das jedoch machen, sollten wir Ihre wiedergefundenen Ziele so transformieren, dass Sie damit Ihr Unternehmen führen können.

2.3.6 Mit neuen Zielen führen

Da die Transformation von Unternehmerzielen in Unternehmensziele (Abschn. 2.3.3) der Erfahrung nach keine Tätigkeit ist, die Unternehmer im Normalfall jeden Tag ausführen, möchte ich Ihnen eine Starthilfe geben, damit Sie schneller den Dreh raushaben.

2.3 Was sind Ihre „eigentlichen" Ziele?

Ich erinnere mich zum Beispiel an die Eignerin eines nicht mehr ganz so kleinen Werkzeugherstellers, die als eines ihrer wiederentdeckten Unternehmerziele formuliert hatte: „Ich will nicht mehr nur Artikel von der Stange produzieren, sondern viel mehr innovative Lösungen!" Das wollten zwei ihrer drei Ingenieure schon lange! Aber was heißt das? Wie muss man dieses Unternehmerziel in ein Unternehmensziel verwandeln, damit das hehre Ziel nicht nur über allem und allen steht, sondern tatsächlich verfolgt und erreicht wird? Ich weiß nicht, was Ihnen spontan einfällt, doch der Unternehmerin und ihren leitenden MitarbeiterInnen fielen folgende daraus abgeleiteten Unternehmensziele ein:

- Wir müssen und werden sehr viel mehr innovieren!
- Dafür werden wir die Arbeits- und Projektplanung so verändern, dass jeder Ingenieur und die Chefin jede Woche mindestens drei Stunden zusätzlich bekommt, um innovativ tätig zu werden.
- Dasselbe gilt für Mitarbeitende ohne Dipl.-Ing., die für die jeweiligen Innovationsprojekte maßgeblich sind.
- Wir müssen dringend unsere Innovationsprozesse transparenter gestalten, uns mehr austauschen als bisher, damit nicht jeder das Rad neu erfindet und damit auch Synergieeffekte entstehen.
- Wir werden offener sein gegenüber globalen Trends und neuesten technologischen Entwicklungen.
- Dafür werden wir das Screening (Durchforsten) der entsprechenden Quellen institutionalisieren, das heißt einer Person oder einem Arbeitskreis übertragen.
- Wir werden nicht nur mehr entwickeln, wir werden auch stärker wieder Grundlagenforschung betreiben oder diese zumindest stärker in den entsprechenden Veröffentlichungen verfolgen.
- Wir stellen wenn nötig auch alte Produkte und Services ein, damit wir mehr Zeit und Ressourcen für Neues haben.

Beim letzten Ziel gibt es regelmäßig Widerspruch in Workshops: „Aber alte Produkte bringen Geld!" Natürlich tun sie das. Und niemand wird wegen mehr Innovationen eine Cash Cow, einen Umsatzrenner schlachten. Doch in jedem Betrieb gibt es eine bestimmte Anzahl an „Produkten von der Stange", die nicht wirklich innovativ sind, aber jede Menge Kapazitäten und Ressourcen binden, die man dann nicht zur Verfügung hat, wenn man innovativ werden will, soll oder gar schon muss. Manchmal muss man Altes opfern, um Neues zu tun.

Haben Sie es übrigens bemerkt?

Aus einem Unternehmerziel können und werden sich in der Regel viele Unternehmensziele ergeben. Die Unternehmerin fasste für sich das Ziel „Mehr Innovation!" und für ihren Betrieb ergab das schon im ersten Anlauf gleich acht Unternehmensziele. Das betone ich, weil ich in Workshops oft erlebe, dass Eigner und Führungskräfte von der Äquivalenz ausgehen: 1 Unternehmerziel = 1 Unternehmensziel. Diese Äquivalenz gibt es nicht.

2.4 Niemand wird Unternehmer bloß wegen dem Geld!

Oft macht es allen Beteiligten viel Spaß, die eigentlichen Ziele wiederzuentdecken. Manchmal bleibt der Spaß aus. Und zwar immer dann, wenn ein Unternehmer, Eigner, ein Geschäftsführer oder eine Führungskraft schon so lange im selben Trott dahinarbeitet, dass er oder sie die ursprünglichen Ziele völlig aus den Augen und dem Gespür verloren hat. Dann ist es schmerzhaft, aber eben immer noch lohnend und im Sinne einer guten Zukunft geboten, sich (und andere) immer und immer wieder zu fragen: Was war denn mal mein Traum?

2.4.1 Wovon träum(t)en Sie?

Diesen Traum, nach dem gefragt wird und der für eine gute Zukunft gefragt ist, hat jeder Unternehmer, jede Unternehmerin. Sonst hätten er oder sie nie einen Betrieb übernommen oder gegründet. Am Anfang steht immer ein mehr oder weniger unterbewusster Traum, eine Vorstellung, eine Vision, ein treibendes Gefühl. Das ist eine Konstante des Unternehmertums. Wirklich alle, die irgendwann UnternehmerIn wurden, hatten/haben diesen Traum; auch Unternehmertraum genannt. Niemand macht ein Unternehmen auf, um in erster Linie Profit zu machen. Das tun Spekulanten und Investoren. Deshalb gibt es diese begriffliche Unterscheidung.

An diesen Unternehmertraum muss man sich zurückerinnern, wenn man eine gute Zukunft haben will. Die Vergangenheit ist sozusagen die Mutter der Zukunft. Das wird Traditionalisten freuen und jene verschrecken, die meinen, man müsste sich ständig neu erfinden, wenn man progressiv und hip sein möchte. Nein, muss man nicht. Man kann einen neuen Traum träumen. Aber dann ist immer noch der Traum die Basis der Zukunft – nicht die Progressivität um den Preis der Selbstaufgabe. Natürlich macht das Zurückerinnern an den Traum Arbeit und ist manchmal schmerzhaft. Es ist eben Arbeit. Doch genau diese sind wir als Unternehmer doch gewohnt, oder? Für harte, ehrliche Arbeit waren wir uns nie zu schade.

Was aber, wenn alles Zurückerinnern nichts zustande fördert?
Kein Traum?

2.4.2 Kein Traum, keine Ziele, keine Zukunft

Es passiert tatsächlich erstaunlich oft, dass Unternehmer oder Führungskräfte bekennen: „Ich hatte nie einen Traum, der mich angetrieben hätte!" In vielen Fällen kommt das daher, weil sie den Betrieb von den Eltern oder Verwandten übernommen haben. Einer oder eine musste einfach das Familiengeschäft übernehmen und es hat nun mal sie getroffen. Dann war das „Ziel" sozusagen: „Das Familiengeschäft weiterführen!"

Das ist zwar ein Zukunftsziel – manche Unternehmen bestehen weit über hundert Jahre und zeigen keine Anzeichen von Ermüdung. Doch mit diesem Ziel konnten sich die leitenden Erben nie so recht identifizieren. Das ist zwar ein Ziel, aber kein Wunsch für sie. Oft reagieren sie bei der Zielarbeit dann recht desillusioniert: „Ich hatte nie einem Traum – mit diesem Klotz am Bein! Ich wurde praktisch dazu gezwungen! Ich mach' das nur, damit der Laden in der Familie bleibt!" Dann ist Hopfen und Malz verloren? Nein!

Denn jeder Mensch hat Träume. Private, persönliche und authentische Träume. Nach etwas Anlaufzeit von einigen Minuten sprudeln dann diese Träume auch (welches sind Ihre?). Wir listen sie dann jeweils auf und stellen uns die Frage: Welche dieser Träume könnten noch am ehesten aufs Unternehmen passen?

Viele latent und chronisch unzufriedene Erben träumen zum Beispiel davon, anderen Menschen zu helfen. Mancher Erbe hat in Verfolgung dieses Traums schon das Familienvermögen caritativ im Sinne des Wortes verschenkt und das Unternehmen ruiniert. So geht's natürlich auch. Besser allerdings ist, wenn man die Verwirklichung des eigenen Traums nicht (nur) außerhalb des Unternehmens, sondern (vor allem) im und mit dem Unternehmen sucht: Alle Produkte helfen Menschen! Dito: alle Services. Also wie könnte man Produkte, Strukturen, Prozesse und Services des Unternehmens so verbessern, dass sie ex- und intern noch mehr Menschen helfen? Bei dieser Frage haben unglückliche Erben oft wahre Aha-Erlebnisse. Denn es gibt immer Möglichkeiten, die eigenen Träume im eigenen Unternehmen (stärker) zu verwirklichen. Man muss sie nur finden (wollen) und nutzen (wollen).

2.4.3 Passt nicht mehr zum Traum? Wird verkauft!

Es gibt auch eine radikal andere Option: Den Laden verkaufen, wenn er gar nicht (mehr) zu den eigenen Träumen passt. Oder jene Teile des Geschäftes verkaufen oder einstellen, die zu weit von Ihren echten Unternehmerträumen entfernt sind.

Das ist zwar immer ein harter Schnitt und kostet viel Überwindung, doch: Wie lange wollen Sie leben? Und wie viele Jahre davon wollen Sie mit einem Klotz am Bein leben, den Sie, wenn Sie ehrlich sind, am liebsten los sein wollen? Auch das zeichnet echte Unternehmer und Führungskräfte aus: Sie treffen die kurzfristig unpopulären Entscheidungen, die langfristig das Beste für sie (und das Geschäft) sind. Das ist immer noch besser als weitere Jahre in etwas zu stecken, hinter dem man/frau nicht wirklich steht und mit dem man deshalb auch nicht wirklich erfolgreich sein kann. Aber wenn die Familie Zeter und Mordio schreit, wenn Sie (Teile) verkaufen wollen?

Das werden einige Familienmitglieder ganz sicher. Rechnen Sie damit! Die Erfahrung zeigt jedoch: Wenn Sie klar den Unterschied zwischen richtigen und falschen Zielen darlegen können und wollen (hilfreich ist dabei auch externe Unterstützung), dann glätten sich die Wogen und nach einigen Monaten sehen alle Beteiligten, dass es eine gute Entscheidung war. Keine Familie, und sei sie noch so dysfunktional, kann sich über einen längeren Zeitraum der Einsicht entziehen, dass es wenig Sinn macht und keinen nachhaltig überragenden Erfolg bringt, Sie zu etwas zu zwingen, was schlicht nicht „Ihr Ding" ist. Niemand kann dieses weitgehend sinnlose Opfer von Ihnen verlangen und wenn doch, hat er oder sie ein Problem – nicht Sie.

2.5   Eklatante Zielallergie

Es gibt Leserinnen und Leser, die verspüren seit Beginn dieses zweiten Kapitels ein Unbehagen, das von leichter Irritation bis schweren Bauchschmerzen reichen kann: das akute Aufflammen einer chronischen Zielallergie.

Erstaunlich viele völlig normale und meist hoch intelligente Menschen können mit dem Begriff „Ziel" rein gar nichts anfangen. Sie hören es, verspüren dabei aber nur Druck, Zweifel, Zwang und Trotz. Keinerlei Motivation. Seltsamerweise scheinen das viele Ratgeber und Experten, die davon predigen, wie wichtig (zum Beispiel „s.m.a.r.t.e") Ziele seien, noch nicht mitbekommen zu haben. Sie gehen von der blumigen Illusion aus, dass alle Menschen auf Ziele voll abfahren. Dem ist schlicht nicht so und wenn man sich ernsthaft um die Menschen in Beratung, Coaching oder Workshop bemüht, dann merkt man das auch schnell.

Und dann fragt man eben nicht danach, welche Ziele der- oder diejenige in den nächsten fünf bis zehn Jahren erreichen möchte, sondern ersetzt das Unwort durch ein anderes, besseres Wort; beispielsweise in Fragen wie:

- Welche Probleme lösen Sie mit Ihrem Unternehmen?
- Wohin möchten Sie mit Ihrem Unternehmen?
- Welche Vorstellungen verfolgen Sie?
- Was sind Ihre Träume?
- Was haben Sie noch vor?
- Für welche Lösungen möchte ich stehen?
- Was wünsche ich mir für den Betrieb?
- Wofür möchte ich bekannt sein?
- Welchen Nutzen schaffen wir mit dem, was wir tun?
- Wie machen wir uns nützlich für Menschen und Welt?

Alle Zielallergiker wissen, dass es Ziele geben muss. Sie vereinbaren auch ständig welche mit ihren Mitarbeitenden. Doch wenn es um ihre persönlichen, authentischen „Ziele" geht, dann gehen die Klappe runter und der innere Widerstand hoch. So hoch, dass kein konstruktiver Gedanke zustande kommt. Geht Ihnen auch (manchmal) so? Dann ersetzen Sie das Unwort „Ziel" einfach und konsequent durch ein Wort, das Ihnen besser liegt. Bitte wörtlich nehmen: Überall, wo in diesem Kapitel „Ziel" steht, lesen Sie dann automatisch Ihr Wort.

2.6 Frequently Asked Questions

Ich mache das nicht erst seit gestern. Deshalb kenne ich inzwischen jene Fragen, die regelmäßig beim Thema „Ziele" (oder wie immer Sie es nennen wollen) gestellt werden. Beantworten wir im Folgenden die häufigsten Fragen. Wenn Sie eine brennende Frage haben, die hier nicht auftaucht: Fragen Sie mich, rufen Sie mich an, mailen Sie mir. Dazu bin ich da.

2.6.1 „Umsatz ist doch das Wichtigste – warum reichen Umsatzziele nicht?"

Stimmt – fast. Ohne Umsatz ist alles nichts, doch Umsatz ist eben nicht alles. Ein Bild hilft: Wer keine echten Zukunftsziele hat, ist wie jemand, der das Auto volltankt, den Zündschlüssel dreht und losfährt: Wohin? Ohne Ziel kann man überall herauskommen und meist nicht da wo man „eigentlich" hinwollte. Viele Unternehmen entwickeln sich nach diesem Modell „Blindflug".

Sie folgen einer Auftragslage, der Marktentwicklung, einem Großkunden oder einer Trendentwicklung und machen sich damit trotz aktuell bester Auftragslage abhängig von äußeren Entwicklungen. Sobald diese äußere Entwicklung stoppt, bleibt auch bei ihnen alles stehen und sie werden hektisch, manchmal panisch, weil sie buchstäblich die Orientierung verloren haben. Sie fuhren auf dem Trittbrett des Trends mit, solange der Trend lief. Jetzt liegt er mit Getriebeschaden im Graben und sie stehen mutterseelenallein auf der Landstraße, die direkt ins Nirgendwo führt. Wer Zukunftsziele hat, bleibt nicht liegen, ist besser dran, kommt eher an.

2.6.2 „Kann man mehrere Zukunftsziele haben?"

Ja, absolut, sogar in der Regel. Der Mensch ist kein unimodales Wesen. Jeder Mensch ist vielschichtig und hegt deshalb verschiedene Wünsche und Träume, von denen etliche jedoch unter dem Druck des Dringlichen und dessen, „was gemacht werden muss – und zwar zackig!", ins Unterbewusstsein abgetaucht sind. Daher: Kommen Sie allen wieder auf die Schliche und dokumentieren Sie alle Ihre Träume! Dann kann Ihnen nicht passieren, dass Sie irgendwann sagen: „Aber eigentlich wollte ich doch auch noch was ganz anderes ... Warum komme ich da jetzt erst drauf?" Oder wie Ödön von Horváth sagte: „Eigentlich bin ich ganz anders, nur komme ich so selten dazu."

Sie können auch nach Ober- und Unterzielen differenzieren – legen Sie sich bei Ihren Zielen (oder wie immer Sie es auch nennen wollen) bloß kein Korsett an!

2.6.3 „Was sind denn konkrete Ziele zum Beispiel?"

Viele tun sich beim Ausgraben der eigenen Träume und Wünsche leichter, wenn sie wissen, wie das aussieht, was sie zu finden hoffen. Wenn sie Beispiele kennen. Hier sind einige: Viele Unternehmer und Eigner identifizieren als Oberziel „Existenz des Betriebs langfristig, also mit Perspektive fünf bis zehn Jahre (länger hat man oft nicht in der Hand) sichern und ausbauen". Ein schönes Ziel, absolut notwendig und sinnvoll.

„Wachstum" ist auch ein oft gefundenes und genanntes Ziel – aber nicht im Sinne von „Mehr Knete! Kohle! Kies!", sondern im Sinne von „Ausbau und Ausweitung der Firma". Das impliziert dann sofort Unterziele wie:

- Neue Märkte erschließen!
- Neue Produkte entwickeln!
- Neue Services anbieten!
- Neue Zielgruppen ansprechen!
- Nischen finden und nutzen!

Echte UnternehmerInnen kribbelt es beim Lesen solcher Ziele förmlich in den Fingerspitzen. Viele sagen spontan: „Ja, genau! Da könnte was gehen! Da müsste was zu machen sein! Da stellen wir unseren Fuß in die Tür!"

Erstaunlich viele liebäugeln sogar im Sinne des echten, unverfälschten Original-Unternehmergeistes mit der Vorstellung, ein neues, zweites (oder drittes) Geschäft aufzumachen. Unternehmer unternehmen gerne.

2.6.4 „Muss man seine Ziele priorisieren?"

Ganz ehrlich? Davon halte ich nicht viel. Ja, auch ich weiß, dass man heutzutage alles priorisieren soll/muss, um sich nicht zu verzetteln. Wer 80 Positionen auf seiner To-do-Liste hat und einen Tag Zeit, macht garantiert etwas falsch, wenn er oder sie nicht priorisiert. Doch die Zukunft ist keine To-do-Liste (sonst könnten wir sie auch dem Praktikanten delegieren – nichts gegen Praktikanten!).

Prio-Listen sind ein absoluter Segen, solange sie nicht in die weitere Zukunft greifen. Tun sie es, wird es richtig problematisch. Und das spüren Sie auch mit etwas geschärfter Wahrnehmung: Wer seine Zukunftsziele priorisiert, setzt sich ungewollt, aber zwangsläufig und wirksam unter Druck. Und Druck ist Gift für die Zukunft! Eine Zukunft, die unter Druck entsteht, ist keine, sondern ein Gefängnis. Zukunftsziele sind Ausdruck persönlicher Träume – und kein Mensch priorisiert Träume! Kein Mensch?

Doch, natürlich: Der Perfektionist. Doch genau das ist der Haken. Selbst Perfektionisten sollten sich ihren habituellen Perfektionismus tunlichst verkneifen, wenn es um ihre Träume für die Zukunft geht.

Noch ein Nachteil von priorisierten Träumen: Spontane Entscheidungen und Bauchgefühl gehen mit Prioritäten meist nicht zusammen. Immer leidet eines von den beiden – meist Spontaneität und Bauchgefühl.

Außerdem ist es stark situationsabhängig, welches Ihrer Zukunftsziele heute, welches in drei Wochen und welches in drei Monaten das aktuelle Prio-1-Ziel sein sollte. Starre Prioritäten sind nicht agil und flexibel genug für die Zukunft. Und ein Letztes: Je weniger ein Mensch sich zum Sklaven von Ranglisten macht, desto fruchtbarer wirkt seine Intuition. Und die ist im Business und für die Zukunft besonders wichtig und nützlich.

2.6.5 „Wie viele Ziele sind sinnvoll? Wo liegt die Grenze?"

Hundert Ziele sind zu viel. Klar. Aber alles zwischen drei und fünf Zielen ist gut und überschaubar. So wichtige Ziele wie Ihre Zukunftsziele sollten Sie immer im Blick haben. Und wenn es mehr als fünf sind, verliert man leicht und schnell den nötigen Überblick. Dann fallen einzelne Ziele untern Teppich und andere verschwimmen ineinander.

Die Erfahrung zeigt auch: Wer mehr als fünf Ziele hat/braucht, hat sie nicht klar genug definiert. Zielklarheit geht vor Zielfülle.

Umgekehrt gilt: Wem nur ein einziges Ziel einfällt, der oder die hat noch nicht scharf genug nachgedacht und nachgeforscht. Es dauert immer ein wenig, bis man sich selber auf die Schliche kommt. Niemand im Business trägt sein Herz auf der Zunge.

2.6.6 „Aber in Unternehmerziele spielen doch auch Familienziele und persönliche Ziele rein, oder?"

Ja natürlich! Sie sind ja nicht bloß Unternehmer oder Unternehmerin, Selbstständiger oder Freiberuflerin. Sie sind ja auch ein Mensch, Beziehungs- oder Ehepartner, Vater, Mutter … Deshalb kann „Mehr Zeit für die Familie!" durchaus ein Ziel auf Ihrer Liste sein. Im Vertrauen: Das ist es auch auf vielen realen Listen. Und das ist logisch.

Bei kleinen und mittleren Unternehmen kann man die eigene Familie nicht von der Unternehmensplanung ausnehmen – obwohl das immer wieder gemacht wird, was meist in Entfremdung und/oder Scheidung endet.

Deshalb können auf der Zielliste auch stehen: „Mehr gemeinsame Urlaube!" oder „Mehr gemeinsame … (Feierabende, Familienwochenenden, Vater-Sohn-Aktivitäten …)!"

Zu den häufigsten und nötigsten persönlichen Zielen zählen dann selbstverständlich auch „Mehr Zeit für mich!", „Mehr Freizeit!", „Mehr Bewegung!", „Gesündere Ernährung!", „Persönliche Entwicklung", „Weiterbildung" … Was fällt Ihnen noch ein?

2.6.7 „Soll ich die Belegschaft in die Zielfindung einbeziehen?"

Diese Frage ehrt Sie (wenn Sie sie gestellt haben). Sie spricht für eine sehr mitarbeiter- und teamorientierte Führungskraft, die nach dem lobenswerten Muster des kollegialen Führungsstils führt. Aber?

Natürlich, nach derart überschwänglichem Lob muss ja ein Haken kommen. Hier ist er: Seine Belegschaft zu fragen, „Was stellt ihr euch so vor unter unseren Zukunftszielen fürs Unternehmen?", ist war sehr kollegial und nett, aber eben auch eine Form der Entantwortung.

Wer so fragt, überlässt die Findung der treibenden Kraft des Betriebs zum Teil anderen Menschen. Das funktioniert vielleicht im Sozialismus (leider auch nicht, wie die Geschichte zeigt). Im Unternehmertum ist es eine contradictio in adiecto, ein Widerspruch in sich: Der Unternehmer unternimmt – er delegiert das originäre Unternehmertum nicht. Er delegiert Operatives zuhauf – wenn er oder sie delegationskompetent ist. Doch das eigentlich „Unternehmerische" delegiert er weder an Belegschaft noch Bank oder Berater. Nicht, weil er ein Eigenbrötler und Egomane wäre (manche sind es), sondern weil nur der Unternehmergeist die treibende Kraft eines Unternehmens sein kann und darf.

Nota bene: Man kann eine Firma auch kollektiv führen. Doch falls, wenn und solange ein Unternehmer und nicht ein Gremium an der Spitze eines Unternehmens steht, muss dieser Unternehmer die Träume seines Herzens (alternativ: seines Bauches) zur Basis der Zukunft seines Unternehmens machen. Deshalb haben Fußballmannschaften (und andere) einen Kapitän, eine Kapitänin. Ein starker Kapitän macht ein starkes Team noch stärker et vice versa.

Sie sind UnternehmerIn, Sie sollten Ihre eigenen Träume kennen und einbringen. Zielfindung passiert top down, nicht bottom up. Wenn Sie Ihre Ziele gefunden haben, können (und sollten) Sie sie immer noch mit jenen Ihrer Belegschaft in Einklang bringen. In dieser Reihenfolge – nicht umgekehrt.

2.6.8 „Es ist mir peinlich, aber ich kann mir meine Ziele nicht alle merken."

Niemand kann das – deshalb muss es Ihnen nicht peinlich sein. Der Fehler liegt woanders: Wer sich seine Ziele zu merken versucht, bemüht das falsche Organ. Man sollte seine Ziele nicht im Gedächtnis, sondern im Auge behalten. Und das kann man nur, wenn man sie dokumentiert, notiert, schriftlich festgehalten hat.

Ich weiß, nicht jede(r) schreibt gerne. Aber Aufträge notieren Sie ja auch, oder? Manchmal ist es halt nötig. Bei Aufträgen zum Beispiel. Oder bei Zukunftszielen. Denn wenn man sie nicht ständig buchstäblich vor Augen hat, werden sie garantiert unter dem Diktat des Dringlichen begraben.

2.6.9 „Ich will vor allem keinen Stress und keine Hektik mehr!"

Das ist verständlich und ein häufiges Ziel, doch leider ist das kein Ziel. Zumindest kein Ziel, das man/frau mit hoher Wahrscheinlichkeit erreicht (deshalb nehmen es sich so viele Menschen immer und immer wieder vor). Wenn Sie einen Wunsch mit möglichst hoher Wahrscheinlichkeit erreichen wollen, dann sollten Sie nicht etwas wegwünschen, sondern etwas herbeiwünschen. Bei allen Formulierungen, die „nicht" oder „keine" enthalten, beschreiben Sie, was Sie *nicht* wollen. Sie sollten stattdessen beschreiben, was Sie wollen. Dann wissen Sie nämlich auch, was Sie tun müssen, um es zu kriegen; zum Beispiel: „Ab 19 Uhr gehört der Feierabend der Familie und mir." Dann herrscht zumindest ab 19 Uhr „kein Stress und keine Hektik" mehr – wenigstens nicht geschäftlicher Art.

Auch unspezifische Wünsche sollten Sie sich verkneifen: „Endlich mehr Zeit für die Familie!" Im Englischen gibt es ein schönes Sprichwort: „Soon is not a time, some is not a number!" Was heißt „mehr Zeit"? Wie viele Stunden sind das pro Woche? Wer das nicht spezifiziert, gibt den Wunsch schon bei der und durch die Formulierung auf. Eher erreicht wird: „Das Wochenende gehört der Familie – spätestens ab Samstag, 10 Uhr morgens!"

Übrigens: Ziele werden im Präsens formuliert, nicht im Futur. „Wir bearbeiten jede Anfrage binnen 24 Stunden!" Das wird eher erreicht als „Wir werden jede Anfrage binnen 24 Stunden bearbeiten" oder gar „Wir bemühen uns, jede Anfrage …"

2.6.10 „Unsere Ziele sind einfach eine Nummer zu groß!"

Na und? Ziele dürfen nicht nur groß sein, sie müssen es geradezu sein: Think big! Big is beautiful! Nur große, hehre Ziele begeistern und motivieren. Abstriche kann man immer noch machen. Später. Nicht jetzt. Nicht bei der Zielformulierung. Wer sich Ziele gibt, sollte von der Vorstellung ausgehen: Nichts ist nicht erreichbar! Anything goes! Alles, was man sich vornimmt, kann man auch erreichen!

2.6.11 „Unsere neuen Ziele setzen uns mächtig unter Druck!"

Dann sind es die falschen Ziele! Echte Ziele begeistern, sie machen keinen Druck. Ich weiß, das ist für viele Menschen, die es gewohnt sind, mit eiserner Disziplin und Selbstüberwindung an die Arbeit heranzugehen, eine schockierende Vorstellung: Begeisterung? Bei der Arbeit?

Vor allem, wenn durch die (deutsche) Arbeitswelt immer noch Sprüche wabern wie: „Job ist Job und Schnaps ist Schnaps!" Doch gerade diese eisern Disziplinierten überzeugt der Gedanke:

Sie kennen eine hoch disziplinierte Einstellung zur Arbeit inzwischen und seit Jahren in- und auswendig. Sie können es also problemlos auch mal mit Begeisterung als

Arbeitseinstellung probieren! Es kann nichts schaden. Zur reinen Disziplin zurückkehren können Sie immer noch. Sie geben sie ja nicht auf, bloß weil ein Zukunftsziel Sie jetzt total begeistert, motiviert, den alten Enthusiasmus in Ihnen weckt. Denken Sie an (ganz) früher: Da waren Sie auch/noch total enthusiastisch bei der Arbeit – und es hat Ihnen nicht geschadet, im Gegenteil.

Also finden Sie heraus, was an einem konkreten Zukunftsziel Sie noch unter Druck setzt. Welcher Aspekt des Ziels? Und dann verändern Sie diesen Aspekt. Bis es „passt". Der alte Baustellenspruch gilt auch für Zukunftsziele: Was nicht passt, wird passend gemacht. Ein Ziel, das nicht begeistert? Wird passend gemacht.

Aus diesem Grund scheitern übrigens 95 Prozent aller Diäten: Abnehmen macht Druck. Nicht das Abnehmen an sich, sondern ein bestimmter Aspekt daran. Sobald man und insbesondere frau diesen Aspekt identifiziert und passend gemacht hat, nimmt man und frau zwar mit Einsatz, aber relativ problemlos ab.

2.7 Der beste Prädiktor für Zukunftserfolg

Wer weiß, ob Sie auch in Zukunft Erfolg haben werden? Es gibt einen Menschen, der es weiß. Sie kennen ihn. Dieser Mensch sind Sie. Nur Sie allein können das wissen.

Denn der beste Prädiktor für zukünftigen Erfolg ist nicht vergangener Erfolg (auch wenn ein geflügeltes Wort das behauptet). Das zuverlässigste Prognostikum für zukünftigen Erfolg ist das gute Gefühl, das Sie angesichts Ihrer (neuen) Zukunftsziele verspüren: Je besser Sie sich beim Gedanken an Ihre Ziele fühlen, desto zuverlässiger sagt das Ihren zukünftigen Erfolg voraus. Denn das, wofür man sich begeistert, verfolgt man auch mit vollem Einsatz. Und voller Einsatz – nicht unerschöpfliche Geldmittel, Genialität oder tolle Produkte – trägt den größten Anteil an den Erfolgen, die wir erringen.

Die Werte der Väter (oder Mütter)

Werte leiten unser Denken und Handeln

„Man wäg' die Stimmen nach dem inneren Werte: Der Starke nur spricht ein entscheidend Wort." Carl Theodor Körner

> **Zusammenfassung**
>
> Werte leiten unser Denken und Handeln – meist jedoch völlig unterbewusst. Deshalb hängen wir oft an Werten, die sich zwar in der Vergangenheit bewährt haben, uns jedoch die Zukunft verbauen. Oder wie folgen Werten (des Vaters, der Mutter, des Vorgängers …), die nicht die eigenen sind. Also sollten wir ein Inventar unserer Werte erstellen und sie abklopfen: Welche führen in die Zukunft? Welche bremsen uns? Wir sollten auch lernen, mit jenen Werten, die ohnehin unterbewusst unser Handeln bestimmen, ganz bewusst und vor allem unmissverständlich das Unternehmen und unsere Mitarbeiter zu führen. In diesem Kapitel erstellen wir drei Werte-Inventare: ein persönliches, eines fürs Unternehmen und eines für die Zukunft. Wir erfahren, wie der Einsatz der richtigen Werte den Weg in die Zukunft ebnet. Und wir priorisieren jene Werte, die den Weg in die Zukunft weisen.

Bevor Sie Ihr eigenes Geschäft übernommen oder gegründet haben – haben Sie dafür ein und in einem anderen Unternehmen gearbeitet? Ja? Dann hätte ich eine Frage: Arbeiten und führen Sie in Ihrem eigenen Betrieb genauso, wie Sie es im fremden Unternehmen erlebt haben?

99 von 100 Gefragten antworten: „Aber sicher nicht!" Für viele ist es sogar einer der tragenden Gründe, warum sie ihr eigenes Geschäft aufgemacht haben: „Ich wollte es radikal anders machen!"

Viele, die vom Vater, von der Mutter oder von einem vorhergehenden Eigner einen Betrieb übernommen haben, sagen: „Ich hab erst mal die alten Zöpfe abgeschnitten!" Andere meinen: „Ich musste frischen Wind in den alten Mief bringen!" Neue Besen kehren gut, sagt man. Was heißt das? Was genau kehrt der neue Besen denn? Was kehrt er raus? Und was meinen wir mit „alten Zöpfen", die abgeschnitten werden? Was ändern wir, wenn wir „frischen Wind" in einen Laden bringen? Gewiss: Vorgehensweisen und Prozesse, Produkte und Dienstleistungen. Aber wenn wir nur davon reden würden, würden wir das Wichtigste vergessen.

3.1 Welche Werte leiten uns?

Eine Elektro-Installateurin, die den Betrieb vom Vater übernommen hatte, sagt: „Papa meinte es gut. Aber bei allem Neuen, mit dem wir uns beschäftigen mussten oder wollten, seien es neue Technologien, Smart Home, papierloses Büro oder Digitalisierung, ging er erst mal von der Frage aus: Was passiert, wenn wir uns darauf einlassen und das geht total schief? Ich verstehe das, er war sehr vorsichtig." An dieser Stelle sagte ihre Mutter, die uns Tee nachschenkte: „Papa war nicht vorsichtig, er war übervorsichtig – ist er heute teilweise noch."

Er hatte sein Unternehmen nach den Prinzipien der kaufmännischen Vorsicht geleitet – und viele gute Ideen vor lauter Risiko-Abneigung von vorne herein so schwarzgesehen, dass er sie nie oder zu spät anpackte. Was neue Entwicklungen, Trends oder Marktbewegungen anging – das, was man gemeinhin „Zukunft" nennt – war er also immer etwas zu spät dran oder ganz abgeschlagen. Unterm Strich hat er damit seiner eigenen Tochter eine Firma übergeben, die nicht mehr zukunftsfähig ist, weil er zu viele Entwicklungen verschlafen und verbremst hat. Der Rückstand, der sich über die Jahre angesammelt hat, ist kaum noch aufzuholen. Mit jedem Jahr, das er verbremste, wurde die Zukunftsfähigkeit seines Betriebs schwächer. Warum hat er das seiner Tochter angetan?

3.1.1 Was uns wichtig ist: Werte

Einfache Frage, einfache Antwort: Weil ihm das wichtig war! Vorsicht war ihm wichtiger als alles andere. Denn in seiner Heimatstadt hatten sich ganz zu Beginn seiner Unternehmer-Karriere drei seiner fünf Branchenkollegen in kurzer Folge bei neuen Technologien oder bei Geschäftserweiterungen verzockt oder übernommen und sich damit ruiniert oder fast ruiniert. Sie mussten ihre Häuser verkaufen, einer verlor auch seine Familie durch Scheidung. Dieser Schock saß dem Papa so tief in den Knochen, dass er sich mehr unterbewusst als bewusst geschworen hatte: „Ich lass mich auf nix ein, was riskant ist!" Vorsicht war ihm ultra-wichtig und was einem Menschen wichtig ist, das nennt man einen Wert.

3.1.2 Warum wir uns streiten

Werte sind meist so unbewusst wie hoch wirksam. Sie leiten unser Denken und Handeln. Und sie bringen uns ständig in die Bredouille mit anderen Menschen oder mit dem Boden der Tatsachen. Zehn Jahre lang verging keine Woche, in der Vater und Tochter nicht übel aneinander gerieten:

> „Nun sei doch nicht so paranoid! Gib der Sache wenigstens eine Chance!"
> „Red kein dummes Zeug! Wenn wir wegen deiner spinnerten Ideen Haus und Hof verlieren, kannst du jederzeit woanders anfangen, weil du noch jung bist – dich nimmt jeder mit Handkuss. Aber deine Mutter und ich sind zu alt für den Arbeitsmarkt. Wir landen im Armenhaus!"

War der Vater „paranoid"? Nein. Hatte die Tochter „spinnerte Ideen"? Dito nein. Was aber hatten beide? Richtig getippt: krass unterschiedliche Werte. Die Tochter legt größten Wert auf Offenheit gegenüber neuen Entwicklungen und auf Interesse an allem Neuen. Der Vater legt ebenso großen Wert auf Vorsicht und Sicherheit. Das muss zwangsläufig zum Dauerkonflikt führen.

Wenn Sie mit einem oder mehreren Menschen im ständig wiederkehrenden Streit liegen, können Sie jede Wette eingehen, dass es nicht an Ihren Persönlichkeiten, Ihrem Charakter oder an der Sache an sich liegt, sondern vor allem an unterschiedlichen, gegensätzlichen Werten, die nicht als solche erkannt und behandelt werden. Die Lösung? Nicht über gegenseitige Vorwürfe und die „eigentliche Sache" reden, sondern über die dahinterliegenden, meist unterbewussten Werte. Wir machen das in diesem Kapitel zur Genüge.

3.1.3 Nur die richtigen Werte führen in die Zukunft

Warum wir nach Zuständigkeiten (Kap. 1) und Zielen (Kap. 2) nun über Werte reden, hat einen einfachen und gravierenden Grund: Ein Unternehmen, dass heute noch mit ausschließlich denselben Werten geführt und gemanagt wird wie vor 30 Jahren, ist dem Untergang oder der Bedeutungslosigkeit geweiht. Und nicht erst in weiteren 30 Jahren, sondern schon in den nächsten drei bis sieben Jahren. Es geht nicht darum, die alten Werte zu verteufeln, mit dem neuen Besen hinauszukehren oder als „alte Zöpfe" abzuschneiden. Nicht alles, was alt ist, ist automisch schlecht und zukunftsschädlich. Es geht vielmehr darum,

- erst einmal herauszufinden, mit welchen gut versteckten Leitgedanken im Hinterkopf, die gemeinhin als Werte bezeichnet werden, wir unsere Geschäfte führen.
- herauszufinden, welche dieser Werte heute noch zeitgemäß und nützlich sind.
- darüber nachzudenken, welche Werte wir unkritisch von anderen (Vater, Mutter, vorheriger Eigner, alter Meister, Lehrer …) übernommen haben und weiterhin leben, obwohl sie inzwischen eher hinderlich als förderlich sind.
- jene Werte aufzugeben, die uns die Zukunft verbauen.

- vor allem jene Werte zu identifizieren, zu stärken oder zu übernehmen, die zukunftsweisend sind.
- echte „Zukunftskiller" unter den Werten so schnell wie möglich zu erkennen, an die Kandare zu nehmen und durch zukunftsträchtige Werte zu ersetzen.

Da sind Ihnen spontan einige Werte eingefallen? Dann notieren Sie sie doch bitte gleich. Was man hat, das hat man.

Die Tochter in unserem Beispiel notierte an dieser Stelle natürlich sofort: „Berufspessimismus verbaut uns die Zukunft!" Dem Vater war das unangenehm. Doch auch er merkte, dass er seine Firma manchmal „überbremste". Was seine Tochter „Berufspessimismus" nannte, nannte er „kaufmännische Vorsicht". Und der Wert „Vorsicht" war ihm einfach wichtiger als alles andere: Jacke ist näher als Hose. „Ignorier Papa einfach, wenn er dich wieder ausbremst", riet die Mutter. „Du bist jetzt die Chefin und für die Firma verantwortlich." Das ist eine mögliche Lösung. Die Tochter wählte eine andere. Sie ignoriert weder die Werte ihres Vaters noch ihre eigenen. Sie ignoriert Werte nicht. Sie führt mit ihnen.

3.2 Führen mit Werten

Eine psychologische Daumenregel, für die man kein Psychologie-Studium braucht und die immer funktioniert und niemals Schaden anrichtet lautet:

Das Unterbewusste hört auf, Probleme zu machen, sobald und insofern wir es bewusst machen.

3.2.1 Beste Deeskalation: Unterbewusste Werte bewusst ansprechen

Als der Vater wieder einmal, obwohl er sich bereits offiziell zur Ruhe gesetzt hatte, der Tochter „reinregierte" und penetrant zur (Über)Vorsicht mahnte, gab sie ihm nicht wie üblich Kontra, was unweigerlich und verlässlich eine zehnminütige Streiterei und drei Tage mieses Klima und schiefhängenden Familienfrieden zur Folge gehabt hätte. Nein, dieses Mal sagte sie einfach:

> „Nicht wahr, dir ist einfach wichtig, dass wir auch in dieser Sache mit absoluter Vorsicht ans Werk gehen?"
> „Genau das meine ich! Endlich verstehst du mich. Hat ja lange genug gebraucht."

Damit war die Sache erledigt.

Was früher zehn Minuten sinnloser und beziehungsschädlicher Streiterei nach sich gezogen hätte, war nach diesem Austausch erledigt. Warum? Weil der Vater sich (zum ersten Mal) in einem seiner zentralen Werte verstanden, anerkannt und wertgeschätzt fühlte. Früher hatte er immer das Gefühl, dass alle gegen ihn sind, ihn wegen seiner Vorsicht insgeheim verspotten und seine Werte mit Füßen treten.

3.2.2 Die Würdigung von Werten ist kein Rezept, sondern eine Technik

Menschen, die vehement ihre (unterbewussten) Werte verfolgen, streiten nicht mehr oder viel weniger ausdauernd und heftig, sobald und solange ihre Werte erkannt statt missverstanden, verbal und ausdrücklich anerkannt (statt passiv-aggressiv ignoriert) und dezidiert wertgeschätzt (statt ex- oder implizit abgewertet) werden.

Das funktioniert? Immer. Garantiert. Das Rezept wirkt zuverlässig. Der einzige Haken: Das ist eigentlich kein Rezept, sondern eine Technik. Wie Tennisspielen oder Schuhebinden. Und weder das eine noch das andere hat aufs erste Mal geklappt. Wir haben das alle erst lernen müssen – oder wollen. Technik jedweder Art kann nur durch eine einzige Methode erworben werden: durch Übung, Training, Wiederholung.

Der Erwerb dieser Technik der Würdigung von Werten ist keine Raketenwissenschaft. Eine wertschätzende Grundhaltung gegenüber den eigenen und den Werten anderer und die damit einhergehenden Formulierungen bringt man sich in ein, zwei Wochen selber bei. Oder etwas schneller per Coaching. Es ist wie in unserem eigentlichen Beruf: Wer sich bemüht, wird belohnt. Gelernt ist gelernt. Übung macht den Meister und die Meisterin.

3.2.3 Neue Besen kehren gut, sollten jedoch darauf achten, was genau sie hinauskehren

Wenn ein neuer Chef, eine neue Chefin den Betrieb übernimmt, hört man oft: „Wir schneiden erst mal die alten Zöpfe ab!" Das vermittelt Handlungsstärke und Entschlossenheit, schüttet jedoch meist das Kind mit dem Bade aus: Zuverlässigkeit zum Beispiel soll „abgeschnitten" werden? Kundenorientierung soll ein „alter Zopf" sein? Neue Besen kehren besser – doch sie sollten keinesfalls jene Werte aus der guten Stube kehren, die ein Unternehmen nicht nur groß gemacht haben, sondern die es auch heute noch und vor allem in Zukunft braucht.

Als der neue Geschäftsführer einen Zulieferbetrieb im Norden Deutschlands übernimmt, bringt er sofort frischen Wind herein, der dem Betrieb auch gut tut. Er krempelt vieles um, weil das auch nötig war. So sagt er zum Beispiel dem Leiter eines Entwicklungsprojekts: „Kommen Sie aus Ihrem Büro raus! Reden Sie mehr mit den Kunden! Das nennt man heute agil! Früher hatte man dem Kunden erst beim ersten Meilenstein eines Projektes den stehenden, fast fertig entwickelten Entwurf gezeigt. Der neue Geschäftsführer schneidet diesen „alten Zopf" ab: „Das ist nicht mehr zeitgemäß! Kunden wollen heute von Anfang an einbezogen werden!" Also lädt der Projektleiter zu fast allen ersten Meetings des Projektteams auch Vertreter des Kunden ein, wodurch der erste Meilenstein um drei Monate verpasst wird, weil die Vertreter vom Kunden nicht wissen, wohin genau sie wollen und einen Meeting-Marathon mit endlosen und endlos vielen Meetings provozieren. Schließlich kennt der Kunde sich nicht so gut mit der Technik aus wie das Projektteam, das stinksauer ist: „Kundenintegration? Was ist denn das für eine bescheuerte Sache?" Das ist ein neuer Wert, den der neue Geschäftsführer völlig unkritisch übernommen und dem Betrieb übergestülpt hat.

Der alte Wert „Technological Leadership", also bei der Technik in den Lead, in Führung zu gehen und den Kunden erst dann einzubeziehen, wenn die technische Lösung halbwegs steht, hatte durchaus seine Berechtigung bei technologisch komplexen Projekten. Das übersah der neue Geschäftsführer: Neue Werte sind nicht immer und automatisch besser. Alte Werte sind nicht immer und automatisch veraltet. Doch das wusste der Geschäftsführer nicht. Ehrlich gesagt weiß er es heute nicht. Warum nicht?

3.2.4 Folgen Sie Werten nicht blind!

Der Geschäftsführer meinte es gut: „Aber so macht man das heute doch! Man bezieht den Kunden schon vom ersten Tag an mit ein!" Genau das hat er missverstanden. Er tut so, als ob extrem frühe Kundenintegration ein Naturgesetz sei. Das ist sie nicht!

Sie ist ein Wert, wie Ehrlichkeit zum Beispiel auch. Und Werten kann man folgen, muss es aber nicht. Wenn Ihre Partnerin Sie zum Beispiel fragt, wie ihr die neue Bluse steht und deren Farbe nicht wirklich Ihrem Geschmack entspricht, werden Sie sich bei dem, was Sie gleich sagen werden, sicher nicht von Ehrlichkeit leiten lassen. Denn „Beziehungsharmonie" ist ein Wert, der für Sie (möglicherweise) über dem Wert „Ehrlichkeit" steht. Genau diese Wahl hatte der Geschäftsführer nicht.

Weil er Kundenintegration nicht als einen von vielen Werten verstand, die man tunlichst und situativ gegeneinander abwägen sollte, sondern als alleinigen und allein seligmachenden Wert missverstand. Das tun wir alle gelegentlich: Wir halten unsere eigenen Werte für die einzige Wahrheit, die immer und überall zu gelten hat. Und wir folgen ihnen auch und selbst dann, wenn es nicht gut für uns ist, uns massiv schadet oder uns die eigene Zukunft verbaut.

So aus dem Bauch heraus gefragt: Mit welchen Werten, denen Sie zu oft zu verbissen und alternativlos folgen, verbauen Sie sich die Zukunft? Was fällt Ihnen spontan ein? Worauf machen Sie Menschen in Ihrem Umfeld, die es gut mit Ihnen meinen, diesbezüglich gelegentlich aufmerksam? Wer kritisiert sie offen auf welche Weise? Verräterisch und sachdienlich sind offene oder versteckte Hinweise wie

- „Nun lass doch auch mal fünfe grade sein!"
- „Das hat mal wieder weder Hand noch Fuß!"
- „Mach halblang, du verzettelst dich!"
- „Legen deine Mitarbeiter gerade wieder die Ohren an, weil du so schnell an ihnen vorbeizischst?"

Was kriegen Sie öfters zu hören? Ich weiß, Kritik der eigenen, zentralen Werte ist schwer zu ertragen (weil sie ans Eingemachte geht). Es sei denn, Sie missverstehen sie nicht länger als Kritik, sondern verstehen sie als Hinweis auf einen Wert, der gerade mit Ihnen durchgeht. Denn hinter jedem kritischen Satz steckt eigentlich ein nützlicher Wert, als da sind, bezogen auf die obigen kritischen Äußerungen:

- Präzision, die in übertriebener Form in Perfektionismus ausartet.
- Visionäres Denken, das in der kritisierten Situation zu abstrakt ist, um handlungsweisend zu sein.
- Einsatzfreude und Belastungsfähigkeit, die zu Überlastung führen könnte.
- Schnelligkeit in der Ausführung

Das alles sind Tugenden und Werte, die an sich nützlich und förderlich sind – aber in der kritisierten Situation wohl ins Extrem abgerutscht oder einfach unangebracht sind. Die Frage ist: Wer hat wen im Griff? Sie Ihre Werte? Oder Ihre Werte Sie?

Deshalb ist es so wichtig, so zukunftsentscheidend, sich über die eigenen Werte klar zu werden. Denn meist leiten Werte zwar unser Denken und Handeln, doch sind uns die Werte selbst nicht explizit bewusst. Das sollten wir ändern.

3.3 Erstellen Sie ein Inventar der Werte!

Werte sind wichtig, sind entscheidend. Immerhin lenken sie unser Denken und Handeln. Also sollten wir uns bewusst machen, was da unser Denken und Handeln lenkt. Wir sollten unsere eigenen Werte identifizieren sowie jene unseres Unternehmens und die, die für die Zukunft entscheidend sind (natürlich können und sollen sich diese drei Inventare überschneiden). Wofür stehen Sie? Wofür steht Ihr Unternehmen? Und welche Werte weisen den Weg in eine gute Zukunft?

3.3.1 Wofür stehen Sie?

Werte lenken unser Handeln, sind uns aber meist nicht bewusst. Hätte man den Vater aus unserem obigen Beispiel gefragt, warum er denn immer derart auf die Bremse tritt, sobald eine neue Idee auftaucht, hätte er und hat er regelmäßig geantwortet: „Weil ich nicht den ganzen Betrieb riskiere, bloß wegen so einer neuen Mode!" Das stimmt, das hätte er nicht. Doch das gibt keine Antwort auf die Frage: Welcher Wert lenkt ihn? Das sollte man jedoch wissen. Denn es gilt wie für jedes andere Problem auch:

Man kann eine nur dann Lösung finden, wenn man das Problem benennen kann.

Man kann nur dann die richtigen Werte leben, wenn man seine eigenen Werte erkennt. Welche Werte sind Ihnen wichtig? Niemand kann diese Frage aus dem Stand beantworten. Doch mit den folgenden Schlüsselfragen kommen Sie sich zuverlässig selbst und Ihren Werten auf die Schliche:

- Wenn bei der Arbeit Mist gebaut wird, was regt Sie dabei am meisten auf?
- Was ist das Schönste, das Ihnen ein Kunde sagen kann?
- Es gibt Menschen in Ihrem Umfeld, die Sie (gelinde gesagt) nicht ausstehen können: Was genau stört Sie an ihnen? (Das Gegenteil davon ist einer Ihrer zentralen Werte).
- Man lässt seinen Leuten manches durchgehen – was würden Sie ihnen niemals durchgehen lassen?
- Sie liefern einen Auftrag erfolgreich ab – was ist das Wichtigste an diesem Erfolg?
- Wenn Ihnen die Arbeit drei Dinge liefern sollte, die Sie am liebsten jeden Tag im Überfluss erleben würden – welche wären das?
- Wenn Sie Kritik von anderen hören – welche kommt mit unschöner Regelmäßigkeit? Welche Werte stehen dahinter?

Jede Ihrer Antworten ist nur einen Schritt von der Identifikation eines Wertes entfernt. Auf die erste Frage antworten zum Beispiel viele Unternehmer: „Wenn geschlampt wird!" Der Wert dahinter lässt sich einfach erahnen: Ordentlichkeit. Andere Führungskräfte sagen: „Wenn die Leute ständig dieselben Fehler machen und einfach nichts draus lernen!" Dann ist der Wert: Lernfähigkeit, persönliche Entwicklung, Ausweitung der Kompetenzen. Auch auf die zweite Frage divergieren die Antworten stark und sind stets stark aussagefähig: Was ist das Schönste, das Ihnen ein Kunde sagen kann?

- „Sie sind immer da, wenn ich Sie brauche!" Dahinterstehender Wert? Zuverlässigkeit.
- „Sie sind einfach die Besten!" Wert: Einzigartigkeit.
- „Was Sie machen, hat immer Hand und Fuß!" Wert: Pragmatismus, Bodenständigkeit.

Erstellen Sie aus allen Antworten auf die Schlüsselfragen ein Werte-Inventar: Dafür stehen Sie. Das sind Ihre persönlichen Werte. Sie dürfen auch eine Doktorarbeit daraus machen. Doch fürs Erste und im Grunde reicht eine handschriftliche Liste. Gerne hier im Rand der Seite.

3.3.2 Die Kunst, sich selbst ein Bein zu stellen

Sich die eigenen unbewussten Werte bewusst zu machen, löst nebenbei ein kapitales, chronisches und meist notorisches Problem jedes Unternehmers, Eigners, Selbstständigen oder Freiberuflers (und jedes anderen Menschen): Man/frau steht sich nicht länger selber im Weg.

Wir alle kennen doch Situationen, nach denen wir uns fragen: „Warum habe ich das schon wieder gemacht? Ich weiß es doch im Grund besser!" Ja, wir *wissen* das besser, aber wir *machen* es nicht. Weil ein unbewusster Wert uns im Wege steht. Damit stellen wir uns selbst ein Bein, handeln hinterrücks gegen unsere eigenen Interessen.

Eine Graphik-Designerin zum Beispiel, die so gut ist, dass sie ständig überbucht ist, deshalb seit Monaten nahe dem Burnout lebt und in den letzten Wochen trotzdem noch zwei Riesenaufträge angenommen hatte, kam total frustriert ins Coaching und sagte:

„Warum mach ich ständig so'n Scheiß? Ich komm' doch schon aufm Zahnfleisch daher und binde mir jetzt auch noch diese beiden Riesenklötze ans Bein. Bin ich total bescheuert?" Nein. Im Gegenteil.

Eigentlich ist sie hoch vernünftig. Wie jede(r) Selbstständige weiß sie: Was man hat, das hat man. Wer weiß, ob nächsten Monat noch Aufträge reinkommen? Erraten Sie den Wert dahinter? Natürlich: Existenzsicherung oder Sicherheit oder Vorsicht – wie immer Sie es nennen wollen. Wie würden Sie es nennen? Und wie wird man das los?

Das braucht man nicht (weil das auch nicht geht – Werte lassen sich diesseits der Gehirnwäsche nicht löschen). Es reicht völlig und führt zum gewünschten Erfolg, den unbewussten Wert bewusst zu erkennen und zu würdigen, um ihn mit anderen Werten bewusst abwägen zu können. Als der nächste Großauftrag sich ankündigte, wog die Designerin ihren Wert „Sicherheit! Ich will nicht verhungern!" mit ihrem Wert „Gesundheit – dich totzuarbeiten ist noch vor dem Verhungern die akute Gefahr" ab und entschied sich, letzteren den Vorrang zu geben. Sie verhandelte mit dem Auftraggeber, den Auftrag praktisch nicht als Ausführende, sondern als Leiterin eines Designer-Kollektivs anzunehmen und verteilte 80 Prozent der Arbeit an Auftragnehmer.

3.3.3 Wofür steht Ihr Betrieb?

Ist das nicht dasselbe wie das, wofür Sie stehen? Das nehmen viele an. Um den Sonnenkönig Louis XIV zu variieren (oder vielmehr die Legende zu seiner Person): „Die Firma bin ich." Das stimmt, was die Leitungskompetenz angeht.

Das stimmt nicht, was die Werte angeht. Tatsächlich ist es im Sinne des Wortes formativ, wenn Sie Ihre Werte der Firma aufprägen. Das tun wir alle automatisch – darin liegt das Problem. Nicht Ihre Werte sind das Problem, sondern dass zwar Sie wissen, was Ihre Werte bedeuten, Ihre Firma aber in der Regel nicht. Das merkt jeder interessierte Beobachter, der in Ihren Betrieb kommt. Ständig höre ich, wenn ich an Arbeitsplätzen vorbeikomme und die Ohren aufsperre, Dialoge zwischen Mitarbeitern wie den folgenden:

> „Der Chef sagt immer, wir müssten absolut zuverlässig sein (weil das einer seiner persönlichen Werte ist). Aber manchmal können wir Zusagen an Kunden einfach nicht einhalten. Was machen wir dann?"
> „Frag mich was Leichteres. Das hat er nie erklärt."

Werte sind sogenannte ausfüllungsbedürftige Abstrakta: Jeder versteht etwas anderes darunter. Ganz gleich, für welche Werte Ihr Betrieb stehen soll: Erklären Sie diese Werte so, dass wirklich jeder Mitarbeiter und Kunde sie verstehen und jeder Mitarbeiter ihnen folgen kann. Welche Erklärung würden Sie im eben skizzierten Streitfall vorschlagen?

Ich stellte diese Frage dem betreffenden Unternehmer im Workshop und er sagte: „Wenn wir Zusagen an Kunden aus sachlichen Gründen partout nicht einhalten können, dann können wir immer noch zuverlässig sein. Indem wir zum Beispiel zuverlässig so früh wie möglich den Kunden von den sachlichen Gründen der Unmöglichkeit informieren –

und nicht hoffen, dass er es nicht merkt oder dass er ein Auge zudrückt! Und indem wir ihm zuverlässig sagen, bis wann er was von uns erwarten kann." Das verstand jeder. Und so wurde das dann auch gemacht. Bevor er diese Klarstellung vornahm, hatte der Unternehmer regelmäßig ein halbes Dutzend Mal die Woche getobt: „Wie könnt ihr den Kunden bloß so hängen lassen!" Niemand verstand, was er damit meinte: „Wieso? Was nicht geht, geht einfach nicht – das muss der Kunde doch auch einsehen." Ja, klar – aber das entsprach nicht dem Unternehmer-Wert „Qualifizierte Zuverlässigkeit". Das hatte er seinem Unternehmen bloß noch nie dezidiert auseinandergesetzt.

Erstellen Sie eine Liste, ein Inventar der Werte plus Erläuterungen derselben, für die Ihr Unternehmen stehen soll.

Sie müssen das nicht jetzt, sofort machen. Aber Sie sollten das jetzt, sofort *beginnen*. Es ist gut, wenn Sie in freien Minuten über mehrere Tage an so einer Inventarliste arbeiten und sie ergänzen. Wenn Sie es nicht tun, sind Sie im Sinne des Wortes wertlos oder genauer: wertblind in die Zukunft unterwegs. Das ist wie Fahren ohne Bremse: Solange es geradeaus geht, geht das …

3.3.4 Welche Werte sind nötig für eine gute Zukunft?

Im Fall der Tochter, die den Betrieb vom Vater übernommen hatte, stand ein Unternehmenswert für sie praktisch von vorne herein fest: „Offenheit gegenüber Neuem!" Auch ein zweiter ergab sich wie von selbst: „Natürlich immer unter Berücksichtigung der gebotenen, aber nicht übertriebenen Vorsicht!" Mit beiden Werten waren Tochter und Vater wertemäßig wieder auf einer Linie.

Wenn Sie sich fragen, welche Werte Sie und Ihre Unternehmen für eine gute Zukunft brauchen, dann reicht es oft schon, die beiden Inventare abzuklopfen, die Sie eben aufgestellt (oder vage im Kopf) haben.

Für viele Unternehmer ist zum Beispiel Tradition, Kontinuität und Bewahrung des Erreichten von hohem Wert. Steht auch auf Ihrer persönlichen Liste? Das ist schön. Aber kommen Sie gut in die Zukunft, indem Sie Altes bewahren? Sicher nicht. Sie brauchen einen ergänzenden Wert, der stärker in die Zukunft gerichtet ist: Offenheit gegenüber Neuem, Interesse an laufenden Entwicklungen, Neugier, Innovationsfreude, Kreativität – suchen Sie sich was Schönes aus und setzen Sie es auf Ihre persönliche Liste.

Dieselbe Frage stellen Sie sich für Ihr Unternehmen: Sie kennen die Werte, für die es steht und die Sie auf der Liste haben. Welche Werte fehlen noch für eine gute Zukunft?

Da diese Frage so wichtig ist und sich in der Praxis auch meist nicht aus dem Stand beantworten lässt, widmen wir ihr jetzt mehr Raum.

3.4 Werte der Zukunft

Viele KlientInnen fragen mich: „Warum geben Sie uns nicht einen Katalog der zukunftsträchtigen Werte, damit wir sie übernehmen können?"

Wenn ich dann antworte, dass es diesen Katalog nicht gibt, nicht geben kann (auch wenn manche Ratgeber das behaupten und verkaufen wollen) und nicht geben wird, dann löcken manche gegen den Stachel und fragen:

> „Aber was ist zum Beispiel mit Zuverlässigkeit? Zuverlässig muss doch jeder Unternehmer und jedes Unternehmen sein, sonst verabschieden sich die Kunden und verspäten sich die Projekte!"
> Dieser Meinung sind Sie auch?
> Echt jetzt?
> Erste Zweifel kommen? Dann liegen Sie richtig.

3.4.1 Es gibt keine Zukunftswerte per se

Es gibt absolut geniale Erfinder, Entwickler, Startups, Techniker, Visionäre, Ingenieure, Strategen und Kreative (und ihre weiblichen Pendants), die so zuverlässig sind wie ein zerstreuter Professor: absolut nicht. Müssen sie auch nicht sein. Denn sie sind genial und kreativ. Zuverlässigkeit ist kein Wert, der sie ausmacht oder gar eine gute Zukunft ermöglichen könnte. Ganz im Gegenteil. Sie haben eine gute Zukunft, weil sie *nicht* zuverlässig sind. Sondern genial.

Müssten sie Zuverlässigkeit als Wert akzeptieren und leben – das wäre schlimmer als Folter. Außerdem wären sie dann nicht mehr derart kreativ. Solche hoch Kreativen stehen morgens um zehn auf, lesen erst mal die Zeitung, trödeln vor sich hin, vergraben sich dann in ihrem Labor und erzielen nachts um halb elf einen so entscheidenden Durchbruch, dass die Zuverlässigen in ihrem Umfeld die Ohren anlegen (wenn sie noch wach wären). Zuverlässig? Nicht die Bohne! Aber genial. Und sehr erfolgreich. Und glücklich. Und deshalb zukunftsträchtig.

3.4.2 Verbieg dich nicht!

Was wir daraus lernen: Es lohnt sich nicht, seine Werte zu verleugnen. Paradoxerweise machen das viele, weil sie den Zwängen der äußeren Umstände nachgeben. Sie passen sich an. Als zum Beispiel vor Jahrzehnten die CD erfunden wurde, verschrotteten viele Presswerke ihre Vinyl-Pressen, weil sie meinten, Offenheit für Neues sei ein absoluter Wert und Traditionsbewusstsein überholt. Jene, die zwar auf CD-Pressung umstellten, aber ihre alten Vinyl-Pressen im Keller einlagerten, machen heute in Zeiten der analogen Renaissance das Geschäft ihres Lebens mit zweistelligen Wachstumsraten.

Weil sie sich nicht haben verbiegen lassen. Weil sie ihre Werte eben nicht wie „alte Zöpfe" abgeschnitten und über Bord geworfen haben. Werte sind keine Zöpfe. Werte sind Werkzeuge. Niemand wirft eine Rohrzange weg, bloß weil er gerade eine Nagelleiste nagelt. Er legt die Zange in den Werkzeugkasten, damit sie für den späteren Gebrauch verfügbar ist. Und Werte sind nicht bloß nützlich. Sie sind geradezu entscheidend.

3.4.3 Werte sind Stärken und Stärken sind Werte

Die Zukunft ist nicht so mysteriös und unvorhersehbar wie manche meinen (und verlautbaren). Es gibt deutliche und starke Zusammenhänge zwischen Ursache und Wirkung, zwischen Heute und Morgen, zwischen Voraussetzungen und Resultaten. Viele dieser Zusammenhänge sind zwar wenig bekannt, aber umso eindeutiger, einfacher und klarer. Einer dieser Zusammenhänge ist zum Beispiel:

Starke Persönlichkeiten haben eine starke Zukunft.

Was macht Menschen zu einer starken Persönlichkeit? Starke Werte. Also authentische persönliche Werte, die nicht verleugnet, versteckt oder marginalisiert werden. Das wusste schon Shakespeare, als er Polonius im Hamlet sagen lässt: „This above all: To thine own self be true." Shakespeare erhebt dies zum höchsten Wert („This above all"): Authentizität; sich selber treu bleiben.

Der natürliche Feind der Authentizität ist die Anpassung, also die (teilweise) Aufgabe eigener Werte. Deshalb ist das Inventar Ihrer persönlichen Werte (Abschn. 3.3.1) so wichtig: Sie haben zwar Ihre eigenen Werte – aber leben Sie sie auch bewusst? Nur das, was wir bewusst praktizieren, können wir vor Anpassung schützen und bewahren. Um den Versuchungen des Alltags gewachsen zu sein, ist es hilfreich, sich täglich mehrfach einige Fragen zur inneren Wertorientierung zu stellen:

- Was ist mir in meinem Leben superwichtig?
- Warum?
- Welche Werte stehen dahinter?
- Worauf möchte ich auf keinen Fall verzichten?
- Warum nicht?
- Welche Werte stehen dahinter?
- Was möchte ich in meinem Leben (er)leben?
- Also welche Werte?

Werte sind wie ein innerer Kompass und funktionieren auch so: Kompass wie Wert können nur dann Orientierung geben, wenn wir sie benutzen.

3.4.4 Sie sind, was Sie sind – bleiben Sie sich treu!

Manchmal kommen bei obigen Fragen Antworten heraus, die man zwar als die eigenen Werte erkennt, die aber überraschend sind oder „so gar nicht zum Beruf passen"! Ein Flaschner mit eigenem Betrieb und acht Monteuren fand auf diese Weise heraus: „Ich decke zwar auch gerne Dachbleche ein, aber im Grunde meines Herzens bin ich ein wilder, ziemlich chaotischer Tüftler!" Dann ist das eben so. Punkt. Ende der Diskussion. Dann ist das ein zentraler Wert seines Lebens. Eine Stärke. Und Stärken stärkt man, man verbiegt sie nicht.

Wenn ich das in Vorträgen sage, bricht manchmal spontan Applaus aus. Weil viel zu viele Unternehmer und Selbstständige sich zeit ihres Lebens viel zu sehr angepasst haben, fremde Werte übernommen, ihr Herzblut geopfert, ihre Träume verraten, sich überangepasst, faule Kompromisse geschlossen und aus ihrem Herzen eine Mördergrube gemacht haben. Hören Sie auf damit!

Werfen Sie weder die Werte, die Ihnen am Herzen liegen über Bord, noch jene, die Ihnen nützlich und zukunftsweisend sind.

Wer seinen Werten treu ist, lebt authentisch. Für sich selber und für sein Unternehmen. Diese Authentizität kommuniziert sich auch Ihren Mitarbeitenden. Sie wissen und erleben es jeden Tag, „wofür der Chef, die Chefin steht". Daran können sich Mitarbeiter orientieren. Das gibt ihnen Halt und Orientierung.

3.4.5 Soll auch der Chaot sich treu bleiben?

An dieser Stelle der Argumentation wendet bei Vorträgen oder in Workshops immer eine oder einer ein: „Aber wenn ich zum Beispiel ein total chaotischer Chef bin, dann muss ich mir das doch verkneifen!" Eben nicht.

Denn Chaoten sind meist hoch kreativ, innovativ und genial oder energisch, voller Vorwärtsdrang, Erfindergeist oder Verkaufsstärke. Und das wollen Sie sich verkneifen? Denn wenn man sich das eine (das Chaos) verkneift, dann leidet meist auch das andere (das Kreative) – daher der stehende Ausdruck „kreatives Chaos". Und geht das Kreative verloren, dann geht der Laden kaputt.

Niemand, der bei Verstand ist, verkneift sich eine problematische Stärke – er oder sie flankiert sie vielmehr so, dass sie keine Probleme mehr macht.

Viele Eigner und Geschäftsführer machen das intuitiv. Ein absolut chaotischer Pharma-Unternehmer hat seit 20 Jahren einen absolut peniblen Geschäftsführer – und beide kommen zwar manchmal lebhaft, aber gut miteinander aus. Weil jeder der beiden weiß: Ohne den anderen geht es nicht. Der Geschäftsführer sagt: „Sein zentraler Wert ergänzt sich perfekt mit meinem – wenn ich klug genug bin, ihn sein zu lassen, wie er ist." Diese Einsicht und Handlungsweise ist nicht normal! Normal ist der Fall eines Schreinerbetriebs, der jahrelang so perfekt Termine und Vorgaben von Standardaufträgen einhielt, dass er sich ruinierte, weil Standardaufträge zu wenig Marge tragen. Der Knüller ist: In den Jahren vor seinem Ruin hatte er sämtliche Meister, Gesellen und Lehrlinge vergrault, die so kreativ und innovativ waren, dass sie auch die lukrativen Sonderaufträge hätten akquirieren und ausführen können. Doch diese Mitarbeiter waren dem peniblen Schreinermeister „zu unordentlich, schlampig – die halten sich nicht an die korrekte Vorgehensweise!" Also ekelte er sie raus und verspielte damit seine Zukunft.

3.5 Vertrauen Sie Ihren Werten!

Viele halten Werte für etwas Abgehobenes. Das sind sie nicht. Es gibt nichts Praktischeres als authentische Werte. Oft werde ich zum Beispiel gerufen, wenn ein Unternehmen sich etwas übernommen hat mit einer Restrukturierung, einer Übernahme, einer Reorganisation, der Einführung neuer IT oder mit einem Riesenauftrag. Dann geht es darum: Wie packen wir das an? Wie planen wir den Ablauf? Welche Kapazitäten, Meilensteine und Termine?

3.5.1 Mit den Werten fängt man an

Viele Klienten wundern sich dann, wenn ich nicht gleich in die Planung einsteige, sondern erst frage: Wo fangen Sie an? Einige antworten dann: „Bei der technischen Lösung." Weil diese am wichtigsten für den Auftrag ist? „Nein, weil wir die Technik schon parat haben." Das erscheint sinnvoll, widerspricht aber in vielen Fällen den Werten des Unternehmers, des Unternehmens und damit der Zukunftsstärke. Wenn zum Beispiel der zentrale Wert dieser drei Wert-Inventare für das konkrete Unternehmen lautet: kreative Lösungen, neue Ideen, geniale Ansätze. Oder Leidenschaft für das Projekt. Oder „absolute Anwendungsorientierung" – und dann fängt man im Projekt mit der Technik an? Und nicht bei den Wünschen und Anwendungserfordernissen der Endanwendern? Kein Wunder, dass der Auftrag oder das Projekt mittendrin mächtig Probleme bekommt, wenn man nicht mit der eigenen Stärke, den eigenen zentralen Werten beginnt, sondern „mit der Technik"!

Wir alle haben Werte, aber wir handeln oft nicht danach, weil sie uns nicht bewusst sind. Vor allem dann nicht, wenn es nötig wäre, wir einen Auftrag oder ein Projekt angehen und dann unbewusst gegen unsere eigenen Werte handeln. Deshalb sind Ihre drei Wert-Inventare so wertvoll! Es nützt nichts, wenn man Werte hat (die hat jeder und jede): Man/frau muss auch danach handeln. Und das tun wir nur, wenn sie uns präsent sind. Das schafft man in der Hektik des Alltags nicht aus dem Gedächtnis. Dafür braucht es Erinnerungshilfen wie die drei Inventare: schriftlich, sichtbar.

3.5.2 Werte geben Sicherheit

Werte geben in unsicheren Zeiten Sicherheit. Eigentlich sind Werte und die mit ihnen untrennbar verbundenen Stärken das Einzige, was uns in unsicheren Zeiten Sicherheit gibt und Sicherheit geben kann. Wir wissen nicht, ob nächstes Halbjahr überhaupt noch ein Auftrag reinkommt oder ob der Markt wegen einer der vielen globalen Krisen komplett wegbricht. Aber wir wissen: Auch im nächsten Halbjahr habe ich meine Werte und damit meine eigentlichen Stärken – wenn ich sie mir bewusst erhalte. Das macht die Zukunft sicher(er).

Menschen, die ihre Werte leben, kennen und erleben wir als aufrecht, ehrlich, unerschütterlich, zuverlässig und vertrauenswürdig, glaubhaft, authentisch, intuitiv, empathisch, offen, kreativ und mutig. So einfach wird man ein starker Unternehmer, ein starker Mensch? Ja, so einfach. Wobei einfach nicht leicht bedeutet. Doch genau das ist die Macht der Authentizität: Sie gibt echte Stärke. Authentizität, nicht Red Bull, verleiht Flügel. Außerdem machen Werte in hohem Maße unverwundbar; der korrekte Ausdruck ist: resilient.

Denn selbst wenn es zum Schlimmsten käme und Sie tatsächlich, was Gott verhüten möge, Einkommen, Firma, Vermögen, Status und Ansehen verlieren würden – das alles könnten Sie notfalls verschmerzen. Denn Sie haben ja noch Ihre Werte. Die kann man Ihnen nicht nehmen. Und mit diesen Werten holen Sie sich all das zurück, was Sie verloren haben (und mehr). Werte sind die eigentliche Kraft im (menschlichen) Universum. Werte sind sehr viel mehr wert und sehr viel wirkmächtiger als jedes Geldvermögen.

3.6 Werte: Frequently Asked Questions

Werte sind eines der spannendsten Themen der Unternehmensführung. Deshalb gibt es bei Vorträgen, bei der Beratung und in Seminaren regelmäßig viele Fragen dazu. Nachfolgend die häufigsten und wichtigsten.

3.6.1 „Welche Werte sind total veraltet?"

Viele fragen das. Vor allem, wenn sie eine Firma erst kürzlich übernommen haben und noch die Werte von Eltern oder gar Großeltern mitbekommen haben, wie zum Beispiel: Ehrlich währt am längsten! Ohne Fleiß kein Preis! Rechtschaffenheit, Kontinuität, Bewahrung des Vorhandenen, sich bloß nicht in den Vordergrund drängen! Eine junge Unternehmerin meinte: „Aber im Youtube-Zeitalter kommt doch nur der weiter, der auffällt! Wer auffällt, kriegt Aufträge!" Also postete sie fleißig Selfies. Auch aus dem Urlaub, auch in Strandkleidung. Drei Kunden, Alter über 50, sprangen spontan ab, als sie die Chefin ihrer Finanzberatung im Bikini sahen: „Total unseriös! So jemandem vertrau ich nicht mein sauer Erspartes an!"

Dafür gewann sie mit ihrer Selfie-Tour 20 neue Kunden und vor allem Kundinnen hinzu, Alter unter 30. Also ist „Aufmerksamkeit um jeden Preis, selbst um den Preis der Aufgabe jeder Privatsphäre" nun ein Zukunftswert oder nicht? Das kommt drauf an. Nicht auf den Wert an sich, sondern auf die Unternehmerin: Welche Zielgruppe will sie denn? Das hatte sie sich nicht überlegt, bevor sie den Auslöser am Handy drückte. Genau das meine ich: Man/frau sollte sich seine eigenen Werte bewusst machen, damit sie ihm/ihr kein Bein stellen, sondern nützen sein können.

Es gibt keine veralteten, kaputtgegangenen, überholten Werte. Es gibt lediglich Werte, die nicht in den konkreten Kontext, die jeweilige Situation, zum Unternehme oder zur Zielgruppe passen. Aber auch für diese Unterscheidung sollte man erst einmal erkennen, welche eigenen Werte einen leiten.

3.6.2 „Müssen wir ein Value Statement haben wie die Konzerne?"

Konzerne veröffentlichen regelmäßig auf Hochglanz polierte Value Statements oder Mission Statements mit Prestige-Werten wie: „Die Mitarbeiter sind unser wertvollstes Kapital!" Müssen kleine und mittlere Unternehmen bei dieser Propaganda mitmachen?

Nein. Denn viele Konzerne schreiben zwar teuer über ihre Werte, leben sie aber nicht. Der Satz mit dem „wertvollsten Kapital" in der Vierfarb-Hochglanz-Image-Broschüre hat noch keinen Konzern von Massenentlassungen abgehalten. Bei kleinen und mittleren Unternehmen liegt das Problem woanders: Sie leben oft schon in der x-ten Generation ganz bestimmte Werte, die sie von den Eltern übernommen – aber eben nie reflektiert haben. Entweder leben sie die Werte, ohne sie reflektiert zu haben oder sie haben sie in Bausch und Bogen verworfen, ohne sie reflektiert zu haben. Was uns zur nächsten Frage bringt.

3.6.3 „Wir haben unsere Werte, aber wir reden nicht darüber!"

Wie in den meisten Familien und Betrieben. Man redet nicht über Geld, nicht über Gefühle und nicht über Werte. Weil das ans Eingemachte geht. Leider gilt: Reflexion ist entscheidend für Werte. Also das Drüber-Nachdenken und Drüber-Reden. Es gibt keine (nachhaltig nützlichen) Werte ohne Reflexion.

Natürlich sind die meisten Menschen ungeübt im Reflektieren; ungeübt bis allergisch. Denn niemand hat uns das beigebracht. Das Thema ist Tabu in den meisten Elternhäusern und Schulen. Obwohl oder weil es eines der wichtigsten Themen für ein nachhaltig erfolgreiches Leben ist. Denn nur wer seine/ihre Werte reflektiert und damit bewusst lebt, lebt nachhaltig erfolgreich. Auf die Dauer und zuverlässig erfolgreich machen nur reflektierte und damit bewusst gelebte Werte. Im Topmanagement ist das bekannt.

Wirklich jede(r) ManagerIn jedes namhaften Konzerns muss im Rahmen der Führungskräfteentwicklung (Management Development) eine Stärken/Schwächen-Analyse durchlaufen: ein anderes Wort für „Werte-Reflexion". Denn Werte sind Stärken und wenn ich meine Stärken reflektiere und kenne, bin ich sozusagen automatisch nachhaltig erfolgreich im Leben und im Beruf. Stärken führen zum Erfolg. Aber nur, wenn man sie kennt, das heißt reflektiert.

3.6.4 „Werte reflektieren? Ist mir zu schwierig!"

Das höre ich oft und das stimmt ja auch: Niemand hat uns das beigebracht und jetzt erfahren Sie plötzlich, dass es ohne Werte-Reflexion keine gute Zukunft gibt? Da muss man/frau ja in Schwierigkeiten kommen. Am besten überwinden wir diese mit einem ganz einfachen Beispiel, das in Coaching und Workshop auch noch dem Skeptischsten aufs Pferd hilft.

3.6 Werte: Frequently Asked Questions

Erinnern Sie sich an die Schlüsselfragen (Abschn. 3.3.1), mit denen Sie Ihre Werte entdecken können? Nehmen wir eine dieser Schlüsselfragen (es gibt Dutzende Varianten):
Welcher Erfolg der letzten Wochen hat Sie sehr gefreut?
Vielleicht war es eine gelungene Arbeit, ein ganz besonderer Auftrag oder ein erfolgreiches Projekt. Diese Erinnerung ist bereits die halbe Miete. Die andere Hälfte ist im Sinne des Wortes kinderleicht. Weil Sie ganz einfach das fragen, was kleine Kinder in der betreffenden Entwicklungsphase am liebsten und häufigsten fragen:
Warum?
Warum freut Sie dieser bestimmte Erfolg so? Was ist so besonders daran?
Erstaunlicher- oder bezeichnenderweise antworten die meisten kleinen und mittleren UnternehmerInnen nicht mit „Der Umsatz!" darauf, sondern, typisch echter Unternehmer:

- „Weil wir dabei unsere technische Expertise voll ausspielen konnten!"
- „Weil wir dabei komplett unser Ding durchziehen konnten."
- „Weil das ein hoch angesehener Kunde ist!"
- „Weil ich mich vier Jahre um dieses Projekt bemüht habe!"
- „Weil der Kunde ein Zwölfender ist!"
- „Weil wir mit unserem Angebot fünf Konkurrenten ausgeschlagen haben!"
- „Weil wenn wir ein Problem anpacken, dann lösen wir es auch."
- „Weil meine Leute das super gewuppt haben – ohne dass ich ständig hineingeredet habe."

Man muss kein Sigmund Freud sein, um von diesen Antworten auf die dahinterstehenden Werte zu schließen; als da sind, in der obigen Reihenfolge:

- Kompetenz, Expertise, Expertentum, technische Brillanz.
- Authentizität, sich selber und seinen Vorlieben treu bleiben.
- Ansehen, zur gehobenen Gesellschaft gehören.
- Fleiß, Einsatz, sich Mühe geben – und dafür belohnt werden: Leistungsgerechtigkeit.
- Prestige: Der Glanz des Zwölfenders strahlt auch auf den auftragnehmenden Unternehmer ab.
- Kompetitiveness, Konkurrenzfreude, Wettkampf-Spirit, sich mit anderen messen.
- Selbstvertrauen; von der eigenen Kompetenz überzeugt sein.
- Vertrauen – zum Beispiel in die Fähigkeiten der eigenen Mitarbeiter.

Im Grunde ist es ganz einfach (aber eben nicht immer leicht zu erkennen): Hinter dem, was uns besonders stark freut oder auf die Nerven geht, erkennen (reflektieren) wir durch einfaches Nachfragen unsere dahinterliegenden, treibenden Werte. In welchen Situationen fühlen Sie sich am wohlsten? Schon mal gefragt, warum das so ist? Weil Sie in diesen Lebenslagen Ihre Werte ausleben können. Und wo fühlen Sie sich regelmäßig gar nicht wohl? Dort kommen Ihre Werte regelmäßig unter die Räder.

3.6.5 „Muss man Werte sortieren?"

Das ist eine sehr gute Frage. Sie zeigt, dass hier jemand scharf mitdenkt. Denn wir haben natürlich nicht nur einen Wert. Jeder Mensch hat vieles, das ihm wichtig ist. Viele Werte. Und fast ständig „streiten" sich diese Werte. Einige typische Werte-Konflikte, die wir alle kennen:

- Ich will den Auftrag gut, aber auch schnell (Der Kunde wartet!) erledigen. Beides zusammen geht nicht.
- Ich möchte dem Kunden seinen Wunsch erfüllen, aber beim Auftrag auch noch was verdienen. Das eine schmälert das andere.
- Ich wünsche mir, dass mein Laden läuft, aber das Familienleben nicht allzu sehr leidet. Der typischste aller Werte-Konflikte.

Und so weiter. Praktisch alle zehn Minuten erleben und bewältigen wir Werte-Konflikte. Was heißt hier „bewältigen"? Die meisten Menschen hängen gefühlt endlos in solchen typischen Konflikten fest. Nur wenige bleiben davon verschont. Warum? Was können die, was andere nicht können?

Sie können priorisieren. Eine gute Priorisierung löst selbst die schwierigsten Werte-Konflikte. Ein kleiner Spezialist für IT-Lösungen zum Beispiel hatte jahrelang Probleme mit seinen Kunden, die es – natürlich – immer perfekt, aber immer auch schon gestern erledigt haben wollten. Weil das faktisch unmöglich ist, waren die Kunden dauergereizt, seine Mitarbeitenden dauergestresst und er selber dauergefrustet. Bis er nach einer Workshop-Musterreflexion zu der Priorisierung kam: „Uns ist technische Brillanz wichtiger als Schnelligkeit!"

Das sagte er seinen Mitarbeitenden in einer Mittagspause. Die ließen spontan Messer und Gabel fallen, standen auf und spendeten ihm Beifall. Manche sagten: „Endlich!" Dann sagte er es auch seinen Kunden. Beinhart, aber sehr höflich. Er sagte unter anderem auch: „Bei uns warten Sie bei kleinen IT-Lösungen dann eben zwei, drei Tage, bei größeren zwei Wochen länger als bei der Konkurrenz. Dafür können Sie sicher sein: Das hält, das läuft, das hat keine Bugs und das ist so User-freundlich wie ein Seifenspender. Weil wir technisch perfekte Lösungen liefern. Wenn Sie die nicht wollen, gehen Sie zur Konkurrenz." Einige gingen, viele blieben, etliche kamen neu hinzu – weil jeder vernünftige Kunde die ständige Flickschusterei bei der IT mittlerweile satt hat. Niemand priorisiert Werte?

Doch. Wir alle machen das. Leider meist völlig unreflektiert und unbewusst. Wir geben dem Kunden nach: Das ist ein (gezwungene) Priorisierung. Oder wir bleiben hart: Das ist eine trotzige Priorisierung. Und in beiden Fällen kann das gehörig in die Hose gehen. Weil wir unbewusst priorisiert haben; spontan, unreflektiert. Bewusst ist besser. Werte brauchen Abwägung. Eine Priorisierung Ihrer persönlichen und unternehmerischen Werte gibt Ihnen gegenüber Ihren Mitarbeitern und Kunden (und Ihrer Familie) eine ungeheure Klarheit im Denken, Entschlossenheit im Handeln und Eindeutigkeit im Verhalten. Das ist immer so, wenn man weiß, was wichtig ist und was weniger wichtig. Der Merkspruch dazu lautet: First things first. Das Wichtigste zuerst. Was ist Ihr Wichtigstes?

3.6.6 „Ach, gehen Sie mir doch weg mit sowas Esoterischem!"

Auch das höre ich oft. Auch das ist menschlich und verständlich: Wir tun vorsichtshalber immer erst mal ab, was ans Eingemachte geht. Dabei weiß jeder Handwerker: Wenn es ans Eingemachte geht, wird die Arbeit erst richtig, richtig gut. Ist lediglich eine Frage des inneren Schweinehundes: Überwinde ich ihn oder überwindet er mich?

Warum fällt es uns so schwer, uns ans Eingemachte zu wagen? Weil „das Eingemachte" jener Teil unserer Persönlichkeit ist, den wir im hektischen Alltag oft und zu großen Teilen abspalten, wegdrücken, verdrängen oder schon vergessen haben, weil wir funktionieren müssen. Weil im harten Business nur der kühle Verstand zählt. Angeblich.

Denn wenn wir auf diesen verbreiteten Irrtum hereinfallen, verdrängen wir ausgerechnet jenen Teil unserer Persönlichkeit, der für uns persönlich am wichtigsten ist, weil er uns am stärksten, stärker noch als der kühlste Verstand erfolgreich und vor allem zufrieden machen kann. Der Verstand ist eine schöne Sache, doch er ist Diener der Persönlichkeit. Die eigentliche Persönlichkeit wird entscheidend von Werten geprägt, weil nur diese uns nachhaltig Erfolg und Zufriedenheit verleihen können – und ausgerechnet das verdrängen wir im Alltag? Das ist paradox, tragisch und vermeidbar.

Weil wir im hektischen Alltag das Eingemachte, unsere Werte so erfolgreich verdrängen, löst es natürlich eine Schwellenhemmung aus, sobald wird uns wieder damit beschäftigen (reflektieren) wollen. Doch diese Schwelle hat auch etwas Gutes: Sobald Sie über die Schwelle sind, merken Sie praktisch sofort und fast körperlich, wie gut Ihnen Ihre Werte tun, wie erfolgreich und zufrieden (nur) sie machen können – wenn Sie sie reflektieren und leben. Ein erfülltes und auf Dauer erfolgreiches Leben ist nur für den und die möglich, der und die sich mit den eigenen Werten verbindet. Ich wünsche es Ihnen!

Visionen der Zukunft

Konkurrenz ist out, Coopetition ist in

> *„Deine Vision wird nur dann klar, wenn du in dein eigenes Herz schaust. Wer nach außen schaut, träumt; wer nach innen schaut, erwacht."* C.G. Jung

Zusammenfassung

In der Hektik des Alltags geht in der Regel ein zentraler Faktor für eine gute, sichere und erfolgreiche Zukunft unter: Die konkrete Vorstellung davon, wohin sich der eigene Betrieb längerfristig, in fünf bis 15 Jahren oder länger entwickeln soll. Diese Vorstellung wird auch Vision genannt. Bevor kleine und mittlere Betriebe Visionen entwickeln, müssen jedoch die vielen Missverständnisse und Antipathien rund um den Begriff und diese spezielle Art der Vorausschau überwunden werden. Jedenfalls können Unternehmer- und Unternehmensziele (Kap. 2) nicht schlagkräftig und kongruent formuliert und vor allem verfolgt werden, wenn die Vision nicht klar ist oder den Zielen sogar widerspricht. Das Kapitel diskutiert und illustriert diverse ergiebige Quellen der Vision und wie und mit welchen Facetten Leserinnen und Leser ihre eigene Vision entwickeln, unter besonderer Berücksichtigung der Facette „Kooperation und Coopetition".

4.1 Wohin wollen Sie?

Wenn Sie beim Lesen der Kapitelüberschrift gestutzt haben: Die meisten reagieren so, wenn sie „Visionen" hören. Sie assoziieren mit dem Begriff spontan Vorstellungen wie: Flug zum Mars? Roboter übernehmen die Weltherrschaft? Doch das ist nicht gemeint, wenn wir von Visionen im Zusammenhang mit Ihrem Unternehmen reden.

Wenn es um Ihren Betrieb geht, ist mit „Vision" nicht ein utopisches Hirngespinst gemeint, sondern schlicht die Frage: Wohin wollen Sie mit Ihrem Unternehmen auf lange Sicht? Also im Zeitraum von fünf bis 15 Jahren (oder länger) von heute aus gesehen? Diese Definition von „Vision" versteht und akzeptiert im Grunde jede und jeder. Was nicht heißt, dass jeder Unternehmer auch eine Vision hätte. Das Gegenteil ist der Fall.

4.1.1 Keine Zeit für Visionen – keine Zeit für die Zukunft

Konzerne werben gerne mit ihrer „Vision für die Zukunft". Von den kleinen und mittleren Firmen dagegen haben grob geschätzt 90 Prozent keine Vision. Warum? „Keine Zeit für sowas!", ist die häufigste Antwort. Weil das Tagesgeschäft, die Hetze und Hektik, der Stress und Druck und die Auftragslage oft derart drängen, dass man kaum über den Tag oder die Woche, geschweige denn übers Jahr hinaus denken kann oder mag. Oder gar, wohin man in den nächsten 20 Jahren möchte.

Dabei bewegen die grundlegenden visionären Fragen jeden verantwortungsvollen Unternehmer und Eigner praktisch täglich und vor allem nachts:

- Wie lange möchte ich das eigentlich noch machen?
- Wie lange möchte ich es in dieser Form noch machen?
- Wie lange machen das meine Gesundheit und mein Körper noch mit?
- Und wie lange noch meine Beziehung? Meine Familie? Meine Mitarbeitenden, KundInnen?
- Welche Versäumnisse bei meiner Altersvorsorge schiebe ich schon seit Jahren vor mir her?
- Müsste man den Betrieb oder zentrale Bereiche nicht grundsätzlich neu ausrichten, neu aufstellen?
- Müssten wir nicht eigentlich längst schon in eine ganz andere Richtung unterwegs sein?
- Digitalisierung, Autonomisierung und Industrie 4.0 sind strategische Themen, die uns die nächsten zehn Jahre und länger begleiten werden: Sind wir diesbezüglich strategisch gut unterwegs?
- Welche neuen Geschäftsfelder, Geschäftsmodelle und Zielgruppen tun sich im Rahmen dieser langfristigen Trends auf und wie können wir sie nutzen? Das heißt: Womit müssten wir heute schon beginnen?
- Auch der Fachkräftemangel wird uns noch auf Jahre hinaus begleiten: Abgesehen von spontanen Aktionen – was tun wir langfristig für unsere Attraktivität als Arbeitgeber?

Das sind absolut vernünftige, nützliche und notwendige Fragen und Gedanken. Aber wie gesagt: So gut wie niemand macht sich diese Gedanken. Nicht systematisch, geordnet, dokumentiert und in einer Form, aus der konkrete Maßnahmen abgeleitet werden könnten. Wir können diese notwendigen Fragen und Gedanken nennen wie wir wollen. Wir müssen sie nicht „Vision" nennen. Doch ohne diese längerfristigen Gedanken sind Sie wie ein Schiff ohne Steuerruder: den Winden, Strömungen und Gezeiten der Zukunft steuerlos ausgeliefert. Das erkennen die meisten auch. Intellektuell. Trotzdem gibt es rein gefühlsmäßig bei vielen Hemmungen, sich mit der eigenen Vision zu beschäftigen. Dann hilft der Gedanke an den nächsten Urlaub.

4.1.2 Eine Vision ist wie eine Fernreise

Nehmen wir an, Sie wollen im nächsten Urlaub eine schöne Fernreise machen. Also ganz weit weg. Anderer Kontinent. Viel weiter weg als Sie sonst Urlaub machen. Zum Beispiel Florida, Dom.Rep., Abu Dhabi, Malediven oder Las Vegas. Aber obwohl oder gerade weil das Ziel der Reise so weit entfernt ist, denken Sie über dieses ferne Ziel nach. Denn wenn Sie nicht darüber nachdenken, kommen Sie nicht an oder die Reise geht schief. Obwohl Ihr Reiseziel also so weit entfernt liegt, denken Sie darüber nach. Wie selbstverständlich. Nur über das „Reiseziel" Ihrer weit entfernten unternehmerischen Zukunft nicht? Das ist absurd.

Vielleicht ist es nicht absurd, sondern lediglich ungewohnt. Das berichten viele meiner KlientInnen: „Am Anfang war es ziemlich ungewohnt. Aber nachdem ich mich überwunden und damit begonnen hatte, hatte ich schnell den Dreh raus. Und jetzt mache ich mir Gedanken über meine Vision so selbstverständlich wie über die nächste Urlaubsreise." So soll es sein.

Nichts gegen Spontanreisen! Wenn einem egal ist, wo man rauskommt. Für den Urlaub mag das ein amüsantes Rezept sein. Fürs Business ist es ein amtliches Misserfolgsrezept.

4.1.3 Das schwere Erbe der Eltern

Was die Vision ihrer eigenen Zukunft angeht, sind viele Unternehmer erblich vorbelastet. Etliche sagen: „Mein Vater hat das auch nie gemacht!" Oder: „Wir haben in der Familie damals nie über sowas gesprochen!" Nicht aus grober Fahrlässigkeit.

Sondern weil zum Beispiel der Papa ein gestandener Praktiker war/ist. Pragmatisch, zupackend. „Visionen" waren ihm viel zu abstrakt, theoretisch, nebulös. Er hatte es nicht so mit der Zukunft. Eher mit Vergangenheit und Tradition: „Lief doch alles prima all die Jahre! Warum sollte es nicht weiter so gut laufen?" Weil das ein frommer Wunsch ist. Und wir wissen, was die harte Wirtschaftsrealität mit frommen Wünschen macht. Sie frisst sie auf und spukt sie aus.

4.1.4 Die Verführung der guten Auftragslage

Viele sind auch mit Aufträgen so gut versorgt, dass der Gedanke an eine ferne Zukunft geradezu abwegig erscheint. Ein Meister eines Handwerksbetriebs sagte mir: „Wenn du mit Aufträgen nur so zugeschüttet wirst und kaum weißt, wie du das nächste Quartal überstehen sollst, ohne dass die Kunden Amok laufen oder deine Mitarbeiter schlappmachen, denkst du doch nicht an das, was in zehn Jahren sein soll!" Natürlich nicht.

Denn dazu besteht keine spürbare Notwendigkeit. Das ist der Haken: Dass keine spürbare Notwendigkeit besteht, heißt ja nicht, dass keine Notwendigkeit besteht. Man spürt sie bloß nicht. Trotzdem ist sie da. Ein anderer Meister sagte dazu: „Du spürst die Notwendigkeit leider meist erst, wenn sie dich in den Hintern beißt und dir klarmacht, was du all die Jahre verschlafen hast!" Bezeichnenderweise gibt es auch Väter und Mütter, die das schon damals sagten: „Plane in der Zeit, dann hast du in der Not!" Oder: „Du musst vorausdenken, wenn es gut läuft. Wenn es schlecht läuft, ist es meist zu spät dafür." Die alten Griechen übrigens schrieben die Fähigkeit, weit vorauszudenken, keinem geringerem als dem Göttervater Zeus zu. Bei Homer wird er häufig „der weithinschauende Zeus" genannt. Die alten Griechen wussten, wie wichtig es ist, nicht nur an den nächsten Tag, sondern auch weit voraus zu denken.

4.2 Die schlichte Notwendigkeit der Vision

Es gibt ein letztes Argument, dem sich wirklich keine(r) entziehen kann: Wenn eine konkrete Vision von der weit entfernten Zukunft wirklich so unnötig wäre, wie manche hoffen oder spekulieren, hätten Sie nie eine Lebensversicherung abgeschlossen. Das hat aber jeder verantwortliche Unternehmer, jede Unternehmerin, die an ihre Familie denkt.

Denn eine Lebensversicherung betrifft auch (hoffentlich) einen Zeitpunkt, der weit entfernt in der Zukunft liegt oder sogar (hoffentlich) nie eintritt! Und trotzdem bezahlen wir brav unsere Versicherungsbeiträge. Sonst steht nämlich im Ernstfall unsere Familie im Regen. Das wollen wir nicht. Also denken wir ganz weit voraus. Bei der Lebensversicherung ist der Fall der Fälle äußerst selten, tritt glücklicherweise nur mit geringer Wahrscheinlichkeit ein. Bei der Zukunft dagegen ist die Wahrscheinlichkeit 100 Prozent. Sie tritt garantiert ein.

Viele bezeichnen Visionen als „Träumerei" oder „Spinnerei". Würden Sie Ihre Lebensversicherung als Spinnerei bezeichnen? Sicher nicht.

4.2.1 Ohne Vision keine kongruenten Ziele

Noch ein Grund, warum wir alle eine Vision brauchen: Ohne handfeste Vision können wir keine passenden Ziele (Kap. 2) formulieren. Wenn wir es trotzdem tun, stehen Ziele und Vision oft im Konflikt oder im Widerspruch. Eben weil die Vision so oft fehlt, passiert das eigentlich ständig.

Die Chefin eines kleinen Friseursalons mit drei Mitarbeitenden formuliert zum Beispiel für ihren Betrieb das Ziel: „Wir müssen wachsen, sonst verdrängen uns die Großen!" Sie arbeitet jedoch jetzt schon zehn, zwölf Stunden am Tag. Gesundheit, Ehemann und Familie leiden. Will sie so weitermachen? Wie lange noch? Und wird durch das angestrebte Wachstum die Belastung nicht noch größer? Nach Wochen des Nachdenkens, in denen sie sich immer wieder Impulse abholte, sagt sie beim Telefoncoaching: „Ich bin zum Entschluss gekommen, dass es langfristig allen mit dem Geschäft gutgehen muss: KundInnen, Mitarbeitenden, mir, meinen Kindern und meinem Mann. Geht das als Vision durch?" Ich bestätige ihr am Telefon: Das ist sogar eine sehr starke Vision.

Danach ist ihre Zielfindung einfach: „Wir vergrößern nicht, wir spezialisieren!" Sie stellt noch eine Mitarbeiterin ein und spezialisiert sich auf künstliche Haarpracht für Unfallopfer und Chemo-PatientInnen. In dieser Nische ist sie praktisch Monopolistin in ihrer Stadt und in der Region. Vision und Ziel passen zusammen und das gibt ihr, ihrer Familie und ihren MitarbeiterInnen neuen, nachhaltigen Schwung – was immer der Effekt ist, wenn Vision und Ziele ein harmonisches Ganzes bilden. Natürlich fällt dieses harmonische Ganze nicht vom Baum. Das muss man sich gedanklich erarbeiten. Aber erstens macht das Spaß und zweitens können Sie sich dabei auch Unterstützung von außen holen.

4.2.2 Henne oder Ei: Was kommt zuerst?

An dieser Stelle merken scharf Mitdenkende oft an: „Wenn zukunftsweisende Ziele nicht ohne Vision aufgestellt werden können – warum haben wir dann zuerst über Ziele gesprochen (Kap. 2) und nicht über die Vision?" Gute Frage, absolut berechtigt. Zwei Antworten dazu.

Zum einen tun sich Unternehmer, Eigner und Führungskräfte von mittleren und kleinen Unternehmen mit einer mittelfristigen Zielplanung (ein bis fünf Jahre) oft ebenso schwer wie mit dem Aufstellen einer Vision. Und wenn man sich mit zwei Dingen beschäftigen soll, möchte oder muss, die einem schwerfallen, beginnt man sinnvollerweise am besten mit jenem, das einem ein wenig leichter fällt. Und das ist für die meisten westlich sozialisierten und gebildeten Menschen die Zielformulierung (in Indien und anderen Teilen Asiens ist das übrigens nicht so. Asiaten denken kulturell bedingt eher generationsübergreifend und visionär).

Zum anderen ist „Die Eroberung der Zukunft", wie Sie vielleicht schon selber gedacht haben, kein sequenzielles Vorhaben, sondern ein rekursives, zirkuläres, spiralförmiges: Ein vorausdenkender Unternehmer wird immer wieder zwischen Visionsbildung und Zielformulierung hin und her springen. Denn beide bedingen sich gegenseitig, sind zu großen Teilen interdependent. Erst beides zusammen gibt eine gute Zukunft.

Wenn Sie sich also eben geärgert und gedacht haben „Jetzt muss ich wegen meiner Vision auch viele meiner Ziele, die ich doch eben erst aufgestellt habe, schon wieder ändern!" – wenn Sie das gedacht haben, erkennen Sie nun vielleicht: Das war keine Zeitverschwendung. Ziele und Vision beeinflussen sich ständig gegenseitig. Und das ist gut so. Die Zukunft ist ständig im Fluss – also sollten unsere Gedanken und unser Weitblick es auch sein.

4.2.3 Die Zukunft ist ganz einfach

Wenn Sie vor Ihrem geistigen Auge vorüberziehen lassen, was Sie bis hierher über die Zukunft erfahren haben, werden Sie erstaunt bis erfreut feststellen: Sie müssen nichts Neues lernen! Das kennen und wissen Sie alles schon!

Sie wissen, wie wichtig geregelte Verantwortlichkeiten (Kap. 1) für einen effizienten Betrieb sind. Unternehmer- und Unternehmensziele (Kap. 2) sind Ihnen nicht fremd und was Werte (Kap. 3) sind, wussten Sie auch schon. Was eine Vision ist, konnten Sie sich vorher schon vorstellen. Wir sind erfreut: Für eine starke Zukunftskompetenz brauchen Sie keine neuen Fremdwörter oder Methoden und auch kein Zusatzstudium. Was die Zukunft angeht, kennen Sie alles schon! Sie tun es lediglich vielleicht nicht oft und intensiv genug. Aber das können und wollen Sie ja ändern.

Die Zukunft ist also rein begrifflich und methodisch betrachtet ganz einfach. Einfach, aber eben nicht leicht: Man muss immer noch tun, was zu tun ist. Aber das machen wir bei der täglichen Arbeit ja auch. Wir tun, was getan werden muss. Nichts anderes ist Zukunftsstärke auch.

4.2.4 Tradition der Vision

Wenn Sie das Eingangsmotto ganz zu Beginn des Kapitels anschauen, wird Ihnen auffallen: Schon immer dachten Menschen über Visionen nach. Unser Zitatgeber C.G. Jung lebte von 1875 bis 1961. Schon vor ihm dachten die alten Römer über Visionen nach und vor ihnen die alten Griechen und vor ihnen … Es gibt keine Zivilisation der Menschheitsgeschichte, die das nicht getan hätte. Viele Historiker glauben sogar: Je zukunftsweisender die Vision einer Zivilisation war, desto höher hat sie sich entwickelt. Weil eine gute Vision so wichtig ist.

Es geht dabei im Grunde ja auch nicht „nur" um Ihren Betrieb. Es geht um Ihr Leben. Wohin wollen Sie damit? Wie wollen Sie es leben? Wenn dieser visionäre Gedanke gut genug war für die größten Denker und Philosophen der Menschheitsgeschichte, ist er gut genug für uns. Also entwickeln wir Ihre Vision.

4.3 Wir entwickeln Ihre Vision

4.3.1 Träumen Sie!

Viele sagen: „Visionen sind doch Tagträume!" Ich sage: Bitteschön, dann träumen Sie! Niemand kann uns Träume verbieten. Jeder ganze Kerl hat ein Traumauto und/oder einen Traumurlaub, jede Frau einen Traummann oder eine Traumfrisur. Wir träumen alle. Wenn wir es nicht täten, wie könnten wir dann jemals unsere Träume leben? Wie könnten wir Träume wahrmachen oder von einer besseren Zukunft träumen? Sie müssen nicht träumen, um eine Vision für Ihr Unternehmen zu finden.

Aber wenn Sie es ohnehin tun oder jemals getan haben: Nutzen Sie Ihre traumhafte Vorstellung von der Zukunft. Bitte wörtlich nehmen: Wovon träumen Sie? Jetzt gerade? Wenn Sie in zehn Jahren Ihr dann absolut traumhaft perfektes Unternehmen leiten – wie sieht das dann aus? Welcher Traum ist in zehn Jahren wahrgeworden? Notieren Sie sämtliche Vorstellungen, die Ihnen durch den Kopf schießen. Jede Idee ist eine gute Idee – zensieren können Sie immer noch danach.

Der Haken an Träumen ist nicht, dass wir nicht träumen. Das tun wir alle. Der Haken ist: Wir träumen meist wenig bewusst. Damit sind unsere Träume verloren. Wir sollten sie ins Bewusstsein holen und möglichst notieren, damit wir sie verwirklichen können: Wer schreibt, der bleibt erfolgreich. (Tag)Träume sind eine hervorragende Inspiration und Quelle für Visionen.

4.3.2 Notwendigkeit als Quelle von Visionen

Eine zweite exzellente Quelle für die eigene Vision ist die schiere Notwendigkeit. Oft sagen uns wohlmeinende Familienmitglieder oder besorgte Zeitgenossen: „Wenn du so weitermachst, dann ist in fünf Jahren … (die Firma oder Gesundheit ruiniert, der Betrieb total veraltet, die Ehe kaputt, die Kinder in psychiatrischer Behandlung …)!"

Stellen Sie diese Warnung auf den Kopf: Wie also müsste der Betrieb in fünf Jahren aussehen, damit das alles *nicht* passiert?

4.3.3 Die dritte Quelle der Vision: Was Sie schon immer machen wollten

Das ist eine Quelle der Vision, die von Unternehmern recht oft aufgesucht wird: „Ich wollte doch schon immer mal …!" Oder: „Eigentlich wollte ich am Anfang ganz woanders hin. Und jetzt, wo es gut läuft (oder wo es ganz im Gegenteil nicht gut läuft), wäre der perfekte Zeitpunkt, das Ruder umzulegen!"

Meist sind das Vorstellungen, die einem schon lange im Hinterkopf herumspuken. Holen Sie sie da heraus! Es muss auch nicht immer der Hinterkopf sein. Viele Unternehmer sind bekannt dafür, dass sie dieses Kribbeln im Bauch oder das Jucken in den Fingern spüren, wenn sie an eine bestimmte Investition oder Zielgruppe, an eine Geschäftsidee oder ein Geschäftsmodell denken. Auch dieses Kribbeln kann Sie zu Ihrer persönlichen Vision führen. Nutzen Sie es!

4.3.4 Die vierte Quelle: Best Case

Jeder kennt den Worst Case, den schlimmstmöglichen Fall. Stellen wir den Begriff auf den Kopf: Was wäre auf Ihr Geschäft bezogen in fünf, zehn, 20 Jahren der bestdenkbare Fall?

Wenn Ihr Geschäft die bestmögliche Entwicklung nehmen, das Wasser den Berg hochfließen und alles wirklich supergut laufen würde – wo würden Sie dann in fünf, zehn, 20 Jahren gelandet sein? Marktführer? Technologieführer? Beliebtestes Unternehmen der ganzen Region? Verdoppelung der Belegschaft? Bundesverdienstkreuz? Alles ist möglich, nichts ist unmöglich.

Mancher gestandene Praktiker hat mit dieser Alles-ist-möglich-Vorstellung zunächst seine Probleme. Aber höchstens ein paar Sekunden. Dann flutscht es. Denn eine Optimalvorstellung vom Gang der Dinge haben wir, wenn wir ehrlich sind, doch alle im Hinterkopf. Das schadet nicht. Das nutzt, wenn es Ihnen den Weg in die nächste Dekade weist.

4.3.5 Bitte notieren!

Ich weiß, vielen gestandenen PraktikerInnen fällt das Festhalten der eigenen Gedanken schwer. Wer an der Schule das Schreiben gelernt hat, macht es danach oft nicht wirklich gerne. Diese Antipathie ist verständlich. Aber ist sie es auch wert, dass Sie Ihre Zukunft aufs Spiel setzen?

Tun Sie mir, sich selbst, Ihrem Betrieb, Ihren Kunden und Mitarbeitern und nicht zuletzt Ihrer Familie einen Gefallen und: Notieren Sie Ihre Vision! Am besten am PC, Tablet oder Smartphone. Damit Sie sie ständig verändern und verbessern können. Und damit sie Ihnen präsent bleibt. Denn nur was uns präsent ist, kann uns leiten. Wie das Sprichwort sagt: Aus den Augen, aus dem Sinn. Ich komme übrigens in viele Büros von Unternehmern, in denen die Vision des Unternehmers als Sinnspruch und Erinnerung gerahmt an der Wand hängt. Sehr empfehlenswert.

Vor allem dann, wenn Sie mit Feedback zu der aufgehängten Vision umgehen können. Oft meckern die Leute bloß unqualifiziert. Doch oft versteckt sich hinter den Äußerungen auch eine Anregung, die aufzunehmen sich für Sie lohnt. Für Sie und Ihre Zukunft.

4.4 Die Vision steht

4.4.1 Die häufigsten Visionen – gibt es nicht

Oft werde ich gefragt: Was sind denn die häufigsten Visionen von kleinen und mittleren Unternehmen? Was sind die Top 5?

Die gibt es nicht. Und das ist gut so. Wenn zehn Unternehmer, Freiberufler und Selbstständige im Workshop sitzen, haben wir nach 15 Minuten Arbeit zehn Visionen, die so unterschiedlich sind wie die Unternehmer, Freiberufler und Selbstständigen, ihre Vorstellungen und Geschäfte. Und das muss so sein.

Eine Vision ist nicht „One size fits all", sondern immer hoch spezifisch. Die Bandbreite geht von „Neubau" und „Kooperation mit anderen Firmen, um flexibler zu werden und größere Aufträge annehmen zu können" über „Verlagerung vom Hauptsitz" und

„Aufbau einer Filiale" oder „Eroberung einer Nische" bis hin zu „Weg von Standardsachen und mehr Spezialisierung". Einmal kam in einem Workshop auch heraus: „Ich löse mein aktuelles Geschäft in den nächsten fünf Jahren nach und nach auf und starte danach ganz neu!" Auch das ist eine Vision und – merken Sie es? Sie gibt Kraft. Das ist typisch.

4.4.2 Typisch Vision: Gibt Power!

Eine Vision beflügelt. Alle, die mit ihr in Berührung kommen. Wenn die Vision nicht wie bei vielen Großunternehmen und Konzernen derart verklausuliert und verschachtelt formuliert wurde, dass kein Mensch sie versteht. Wenn jedoch gestandene Praktiker an ihrer Vision arbeiten, dann ist das meist aus dem Stand markant, prägnant und kurz formuliert: „Der beste Service im Umkreis von 30 Kilometern!" Das versteht jeder. Und das dauert einige Jahre, bis das reorganisiert, mit Kapazitäten unterfüttert, konzipiert und zum Laufen gebracht worden ist.

Ein Augenarzt gibt sich die Vision: „Augenärzte gibt es viele – doch unsere Praxis ist patientenfreundlich!" Die PatientInnen müssen selber für Hin- und Rücktransport bei Augen-OP's sorgen? Nicht patientenfreundlich – das übernimmt die Praxis. Die total gestresste Sprechstundenhilfe erklärt die OP? Und wenn der Patient eine fachlich diffizile Frage hat? Nicht patientenfreundlich – das Gespräch führt ein Arzt oder eine Ärztin. Die Augentropfen für die erste Zeit nach der OP müssen von den umliegenden Apotheken oft erst bestellt werden und der Patient wartet dann darauf? Nicht patientenfreundlich – die Praxis vereinbart mit der Apotheke im Ärztehaus einen Lagervorrat und stimmt diesen mit den OP-Plänen ab. Das macht alles Zusatzarbeit? Weshalb die meisten Praxen das nicht machen? Es ist genau umgekehrt.

Weil es für die meisten Praxen lediglich Zusatzarbeit ist, wird es nicht gemacht. Für die erwähnte Praxis dagegen ist es Ausdruck der eigenen Vision – und dafür strengen sich alle doppelt und dreifach an. Denn eine Vision gibt Identität, gibt Halt und Sicherheit, stiftet Sinn, geistige Zugehörigkeit und Orientierung und jede Menge Motivation! Außerdem sind die PatientInnen von dieser Praxis begeistert und reisen aus dem weiten Umkreis an – was keiner anderen Praxis in der Region gelingt. Natürlich hat diese Praxis das alles nicht in ein, zwei Jahren geschafft. Das hat länger gedauert. Deshalb ist es ja eine Vision.

Eine Vision gibt nicht nur Power, sie reduziert auch Ineffizienz: Wer weiß, wohin es langfristig geht, weiß damit auch, wohin es nicht mehr gehen muss, was er oder sie sich also sparen kann. Man kann sich nicht mehr so oft, so leicht und so heftig verzetteln, wenn man die langfristige Richtung klar vor Augen hat.

Und schließlich wissen wir: Die großen Unternehmen überleben eher, sind stärker und beständiger. Dafür müssen sie nicht zig Leute zusätzlich einstellen: Auch die Kooperation ist eine Art Wachstum. Sie werden größer und stärker, wenn Sie kooperieren. Vor allem können Sie oft von der Größe des größten Partners in der Kooperation profitieren.

4.4.3 Der Ziel-Vision-Konflikt

Wir haben es schon erwähnt und wollen es nun vertiefen: Dass es zwischen Vision und Zielen zu Konflikten kommt, ist eher die Regel als die Ausnahme. Das liegt in der Natur der Dinge: Ziele fassen wir meist kurz- oder mittelfristig. Wir wollen einen mehrmonatigen Großauftrag möglichst reibungsarm über die Bühne bringen, unser Produktprogramm oder Serviceportfolio über die kommenden drei Jahre verschlanken oder binnen Jahresfrist mehr Zeit für die Familie freischaufeln. Das alles sind wichtige Ziele.

Doch im Hinterkopf spuken dabei die ganze Zeit Hintergedanken herum über das, worum es uns „eigentlich" geht. Und leider reibt sich diese längerfristige Perspektive oft mit den eher kurz- oder mittelfristigen Zielen.

Typisch dafür ist zum Beispiel der IT-Unternehmer, der mit Standardaufträgen förmlich zugeschüttet wird, total überbucht ist und dabei glänzend verdient – aber eigentlich wollte er von Anfang an hauptsächlich individuelle Lösungen austüfteln. Oder es ist genau anders herum: Ein Routinier muss ständig Extrawürste braten, die ihm gar nicht liegen.

Ganz oft begegne ich auch begnadeten Solisten, die so gut ausgelastet sind, dass sie nolens volens Mitarbeitende einstellen – und dann 80 Prozent ihrer Arbeitszeit Chef sind, anstatt das zu tun, was sie als Solist immer schon tun wollten und was ihnen „eigentlich" viel mehr Spaß macht als Mitarbeiter zu führen.

Wie gesagt: Dieser Konflikt ist sehr häufig. Er hat gravierende Folgen.

4.4.4 Folgen des Konflikts

Grob gesagt leiden acht von zehn Unternehmern in kleinen oder mittleren Betrieben unter diesem Konflikt zwischen ihren Zielen und ihrer Vision. Dieser Konflikt frisst ungeheuer viel Kraft, Nerven und Substanz.

Je länger ein Unternehmer unter diesem Konflikt leidet, desto unzufriedener und unverträglicher wird er oder sie in der Regel. Auch steigt dadurch das Burnout-Risiko: Man gibt so viel, verausgabt sich total (für die Ziele), „aber es kommt so wenig dabei zurück!" Das sagen alle Burnout-KandidatInnen. Sie denken: Das hat etwas mit dem Job, den Kunden, dem Stress, der Überlastung zu tun. Dabei hat es viel mehr mit dem Ziel-Vision-Konflikt zu tun.

Denn wenn man sich für Ziele verausgabt, die wenig mit der eigenen Vision zu tun haben, kann nur wenig zurückkommen: Die eigentliche Befriedigung bei der Arbeit ziehen wir zu viel größeren Anteilen aus der Verwirklichung der eigenen Vision als aus der Erreichung von Zielen. Eine Gartenbau-Unternehmerin erklärte das einmal unter Verwendung eines eingängigen Bildes: „Das ist so, wie wenn du tagsüber auf der Baustelle bist und schrecklich Hunger hast, aber nichts zu beißen da ist. Dann trinkst du halt dein Mineralwasser. Damit hast du auch etwas im Magen. Und am Abend kriegst du keinen Bissen runter, weil du einen Wasserbauch hast. Da ist nichts drin, was Substanz hat. Der Hunger bleibt." Wirklich sättigend wirkt nur das, was Substanz hat, was mit unserer Vision übereinstimmt.

Wenn Ziele und Vision zusammenpassen wie Schlüssel (Ziele) ins Schlüsselloch (Vision), dann geht die Tür auf zu einem erfüllten, erfolgreichen, ausgeglichenen und zufriedenen Leben. Wenn das so einfach ist, warum machen wir das dann nicht längst alle?

Weil es einfach ist, aber nicht leicht. Betrachten wir einige Hindernisse, die es uns schwermachen.

4.5 Blockaden lösen

Wenn Unternehmer den Stift in die Hand nehmen und ihre Vision zu Papier bringen wollen, kommt oft nichts oder ein Dutzend Gedanken gleichzeitig. Was dann?

Wenn es ein Dutzend Gedanken sind: Alle aufschreiben! Je öfter Sie über das Aufgeschriebene drüberlesen, desto besser sortiert sich das innerlich und gedanklich. Und wenn nichts kommt?

4.5.1 Wenn nichts kommt

Dann bitte keine Vorwürfe – das ist normal. So geht es den meisten. Aus einfachem Grund: Was man nicht gewohnt ist, kann man selten auf Anhieb. Übung macht auch hier den Meister: Einfach dranbleiben! In ruhigen Minuten immer mal wieder die Gedanken darauf lenken. Dann kommt immer etwas. Garantiert. Mir ist jedenfalls kein Fall bekannt, in dem das anders gewesen wäre. Und es werden darüber keine Wochen vergehen, sondern eher Tage.

Bei den meisten ist das eine reine Frage der Wiederholung: Wer sich drei-, vier- und fünfmal fragt, wohin er denn langfristig möchte oder was sie „eigentlich" am liebsten tun würde, dem und der steigt in jedem Fall aus den Tiefen seiner oder ihrer Gedankenwelt ein nützlicher Gedanke auf. Oft ist es auch ein Gefühl. Auch das zählt. Aus starken Gefühlen sprießen die stärksten Visionen.

4.5.2 Wenn ein Gefühl aufsteigt: Nachfragen

Oft ist das, was in einem aufsteigt, recht vage und oft auch negativ umschrieben, zum Beispiel: „Wenn ich ehrlich bin, fühle ich mich seit langem irgendwie eingesperrt und total beengt." Das sagte eine Zahnärztin im Chef-Coaching und ich war drauf und dran nachzufragen, welche Umstände sie denn emotional oder geistig einsperren würden. Doch dann ergänzte sie glücklicherweise ganz von alleine: „Wir sind unserer Praxis im Grunde schon lange entwachsen. Wir haben klein angefangen und sind derart gewachsen, dass ich mich jetzt nicht umdrehen kann, ohne drei Leuten auf die Füße zu stehen. Wir brauchen einfach mehr Platz!" Sie sah als Vision eine schöne, neue und vor allem große Praxis vor sich. Sie hat das sechs Jahre lang geplant und nach neuen Räumlichkeiten gesucht, die Finanzierung gesichert und neues Personal gesucht, bis alles perfekt war.

Deshalb ist es wichtig, sich zu fragen, wenn etwas in einem aufsteigt: Was ist damit gemeint? Was könnte das heißen? Was steckt dahinter? Könnte es X sein oder Y? Und wie mache ich aus der negativen Formulierung eine positive?

Dieses Nachfragen hilft insbesondere dann, wenn das, was hochkommt, sehr vage ist. Ganz oft höre ich zum Beispiel: „Ich bin schon lange irgendwie unzufrieden. Es muss einfach alles anders werden." Das ist so nebulös, dass nur geduldiges Nachfragen weiterhilft: Was alles sollte anders werden? Wie anders? Wie ist es denn jetzt im Moment? Würde das Gegenteil davon schon reichen? Was wäre dafür nötig? Welche konkreten Ursachen verbergen sich hinter dieser intensiven aber vagen Unzufriedenheit?

4.5.3 Bitte keine Panik!

Relativ oft fällt auch der Satz: „Am liebsten würde ich den ganzen Laden verkaufen – aber ich kriege den Preis nicht, den ich mir vorstelle." Kaum haben sie den Wunsch ausgesprochen, erschrecken viele darüber. Keine Bange: Diesen Wunsch sollte man nie a priori wörtlich nehmen. Dahinter steckt in der Regel etwas anderes.

Dahinter steht häufig einfach der starke Wunsch, dass die Dinge komplett anders wären. Die meisten geben dann auf: „Aber das geht ja nicht!" Anstatt einfach weiterzudenken und weiter zu fragen: Wenn ich nicht verkaufe, aber so vieles anders machen würde wie es eben geht – was könnte ich anders machen? Würde das reichen? Wäre das besser als jetzt? Ein Beispiel dazu.

Die Inhaberin einer Werbeagentur meinte beim Nachdenken über ihre Vision: „Ich habe mir das immer ganz anders vorgestellt. Wir sind einfach kein Team, jeder wurstelt vor sich hin. Das ist doch kein Teamwork! Das macht keinen Spaß." Als ihre Mitarbeiter das hörten, schlugen sie einen Workshop zur Teamentwicklung vor. Erst als wir tiefer nachfragten, stellte sich heraus, dass das in die völlig falsche Richtung gegangen wäre: Die Agentur war in einem sehr charakterstarken, aber eben einem alten Gebäude untergebracht und deshalb auf drei Stockwerke verteilt. Weil alle im Laufe der Jahre etwas gehfaul geworden waren, waren die gemeinsame Zeit und das gemeinsame Arbeiten mit der Zeit stark zurückgegangen. Jedes der drei Stockwerke war praktisch eine Firma in der Firma, man arbeitete nebeneinander her und kommunizierte hauptsächlich per E-Mail untereinander. Also ergab sich die Vision fast von alleine: „Wir ziehen um! Neubau! Erdgeschoss mit Terrasse – und das ganze Team auf einer Etage!"

4.5.4 Eine Vision, viele Facetten

„Neubau!", „Erweiterung!" oder eben „Alle auf einer Etage!" Manche meinen, dass eine Vision unimodal sein müsste, also nur einen Aspekt enthalten dürfe. Dem ist nicht so. Eine Vision hat wie die Zukunft auch viele Facetten. Im Prinzip können Sie in Ihre Vision reinpacken, was Sie wollen und was nötig ist. Zum Beispiel neben dem Neubau auch die Digitalisierung, einen ganz neuen Führungsstil und komplett neue Entscheidungswege innerhalb des Betriebs und neue Teams, neue Arbeitsprozesse, neue Angebote für die Kunden ...

4.6 Kooperation und Coopetition: Gründe dafür und dagegen

Wenn Sie die Facetten Ihrer Zukunftsvision zusammenstellen: Berücksichtigen Sie bitte unbedingt die Facette „Kooperation und Coopetition". Denn sie verleiht langfristig eine ganz neue Marktstärke, Schnelligkeit und Flexibilität. Wie das?

4.6.1 Konkurrenz ist kein Universalprinzip

Für viele ist Wettbewerb der Normalzustand in einer Marktwirtschaft. Eben das, was man „gesunde Konkurrenz" nennt. Ob sie in allen Fällen so gesund ist, sei dahingestellt. Was beim verbreiteten Selbstverständnis der Konkurrenzphilosophie oft übersehen wird: Seit es Konkurrenz gibt, gibt es auch Kooperation. Zum Beispiel im örtlichen Handels- und Gewerbeverein, bei Straßenfesten, bei Anzeigen-Kollektiven, Werbekooperationen oder bei Großprojekten, die ein Unternehmer allein nicht oder nicht so gut stemmen könnte. Kooperation hat es immer schon gegeben, in der Vergangenheit und Gegenwart – was ist mit der Zukunft?

4.6.2 Kooperation und Coopetition in der Zukunft

In der Zukunft wird Kooperation noch viel wichtiger werden als in der Gegenwart. Weil in der Zukunft die Großen noch größer werden. Zu groß, um als kleines oder mittelgroßes Unternehmen noch allein gegen sie bestehen zu können. Auch weil die Zukunft digital sein wird und weil man als kleiner Einzelner die Digitalisierung auf sich allein gestellt kaum oder nicht schnell und umfassend genug stemmen kann. Weil die Zukunft noch disruptiver als die Gegenwart sein wird und weil man Disruption in einer Kooperation sehr viel besser bewältigen kann.

Deshalb gehen Zukunftsforscher davon aus, dass Konkurrenz nicht ausstirbt, aber Kooperation mindestens genauso wichtig wird. Daraus entsteht eine neue Art des Wirtschaftens: Coopetition – eine gesunde Mischung und ein zusammengesetzter Begriff aus Cooperation und Competition, aus Konkurrenz und Kooperation.

Niemand würde die Nützlichkeit dieser zukunftsweisenden neuen Mischung bestreiten. Trotzdem ist der Kooperationsgrad bei kleinen und mittleren Unternehmen aktuell eher gering. Warum?

4.6.3 Warum wir wenig kooperieren: Misstrauen

Es ist nicht so, dass kleine und mittlere Unternehmer die Notwendigkeit der verstärkten Kooperation bei verschiedenen Themen und Aufgaben nicht sähen. Sie sehen sie. Doch sie kooperieren noch nicht überall dort, wo Kooperation nötig und möglich wäre, weil sie einander noch nicht ausreichend vertrauen. Die jahrelange Indoktrination der Konkurrenz hat ein tiefsitzendes Misstrauen erzeugt. Zur Überwindung desselben reicht es oft schon, sich bei gelegentlichen beruflichen Treffen oder innerhalb von Gremien und Verbänden nicht nur auf die alten Feindschaften und Animositäten zu konzentrieren, sondern bewusst und gezielt Gemeinsamkeiten zu sondieren. Mit ein wenig Vertrauensvorschuss: Wird das wenige Vertrauen nicht honoriert, kann man immer noch zum Feindbild zurückkehren. Meist wird es jedoch erwidert: der erste Schritt zur weiteren Entwicklung einer gemeinsamen Basis.

4.6.4 Warum wir wenig kooperieren: Skills

Eben weil wir noch nicht so oft kooperieren wie wir könnten, wollten oder sollten, sind wir noch relativ ungeübt darin, was ein Nachteil ist. Denn Kooperieren ist wie alles andere, das mit Wirtschaften zu tun hat, eine Fähigkeit, die wir umso besser beherrschen, je häufiger und intensiver wir sie praktizieren. Ich sehe das immer dann, wenn unterschiedlich große Partner miteinander kooperieren.

Dann sagt der gesunde Menschenverstand, dass die Lasten sinnvollerweise gerecht verteilt werden sollten: Der Größere trägt mehr als der Kleinere. Tut er es? Leider oft nicht. Nicht, weil er den Kleineren ausbeuten möchte, sondern weil man sich emotional zofft, anstatt sachlich miteinander zu verhandeln: Man kann es nicht, weil man es zu selten praktiziert. Eine kluge Lösung in dieser Situation ist, sich eines neutralen Dritten oder eines professionellen externen Moderators zu bedienen, was immer zu guten Ergebnissen führt.

4.6.5 Warum wir wenig kooperieren: Netzwerk-Indolenz

In manchen Branchen und Regionen ist die Kooperationsbereitschaft so schwach, dass noch nicht einmal die vorhandenen Netzwerke dafür genutzt werden. Viele von uns sind in Berufs- und Branchenverbänden organisiert. Doch dass man diese Netzwerke auch tatsächlich zum Netzwerken, also zum Informations- und Erfahrungsaustausch, zur Kooperation, strategischen Zusammenarbeit und zur gegenseitigen Unterstützung nutzen könnte, das ist immer noch eher die Ausnahme. Die Konsequenz: Man macht es sich schwerer als nötig und erfindet ständig solo das Rad neu.

Dabei könnten bereits die sozialen Netzwerke einen Einstieg in eine vertiefte Kooperation bieten – wenn sie denn dafür und nicht bloß zur Selbstdarstellung und zum Austausch von Bedeutungslosigkeiten genutzt werden würde. Nutzen Sie diese Chance?

4.6.6 Warum wir wenig kooperieren: Machtängste

Viele haben Angst davor, dass die eigenen Mitarbeiter in einer Kooperation dann Firmengeheimnisse verraten könnten. Die Angst ist verständlich, doch die Erfahrung aus bestehenden Kooperationen zeigt, dass diese Angst die Loyalität und den gesunden Menschenverstand der verantwortlichen Mitarbeiter auf fast schon ehrenrührige Weise unterschätzt. Ein erfahrener Unternehmer kann eingebildete Ängste von echten Risiken unterscheiden.

Viele Entscheider leiden auch unter dem Not-invented-here-Syndrom: Was von außen kommt, kann ja nichts taugen. Einigen steht auch der Dünkel im Weg: „So gut wie wir können die anderen das doch gar nicht!" Andere brauchen „Die Konkurrenz", um das eigene Team gegen einen gemeinsamen Feind zusammenzuschweißen: Das funktioniert leidlich, ist jedoch eine auf Dauer äußerst schwache Führungsmethode auf Kosten der eigenen Zukunftsstärke.

Und schließlich fürchten manche Verantwortliche auch einen Machtverlust: Sie fühlen sich mächtiger, wenn sie es alleine schaffen. Das ausschlaggebende Wort ist „fühlen". Sie *fühlen* sich so – sie *sind* es nicht. Im Gegenteil. Die Ideen, Stärken, Fähigkeiten und Kapazitäten vieler verleihen sehr viel mehr Macht, Einfluss und Erfolg als die begrenzten Ressourcen eines einzelnen: Gemeinsam ist man stärker.

So viele Einwände es auch gegen eine intensive Kooperation gibt – sie alle sind hinfällig im Hinblick auf die überragenden Vorteile, die eine gemeinschaftliche Zusammenarbeit bietet. Diese Vorteile erkennen und nutzen wir überall dort, wo bereits kooperiert wird: in der Best Practice.

4.7 Kooperation: Best Practice

Das Misstrauen gegen Kooperationen erledigt sich fast von alleine, wenn wir jene Felder betrachten, auf denen bereits erfolgreich kooperiert wird.

4.7.1 Traditionelle Kooperationen

Handwerker und Bauunternehmer derselben oder unterschiedlicher Branchen kooperieren schon seit Jahrhunderten, um die verschiedenen Gewerke beispielsweise beim Bau leisten zu können. Oft kooperieren sogar Branchennachbarn und eigentliche Konkurrenten, weil sie solo einen Großauftrag nicht stemmen könnten. Genossenschaften und Maschinenringe sind typische Traditionsformen der Kooperation. Ärztehäuser sind ein weiteres Beispiel für erfolgreiche Kooperation: Viele Ärzte in einem Haus plus Apotheke sowie Physiotherapeut und Sanitätshandel. Co-Working Spaces, obwohl eine relativ neue Form der Kooperation, haben bereits gute Tradition unter Freiberuflern, Clickworkern, selbstständigen Dienstleistern, Kreativen und Startups.

Manchmal holpern solche Kooperationen. Doch sie funktionieren nachweislich und bringen allen Beteiligten große Vorteile. Für viele Unternehmen ist nach diesen bewährten oder traditionellen Kooperationen Schluss. Andere übertragen das erfolgreiche Modell auch auf andere Felder.

4.7.2 Erweiterte Kooperationen

Alle gut geführten Branchen- und Berufsverbände bieten die Werbe-Kooperation an: Der Verband engagiert eine Agentur, die sich die meisten einzelnen Mitgliedsunternehmen alleine nie leisten könnten oder würden. Die Agentur arbeitet fertige Anzeigenkonzepte und -vorlagen inklusive aller Bilder und Rechte aus und die einzelnen Mitglieder bräuchten sie lediglich abzurufen. Das Erstaunliche daran: Einige Mitglieder machen das, viele nicht. Machen die etwa keine Werbung? Doch, schon. Sie kooperieren bloß nicht. In der Regel nicht, weil sie etwas dagegen hätten, sondern weil es so ungewohnt ist. An alten Gewohnheiten zu kleben ist jedoch kein Zeichen von Zukunftskompetenz.

Außerdem sind Werbekooperationen und die Kooperation bei Großaufträgen ja nur der Anfang. Wenn das bei der Werbung und bei Großaufträgen funktioniert, warum das Modell nicht auch auf andere betriebliche Funktionen, Aufgaben und Herausforderungen ausweiten? Zum Beispiel:

- Forschung und Entwicklung: für begrenzte Projekte oder definierte Forschungsbereiche
- Logistik: für eine bessere Ausnutzung der Ladekapazität, einen höheren Liefergrad und schnellere Belieferung der Kunden
- Automatisierung: Natürlich kann man nicht bei der Finanzierung kooperieren – aber beim Know-how? Als abwechselnde Referenzgeber?
- Neubau, Umbau: Der eine Unternehmer macht die Bauaufsicht für den anderen – und umgekehrt. In manchen Regionen Süddeutschlands ist das eher die Regel als die Ausnahme, weil es dort Tradition hat.
- Digitalisierung: Ohne Kooperation ist diese für kleine und mittelgroße Unternehmen kaum schnell und umfassend genug zu schaffen.
- Einkaufskooperationen: Diese sind fast so verbreitet und nützlich wie Werbekooperationen.

Auch alle anderen Funktionen und Aufgaben kann und sollte man auf Kooperationspotenzial prüfen: Nachhaltigkeit und Retouren, Buchhaltung und Steuer, EDV und IT, PR und Online-Auftritt (Amazon Marketplace ist quasi eine, wenn auch asymmetrische Kooperation).

4.7.3 Zentrale Voraussetzungen erfolgreicher Kooperation

Worauf tippen Sie? Selbstverständlich: Vertrauen. Natürlich hat jede Kooperation einen Rahmenvertrag. Aber man kann nicht alles vertraglich regeln. Der Rest muss Vertrauen sein. Missbraucht ein Partner dieses Vertrauen, ist die Kooperation futsch.

Viele kooperieren zum Beispiel nicht, weil sie befürchten, dass der stärkere Partner dann Mitarbeiter vom schwächeren abwirbt. Die Angst ist unberechtigt: Passiert das ein einziges Mal, ist die Kooperation sowieso tot. Also kooperiert man nur mit Partnern, die sich fair verhalten.

Solche Kooperationsängste überdecken meist strukturelle Missstände: Warum sollte ein Mitarbeiter denn wechseln, wenn es ihm bei uns gut gefällt? Wir können aber nicht so gut bezahlen wie andere? Dann können wir das mit anderen Mitteln kompensieren: besseres Arbeitsklima, bessere Arbeitsmittel und -bedingungen, mehr Kollegialität in der Kommunikation, besserer Führungsstil, Gewinnbeteiligung, mehr Mitsprache für Mitarbeiter …

Eine wichtige Voraussetzung für das Gelingen von Kooperationen ist auch die Einschaltung eines Juristen: Die Gesetze zum unlauteren Wettbewerb und zum Kartellrecht verbieten Absprachen zum Schaden von Kunden oder Mitbewerbern. Das hindert jedoch jene Unternehmen, die heute bereits kooperieren, nicht daran, zu kooperieren. Das muss lediglich juristisch einwandfrei geregelt sein.

Transparenz ist ebenfalls ein zentrales Antecedent, wie „Voraussetzung" neuerdings in der Wissenschaft genannt wird: Man muss nicht alles offenlegen, zum Beispiel auch keine Firmengeheimnisse, aber eben jene Informationen, die für die laufende Kooperation nötig und nützlich sind. Wer etwas blauäugig ist, will das oft nicht wahrhaben: Er oder sie „mauschelt" oder „mauert", wie der Volksmund sagt. Nicht lange. Denn je weniger offen man mit dem Kooperationspartner spricht, desto schwächer wird die Kooperation.

Symmetrie ist entscheidend: Ungleichgewichte jeder Art stören die Kooperation. Natürlich ist nicht jeder Partner gleich finanzstark, groß, erfahren, kompetent oder marktmächtig. In einer guten Kooperation wird das nicht ignoriert oder gegen schwächere Partner ausgespielt, sondern entsprechend berücksichtigt: Der Starke schützt den Schwachen, der Schnelle hilft dem Langsameren auf die Sprünge. Das ist Sinn, Zweck und Vorteil einer Kooperation.

Und schließlich: partnerschaftliches Verhalten. Man stellt dem Kooperationspartner auch außerhalb der Kooperation nicht unbedingt ein Bein, schnappt ihm auch keinen Auftrag weg, den er dringend braucht oder nutzt eine seiner Schwächen aus. Und wenn man doch einmal der Versuchung erliegt, ruft man an, entschuldigt sich ohne große Umstände, erklärt kurz sein Verhalten und sagt: „Damit ist das nicht erledigt – Sie haben was gut bei mir!" Und dann hält man auch sein Versprechen. Kooperation ist etwas für Erwachsene.

4.8 Strategische Aspekte der Kooperation

Niemand bricht eine Kooperation übers Knie. Eine Kooperation ist ein strategisches Vorhaben, das man sich gut und auch lange durch den Kopf gehen lassen sollte, bevor man es angeht. Hilfreich sind dabei folgende Schlüsselfragen:

- Bei welchen Arbeitsprozessen, Aufgaben, Herausforderungen, Projekten oder Vorhaben wünsche oder brauche ich längerfristig Unterstützung?
- Bei welchen könnte eine Kooperation funktionieren?
- Gibt es erfolgreiche Referenzen?
- Wer sind potenzielle Kooperationspartner?
- Wo in der Region kooperiert bereits wer mit wem? Könnte ich mitmachen?
- Oder mich zumindest informieren?
- Welche neuen Märkte, Nischen oder Zielgruppen erobere ich eher mit einer Kooperation?
- Welcher Kooperationspartner ermöglicht oder erleichtert mir den Einstieg in ganz neue Märkte oder Branchen?
- Was geht gemeinsam schneller als wenn wir es solo machen würden?
- Welche Funktionen könnte ich teilweise einer Kooperation delegieren, damit ich mich stärker wieder auf mein eigentliches Business konzentrieren kann?
- Welche neuen Technologien könnten wir schneller einführen, wenn wir von den jeweiligen Avantgardisten in einer Kooperation lernen?

Das sind strategische Fragen, die man nicht über Nacht beantwortet. Doch gerade viele Mittelständler haben und nehmen sich die Zeit: Sie denken, planen und handeln generationsübergreifend. Das Geschäft soll auch noch in 40 Jahren da sein und florieren.

4.9 Die vertikale Kooperation

4.9.1 Horizontale und vertikale Kooperation

Wir haben bislang hauptsächlich über die horizontale Kooperation gesprochen: Zwei Installationsbetriebe zum Beispiel kooperieren, um einen Großauftrag zu holen. Fünf Einzelhändler kooperieren, um regelmäßig gemeinsame Verkaufsaktionen (verkaufsoffene Sonntage, Straßenfest, Preisausschreiben …) zu organisieren. Diese Art Kooperation wird horizontal genannt, weil die Partner von derselben Ebene kommen: Sie stammen entweder aus derselben Branche. Oder sie stammen aus verschiedenen Branchen, aber stehen auf derselben Stufe der Wertschöpfungskette, sind also alles entweder Hersteller oder Zulieferer, Groß- oder Einzelhändler. Daraus ergibt sich die Definition der vertikalen Kooperation: Die Partner stammen von unterschiedlichen Stufen der Wertschöpfungskette.

4.9.2 Praxisbeispiel vertikale Kooperation

Ein Orthopädie-Techniker stellt im eigenen Betrieb Orthesen für Sportler und Nichtsportler in der ganzen Region her. Er ist führend auf seinem Gebiet, doch die Kosten für die unterschiedlichen Werkzeuge der unterschiedlichen Orthesen-Hersteller drücken seine Marge erheblich. Also beschließt er, für die Anpassung der Orthesen an den jeweiligen Endnutzer nur noch Werkzeuge und damit nur noch die Orthesen eines bestimmten Herstellers zu verwenden. Das würde Kosten sparen.

Deshalb spricht er mit den einzelnen Herstellern im Hinblick auf eine Kooperation: Wer würde mitmachen? Wer hat schon Erfahrung damit? Wer behandelt seine Kooperationspartner gut? Wer hat die besten Konditionen und ist als verlässlicher und fairer Partner bekannt? Als er diese Fragen zu seiner Zufriedenheit geklärt hat, geht er eine Kooperation mit dem für seine Zwecke am besten geeigneten Partner ein: Er kooperiert praktisch „von unten nach oben" – vertikale Kooperation. Doch damit nicht genug.

Der Techniker und Unternehmer kooperiert auch „nach unten", in Richtung seiner Kunden: mit einer orthopädischen Privatklinik in der Region. Er sagt der Klinik vorrangige Erledigung ihrer Aufträge zu, wenn sie ihm zusagt, dass er ihre erste Wahl bei der Auftragsvergabe von medizinischen Hilfsmitteln wie Orthesen ist. Selbstverständlich kann er als Gegenleistung für diese Zusage der Klinik beste Konditionen einräumen, damit der Einkauf der Klinik immer das marktbeste Angebot bekommt. Schafft der Techniker das aus welchen Gründen auch nicht, greift die Klinik auf andere Anbieter zurück. Die rechtlichen Aspekte dieser Kooperation wurden von beiden Seiten unter Einschaltung von Juristen geklärt und gesichert. Alle stellen sich damit besser als ohne Kooperation: Hersteller, Technik, Klinik und selbstverständlich deren PatientInnen. Denn sie bekommen ihre Orthesen schneller und besser angepasst als bei vielen anderen Kliniken.

4.9.3 Laufende „Instandhaltung"

Im Betrieb des Orthopädie-Technikers arbeitet auch seine Frau mit. Sie macht, wie vielerorts üblich, „die Bücher", ist der gute Geist, der alles zusammenhält und hat einen tollen Vergleich formuliert: „Eine Kooperation ist wie eine gute Ehe: Du kümmerst dich um die Beziehung und redest miteinander und ihr werdet lange und glücklich zusammenleben. Wenn du aber die Beziehung schleifen lässt, gibt es Streit und Krach und geht irgendwann auseinander." Ein gutes Rezept.

Jene horizontalen und vertikalen Kooperationen, die seit Jahren oder gar Jahrzehnten allen Beteiligten großen Nutzen bringen, praktizieren dieses Rezept: Alle reden regelmäßig miteinander. Dazu braucht es keine Meetings. Es reicht schon, wenn man bei den üblichen, auftragsbedingten Kontakten eben nicht nur „das Allernötigste" bespricht, sondern sich auch menschlich und was die Kontextfaktoren betrifft gegenseitig auf dem Laufenden hält; zum Beispiel:

„Sie klingen gestresst, was ist los bei euch?" – „Die verdammte EDV ist abgestürzt! Wir arbeiten wieder mit Zetteln!" – „Dann lassen Sie sich Zeit. Mein Anliegen hat nicht Prio1. Wenn Sie es diese Woche noch schaffen, reicht mir das. Der Auftrag eilt nicht, ich kann den Kunden mit Lagerware abpuffern." – „Danke, Sie haben was bei mir gut, ich revanchiere mich." So geht das und so hat das auch Bestand. Aber da vermuten Sie richtig: So beziehungsfreundlich, konziliant und partnerschaftlich muss man erst einmal kommunizieren können und vor allem wollen. Wer es will, kann es bald auch.

4.10 Auf gute Kooperation!

Kooperieren Sie! Nicht morgen oder nächste Woche. Wir reden hier über die Zukunft und über Visionen. Kooperation hat Zeit. Aber eben nicht so viel, dass man sie endlos vor sich her schieben könnte.

Eine Kooperation einzufädeln kostet Zeit und Mühe. Und wenn das eindeutig zu viel Zeit und Mühe kostet, ist es der falsche Partner und man suche sich einen neuen, besseren. Wie der Volksmund sagt: Drum prüfe, wer sich bindet, ob sich nicht doch was Bess'res findet.

Doch prüfen und suchen und kooperieren Sie auf jeden Fall! Es ist gut möglich, dass es in acht, zehn, 15 Jahren nur noch mit Kooperation geht. Und wenn sich das dann herausstellt, ist es für Nachzügler und Spätmerker unter Garantie zu spät. Es dauert Monate, bis eine Kooperation eingestielt ist und läuft. Diesen Zeitverlust kann man sich sparen. Denn Kooperation lohnt sich schon hier, jetzt und heute.

Zukunft ist Innovation

Wer nicht innoviert, verliert

„Was nicht zur Tat wird, hat keinen Wert." Gustav Werner

> **Zusammenfassung**
>
> Innovationsstärke ist ein Schlüsselfaktor für zukünftigen und nachhaltigen unternehmerischen Erfolg. In vielen kleinen und mittleren Unternehmen ist diese Stärke jedoch nur schwach ausgeprägt. Viele Betriebe hängen zu sehr und zu lange an Altem, Tradiertem, Überholtem. Entscheidend für Innovationsstärke ist die Motivation zur Innovation, das Abstellen automatischer Bremsreflexe und regelmäßig über den eigenen Schatten zu springen. Das Kapitel zeigt den richtigen Zeitpunkt für Innovation, erklärt den Unterschied zwischen Produkt- und Prozessinnovation und lüftet mit Ideen-Transfer und Adaption zwei Geheimnisse erfolgreicher Innovation.

5.1 Wie offen sind Sie für Neues?

Wann haben Sie die letzte Neuerung in Ihrem Betrieb eingeführt? „Innovation" ist kein neutraler Begriff der deutschen Sprache. Er ist ambivalent. Auf der einen Seite wissen wir alle, dass die Welt, die Technik, die Märkte und die Wünsche der Kunden sich pausenlos weiterentwickeln. Wir wissen, dass wir den Anschluss verlieren, wenn wir nicht ebenso kontinuierlich Produkte, Prozesse und Services updaten, erneuern, verbessern und Neues einführen. Das heißt: Innovationsstärke ist ein Schlüsselfaktor für zukünftigen Erfolg.

Auf der andern Seite jedoch haben die meisten Menschen kein gutes Verhältnis zu Neuerungen. Was neu ist, ist oft irritierend, fremd oder zumindest höchst ungewohnt. Für Neues muss man sich umstellen. Neuerungen muss man sich oft erst mühsam aneignen.

Das kostet Zeit und Geld. Neues macht oft auch Angst oder wird als bedrohlich empfunden, weil man damit auch scheitern und sich blamieren oder schlicht damit überfordert sein könnte. Der Mensch ist ein Gewohnheitstier und gibt alte Gewohnheiten ungern auf. Weil all diese guten Gründe die Innovationsbereitschaft deutlich bremsen, müsste man in Anbetracht vieler kleiner und mittlerer Betriebe nicht von „Innovationsstärke", sondern eher von „Innovationshemmung" sprechen.

5.1.1 Motivation zur Innovation

Warum haben Sie die letzte Innovation eingeführt, an die Sie sich erinnern können? Viele Betriebe führen Neuerungen erst ein,

- wenn sich die Neuerung bereits in fast der gesamten Branche durchgesetzt hat.
- wenn ein starker Konkurrent vorangeht.
- wenn schon Kunden abgewandert sind.
- wenn es nicht mehr anders geht.
- wenn sich die Neuerung (anderswo) „bewährt hat".
- wenn es sicher ist, „dass das nicht bloß eine vorübergehende Mode ist."
- wenn man davon überzeugt ist, nicht aufs falsche Pferd zu setzen.

Das alles sind menschliche und verständliche Motive. Leider sind sie zugleich eine Quasi-Garantie dafür, zu spät zu kommen.

5.1.2 Wer zu spät kommt, den bestraft das Leben

Das Sprichwort passt nicht auf alle Bereiche des Lebens. Doch auf Innovation passt es wie die Faust aufs Auge. Natürlich kann man auch zu schnell Innovationen implementieren. Dann kosten die unvermeidlichen Kinderkrankheiten der Neuerung eine Menge Geld, Effizienz, Nerven und möglicherweise Kunden. Doch man kann auch zu spät kommen im Leben. Das ist insbesondere dann der Fall, wenn man obigen Motiven folgt.

Wer erst innoviert, wenn es nicht mehr anders geht, hat meist schon Kunden, Aufträge und Umsatz verloren an Konkurrenten, die schneller waren. Die Forschung spricht in diesem Zusammenhang von der sogenannten Innovationsrendite: Innovation rentiert sich. Wer nicht oder zu spät innoviert, verzichtet auf diese Rendite.

Diese Rendite ist meist höher als jene, die im laufenden Tagesgeschäft erzielt wird. Denn für Innovationen sind viele Kunden in den ersten Monaten der Innovation bereit, deutlich mehr zu bezahlen. Gerade für Betriebe, die unter einer chronisch schwachen Gewinnmarge leiden, wären zeitige Innovationen also lebensrettend. Doch gerade bei diesen Betrieben gibt es einen unglücklichen Zusammenhang: Schwache Marge und schwache Innnovation sind stark korreliert. Oft wird das (vom Eigner) interpretiert als: „Der Betrieb wirft zu wenig ab, wir können uns teure Innovationen nicht leisten!". Dabei ist der Zusammenhang meist umgekehrt: Weil der Betrieb zu schwach innoviert, trägt er lediglich eine schwache Rendite.

5.1.3 Mit Überzeugung innovieren

Wenn die Motive des/der Verantwortlichen die Neigung zur Innovation steuern, dann ist es wichtig, die „richtige" Motivation, die stärksten Motive kennenzulernen. Aus meiner Erfahrung mit vielen kleinen und mittleren Unternehmen kann ich sagen: Jene, die sehr innovationsstark sind, führen Neuerungen ein

- wenn und sobald sie deren Potenzial erkennen oder stark vermuten.
- wenn es sie „in den Fingern juckt".
- weil ihre Kunden davon profitieren könnten.
- weil sie die Ersten oder bei den Ersten sein wollen.
- weil sie für sinnvolle Neuerungen schnell Begeisterung entwickeln.
- weil sie von einem starken Drang getrieben werden, das, was sie gut können, immer noch ein wenig besser machen zu wollen.
- weil sie sich an solchen Herausforderungen gerne beweisen wollen.
- weil sie im Neuen weniger die Bedrohung und stärker die Chance, die Möglichkeiten, das Potenzial erkennen.

Keines dieser Motive ist natur- oder gottgegeben. Wir alle können sie uns zu eigen machen, indem wir uns mit ihnen geistig beschäftigen und anhand von konkreten Innovationen erproben. Manchmal ist die Familie dafür ein guter Lernpartner. Ich habe über die Jahre viele Ehe- und Beziehungspartner von Unternehmern sagen hören: „Du siehst bei dieser Neuerung mal wieder nur das Risiko. Was ist mit den Möglichkeiten? Sind die so unattraktiv?" Das sind sie nicht und wer auf sein kluges Umfeld (oder auf Mentoren, Coaches, gute Freunde, Trend-Gurus …) hört, handelt und innoviert klüger.

5.1.4 Bremsreflexe der Innovation

Ganz oft kommen besonders engagierte Mitarbeiter zum Chef, zur Chefin und sagen: „Da gibt es was ganz Neues. Das wäre doch auch etwas für uns!" Und was hört der Mitarbeiter dann oft als so verständliche wie spontane Antwort vom anderweitig voll eingespannten Chef? „Kenne ich nicht, passt nicht bei uns, ist viel zu teuer, dafür haben wir keine Zeit, arbeitet ihr erst mal eure Aufgaben ab, ihr seid schon wieder im Rückstand mit den Aufträgen und was noch alles gemacht werden muss und ihr kommt mit solchen spinnerten Ideen?" Wir kennen das. Wir sagen oder denken das alle hin und wieder in der Hitze des Gefechts. Das ist menschlich. Das ist verständlich. Und ein Innovationskiller.

Denn das sagt man ein oder zwei Mal – und der Mitarbeiter als Quelle der Innovation versiegt. Oder geht zur Konkurrenz (mit seinen guten Ideen). Weil er schlicht keinen Bock darauf hat, dass seine guten Ideen ständig vom Chef abgelehnt werden. Denn wenn der Chef die Idee ablehnt, lehnt er damit automatisch auch den Ideengeber ab – und diese Ablehnung steckt kein Mensch locker weg. Niemand von uns möchte persönlich abgelehnt werden. Das ist extrem demotivierend. Das ist die Bad Practice. Wie läuft das in der Best Practice?

5.1.5 Best Practice Spontan-Innovation

Es gibt auch kleine und mittlere Betriebe, die seit vielen Jahren hoch innovativ sind. Wie läuft das bei denen? Anders. Wenn da ein Mitarbeiter mit einer Idee daherkommt – und es muss noch nicht einmal eine gute sein – sagt der Chef (und die KollegInnen, denn die Best Practice ist bereits in der Firmenkultur verankert):

- „Tolle Idee!" Denn jede Idee ist a priori erst einmal eine tolle Idee.
- „Das setzen wir sofort auf unsere Innovationsliste!", welche der Chef am Schwarzen Brett oder digital führt.
- „Plan das doch mal grob durch und zeig es mir dann: Was könnten wir damit alles machen? Was würde das bringen? Und was kosten? Wie kriegen wir das Know-how?"

Und dann macht sich der Mitarbeiter schlau und recherchiert die Innovation grob und vor allem schriftlich. Weil er von seiner Idee begeistert ist, macht er das meist gerne. Wenn das so einfach ist, warum machen das dann nicht alle Unternehmer längst so?

5.1.6 Über den eigenen Schatten springen

In einem normalen Arbeitsalltag reagieren die meisten Menschen, wenn von anderen Menschen gute Ideen an sie herangetragen werden, nicht erfreut, positiv, angetan, offen, freundlich oder auf jeden Fall respektvoll. Sie reagieren normalerweise und in einem Wort: ablehnend. Weil gute Ideen nicht in das Diktat des Dringlichen und die Hektik des Arbeitsalltags passen. Innovation ist etwas, das wir „später" machen, wenn wir Zeit haben, wenn die Gelegenheit günstiger ist, wenn wir den Kopf frei haben, in einer ruhigen Minute, am St. Nimmerleinstag. Woody Allen, der Komiker und Regisseur, kann eine Geschichte dazu erzählen.

Er erzählte, dass er in einer unruhigen Nacht das vollständige Libretto einer absoluten Bestseller-Operette geträumt hätte, jede Note, jede Stimme, jeden Text. Er sei total begeistert aufgewacht und habe spontan gedacht: „Das notier ich alles gleich nach dem Aufstehen." Er schlief glücklich wieder ein, wachte um halb sieben auf – und hatte alles vergessen.

Kreativität und Innovation sind nicht wie ein Kilo Kartoffeln kaufen: Kann man machen, wenn man Zeit hat. Kreativität und Innovation muss man nutzen, wenn sie auftauchen. Sonst sind sie weg. Das ist leichter gesagt als getan.

Denn wir alle reagieren spontan, unwillkürlich und instinkthaft mit Ablehnung, wenn jemand oder wir selber sogar während eines hektischen Arbeitstages mit „spinnerten Ideen" kommt. Genauso wie wir spontan, unwillkürlich und instinkthaft zur Zigarette, zur Schokolade oder zum Handy greifen, wenn es uns überkommt. Es soll aber jede Menge Leute geben, die sich diesen unwillkürlichen Impuls abgewöhnt haben. Das ist wirklich nur eine Frage der Gewohnheit. Ich kenne Eigentümer, Unternehmer und Führungskräfte, die sich den Ablehn-Impuls binnen weniger Tage abgewöhnt haben. Was die konnten, können Sie auch, mein Wort drauf.

5.1.7 Kulturelle Aspekte der Innovation

Oft glauben kleine und mittlere Unternehmer, dass Innovation noch etwas Weiteres ist, das „ am Chef hängenbleibt". In hoch innovativen Betrieben ist das Gegenteil der Fall. Der Betrieb ist nicht hoch innovativ, weil allein der Chef so innovativ wäre. Natürlich ist auch der Chef oder die Chefin ein helles Köpfchen. Doch neben und unter ihm oder ihr sind (fast) alle anderen ebenfalls engagiert dabei und offen für alles Neue. Das liegt daran, dass Innovation ein kulturelles Phänomen ist – gerade in kleinen und mittleren Unternehmen.

Großunternehmen haben ihre Forschungs- und Entwicklungsabteilungen, die innovativ sind. Kleine Unternehmen haben das nicht und brauchen das auch meist nicht. Denn was sie an institutioneller Innovation (Entwicklungsabteilung) nicht haben, machen sie mit kollektiver Kreativität mehr als wett: Alle innovieren! Alle sind kreativ, alle haben Ideen, wie man es besser machen könnte. Und das liegt nicht so sehr am vielzitierten Vorschlagswesen. In vielen Fällen ist das Vorschlagswesen so überreguliert und intransparent, dass es Innovation eher behindert als fördert (Ausnahmen bestätigen die Regel). Es liegt vielmehr an der hoch innovativen Firmenkultur:

- Alle sind offen für und informieren sich über Neues.
- Alle Vorgesetzten loben erst mal alle Ideen, die vorgebracht werden.
- Wie mit den guten Ideen umgegangen wird, ist transparent, nachvollziehbar und fair.
- Das heißt, wenn aus der guten Idee etwas wird, profitiert auch der Ideengeber angemessen davon – und wenn es der Azubi im ersten Jahr ist.
- Auch alle KollegInnen bekritteln vorgebrachte Ideen nicht erst einmal, sondern gehen darauf ein und „spinnen" die Idee weiter.

Das ist keine Raketenwissenschaft. All diese Kriterien kann jeder normale Betrieb erfüllen – wenn sich jemand dafür stark macht und so lange dranbleibt, bis sich eine innovative Firmenkultur etabliert hat.

5.2 Wie Innovation funktioniert

5.2.1 Vom richtigen Zeitpunkt

Die meisten kleinen und mittleren Unternehmer wissen oder ahnen, dass sie zu wenig innovieren, um eine gesicherte Zukunft zu erleben. Viele entschuldigen das oft mit: „Man muss nicht bei jeder neuen Mode der Erste sein!" Das stimmt, das muss man nicht. Doch den Letzten beißen die Hunde und wer zu spät kommt, den bestraft das Leben. Wie der Prophet Kohelet sagte: „Ein jegliches hat seine Zeit ...". Es gibt für alles den richtigen Zeitpunkt.

Bei der Innovation liegt er wie bei so vielem im Leben in der goldenen Mitte. Wer als Erster lospurscht, macht sämtliche Anfängerfehler, von deren Überwindung dann jene, die nach ihm kommen, mächtig profitieren. Nur wer sich mit der Innovation wirklich gut auskennt oder sie selber entwickelt hat, sollte als Erster ins Rennen gehen. Alle anderen warten besser auf Pilot-Projekte, erste Praxiserfahrungen und Referenzen. Mit deren Erkenntnissen erspart man sich die ganzen lästigen und teuren Kinderkrankheiten. Natürlich sollte man nicht warten, bis die Referenz der ärgste Konkurrent ist.

Deshalb gibt es das Internet: Wir können verfolgen, wie eine Innovation von den Pionieren an- und ausgetestet wird. Dann ist der richtige Zeitpunkt, selber einzusteigen. Und nicht, wenn die breite Masse auf den Zug aufspringt. Dann kann man nur noch innovieren, um nicht abgehängt zu werden. Aber nicht, um sich noch einen Marktvorteil zu sichern. Innovation ist ein Wettrennen. Wer sich zu viel Zeit lässt, verliert. Meist sind das jene, die denken oder sogar sagen: „Mal abwarten, wie sich das entwickelt!". Das ist kein gutes Rezept. Ausprobieren ist immer besser als Abwarten. Für Ausprobieren reicht das Geld aber nicht? Genau dafür wurde die Innovations-Kooperation „erfunden" (Abschn. 4.6). Wer mit anderen zusammen innoviert, kann sich mehr Innovation leisten.

5.2.2 Was ist überhaupt Innovation?

Viele glauben, dass Innovation = Erfindung sei. Das heißt, jemand erfindet zum Beispiel die Teleportation von Menschen oder den abgas- und feinstaubfreien Dieselmotor. Das sind beides Innovationen. Doch wenn nur eine komplette Neuentwicklung oder Neuentdeckung einer Technologie als Innovation durchginge, wäre die Welt arm an Innovationen. Denn als Innovation gilt auch jede Weiterentwicklung oder Verbesserung von vorhandenen Produkten und ja, auch von Services und Prozessen. Man unterscheidet deshalb auch die Produktinnovation von der Prozessinnovation.

Innovation ist nicht immer gleich Erfindung. Innovation ist generell jeder Prozess der Veränderung, der zu einem messbaren Ergebnis führt. Erfindungen sind nicht immer messbar, Veränderung dagegen schon. Innovation führt immer zu messbaren Resultaten.

Ein Handwerksmeister stellt zum Beispiel zum wiederholten Male fest, dass die Auftragsabwicklung bei bestimmten Aufträgen „saumäßig kompliziert" ist. Diesmal jedoch stellt er das nicht fest und ärgert sich wie gewohnt darüber. Diesmal setzt er sich vielmehr mit seiner Dame von der Auftragsabnahme zusammen und gemeinsam reduzieren sie den Prozess der Auftragsannahme bis zum Ausstellen eines Arbeitsauftrags von fünf auf drei Schritte. Das ist eine Prozessinnovation mit messbarem Ergebnis: Die Auftragsannahme verkürzt sich bei dieser Art der Aufträge pro Auftrag messbar um gut die Hälfte der Zeit. Die Kunden spüren das sofort: Alles geht schneller! Auch die Mitarbeiter merken: Das geht jetzt einfacher. Und der Chef muss weniger Prozessschritte überwachen. Natürlich müssen die Zuständigkeiten (Kap. 1) dafür neu verteilt und in den ersten Wochen am kurzen Zügel kontrolliert werden.

Doch nachdem sich das eingespielt hat, sind alle hoch zufrieden: eine deutliche Verbesserung. Durch Innovation. Wie außergewöhnlich das ist, stellt sich beim monatlichen informellen Handwerker-Stammtisch heraus, bei dem zwei Kollegen des Handwerksmeisters spontan sagen: „Was? Du hast die Auftragsannahme bei dir neu geregelt? Das sollten wir eigentlich auch schon seit Jahren. Aber irgendwie kommen wir nie so recht dazu." Das ist innovationsschwach und gar nicht gut. Denn Innovationsstärke ist Zukunftsstärke.

5.2.3 Die zwei Geheimnisse der Innovation: Transfer und Adaption

Gute neue Ideen gibt es täglich genug. „Aber das passt doch nicht auf uns!" Auch das stimmt meist. Doch daraufhin die Idee rundheraus abzulehnen, ist grundfalsch. Wenn eine Idee nicht passt, sollte sie nicht verworfen, sondern passend gemacht werden. Wie auf jeder Baustelle: Was nicht passt, wird passend gemacht. Meist in zwei Schritten.

Der erste ist der Ideen-Transfer: Auf unseren Betrieb, unsere Kunden und Produkte übertragen (transferiert) – was könnte diese neue Idee bedeuten? Vor einiger Zeit kursierte zum Beispiel die Idee des „Formel 1-Boxenstopps". So schnell betanken und Reifen wechseln wie in der Formel 1? „Überhaupt nicht auf uns anwendbar", sagten die üblichen Skeptiker. Die innovativen Mittelständler jedoch sagten: „Wir haben keine Reifen und Rennwagen. Aber auf uns übertragen könnte das was heißen? Dass wir komplette, ständig sich wiederholende Arbeitsvorgänge in so viele Einzelprozesse zerlegen und jeden einzelnen Prozess so lange verschlanken und trainieren, bis wir superschnell werden? Das ist eine gute Idee." Damit war die Idee auf den eigenen Betrieb transferiert.

Der nächste Schritt ist die Adaption: Bezogen auf die spezifischen Gegebenheiten und Rahmenbedingungen in unserem Betrieb und Markt – wie müssen wir die Idee so anpassen, dass sie bei uns läuft? Kein Mittelständler hat eine Rennleitung wie ein Rennstall – also übernahm die Leitung des „Formel 1-Boxenstopps" im einen Betrieb der Chef, im anderen der jeweilige Zuständige für die konkreten Prozesse und im dritten die Frau vom Eigentümer – eben so, wie es auf den einzelnen Betrieb passte. Was passt, funktioniert auch.

5.2.4 Schlüsselfragen der Adaption

Man kann praktisch jede gute Idee für jeden Betrieb fruchtbar machen, wenn man sich bei der Adaption an klugen Schlüsselfragen entlang bewegt, zum Beispiel:

- Die Idee ist gut, aber für uns zu teuer – wie sähe eine abgespeckte Version aus?
- Wir können überhaupt kein Budget locker machen – ist quasi eine Gratis-Version denkbar oder sogar verfügbar?
- Diese Technologie ist viel zu groß für uns. Gibt's das alles auch 'ne Nummer kleiner? Zwei Nummern kleiner?
- Das Ganze kriegen wir nicht hin. Welche Teile oder Rosinen könnten wir herauspicken?
- Uns fehlt Know-how dafür – woher könnten wir es bekommen?
- Mit wem könnten wir kooperieren, um diese Innovation zu realisieren?
- Könnten wir zumindest mal damit anfangen – mit Open End?
- Wer war in der ähnlichen Lage wie wir und hat das bereits erfolgreich eingeführt?
- Wie haben wir das früher gemacht mit Innovationen, die nicht ganz auf uns gepasst haben?
- Wenn wir schon nicht die konkrete Innovation übernehmen können – können wir irgendwie den Geist der Innovation, das Prinzip dahinter nutzen?
- Wenn uns die richtigen Leute für diese Innovation fehlen, wie können wir die vorhandenen Personalressourcen so weiterqualifizieren, dass wir die richtigen Leute bekommen?

5.2.5 Innovation ist nie zu Ende

Manchmal sagen Unternehmer: „Ja, wir sollten dringend mal was Neues bringen. Die Kunden haben das immer gleiche Alte bestimmt schon über." Das ist gut gemeint, aber nicht unbedingt der Geist der Innovation. Denn hinter dieser Einstellung steckt der Gedanke: „Wir machen jedes Halbjahr ein bisschen Innovation – und dann läuft das." Das ist nett, reicht aber nicht.

Die Welt dreht sich pausenlos und nicht nur alle halbe Jahre. Innovation ist nie zu Ende. Oder wie die Inhaberin eines Foto-Studios sagt: „Man kann es jeden Tag ein wenig besser machen!" Das ist der richtige Innovationsgeist. Wenn man es besser machen könnte, warum sollte man das nicht tun? Wäre doch schade. Und potenziell teuer. Denn es entgeht einem ja etwas. Zum Beispiel noch zufriedenere Kunden, die noch länger bleiben und noch mehr ordern.

Das ist der eigentliche Antrieb hinter der Innovation: Nicht Innovation an und für sich, sondern das andauernde Streben, es jeden Tag ein wenig besser machen zu wollen, einfacher, schneller, kundenfreundlicher, effizienter, kostengünstiger.

5.2.6 Innovation verkaufen

Oft höre ich: „Ja, wir könnten das eine oder andere in Auftragsdurchlauf, Service oder Produktprogramm schon besser machen – aber die Kunden honorieren das nicht. Die wollen immer mehr Service und immer weniger dafür bezahlen." Ja, natürlich – aber *welche* Kunden wollen das? Sicher nicht alle. Und warum sollten Sie ausgerechnet an die Gruppe der Innovationsverweigerer unter Ihren Kunden Ihre schöne neue Innovation verkaufen? Innovation muss sich rentieren und was sich rentieren soll, muss oft erst einmal verkauft werden.

Ein kleiner Zulieferer für den Anlagenbau innoviert eine Express-Auftragsfertigung für extrem eilige Kunden: spezialgefertigte Artikel binnen 48 Stunden. Er bietet diesen Express-Dienst gleich gar nicht seinen „Billigheimern" an: „Die wollen das ganz sicher auch – aber die wollen das ganz sicher nicht bezahlen." Deshalb offeriert er die Innovation seinen 20 Prozent A-Kunden, die Wert auf Qualität und Schnelligkeit legen und das auch in harter Währung honorieren. Nach sechs Monaten hat die Hälfte dieser Kunden die Innovation mindestens einmal genutzt – und bezahlt. Wenn die „Billigheimer" darauf bestehen, den Service ohne Aufpreis nutzen zu wollen, sagt er ihnen freundlich aber dezidiert ab. Er kommentiert mit feinem Lächeln: „Notfalls sage ich Nein, bis mir die Zunge blutet. Ich verramsche doch nicht, was uns eine Menge Aufwand kostet. Ich mach mir doch nicht selber die Preise kaputt. Für die Turbo-Fertigung haben wir extra Maschinen gekauft, die müssen wir refinanzieren und das können wir nicht zu Ramschpreisen." Wer das nicht versteht, sollen hingehen, wo der Pfeffer wächst …

Die Moral von der Geschichte: Wer innoviert, sollte seine Innovation auch verkaufen können und vor allem verkaufen *wollen*.

5.2.7 Open Innovation

Manchmal auch CoCreation genannt. Das sind zwei der aktuellen Schlagwörter in Konzernen und Großunternehmen. Vor allem, wenn es High-Tech-Unternehmen sind. Sie sind so schnell, so gut und so innovativ, weil sie beim Forschen und Entwickeln das Gegenteil von dem machen, was viele traditionelle, langsame und analoge Firmen seit alters her machen: Geheimniskrämerei. Die schnellen, innovativen Unternehmen innovieren nicht im stillen Kämmerlein unter Ausschluss der Kunden und präsentieren ihnen das fertige Produkt, dass sie dann mögen können oder auch nicht.

Nein, sie öffnen ihre Innovation für alle Interessierten (daher: Open Innovation). Alle, die wollen, können mitmachen. Alle können sich zum Beispiel die Plattform-Software herunterladen, mit der sie ihre Ideen und Vorschläge bearbeiten und einreichen können. Das macht man natürlich nicht mit sämtlichen Innovationen, aber mit jenen, für die der Input von möglichst vielen (Kunden) wichtig ist. Mehr wissen mehr, was heutzutage dann „Wisdom of the Crowd" oder Schwarmintelligenz heißt.

Mittelgroße Unternehmen richten dafür keine digitalen Plattformen ein (zu teuer). Dafür richten sie Focus Groups, Kunden-Fokus-Gruppen aus. Regelmäßig (und nicht nur einmal im Jahr) treffen sie sich mit einer Auswahl von Kunden zum Informations- und Ideenaustausch und um Verbesserungen bei Strukturen, Organisation, Verantwortlichkeiten, Produkten und Prozessen zu entwickeln. Kleine Unternehmen können selbst das nicht leisten, meist aus zeitlichen und kapazitären Gründen. Doch im Kundenkontakt stehen auch sie allemal im ganz normalen Tagesgeschäft. Also nutzen sie ihre Kunden als Quelle für Anregungen und Denkanstöße, indem sie informell mit ihnen reden oder mit ihren Mitarbeitern, die im Kundenkontakt stehen. Das ist trivial? Ja, wird aber in der Regel nicht regelmäßig, systematisch und zielorientiert genutzt.

In der Regel kommt der Mitarbeiter vom Kunden und sagt zum Chef zum Beispiel: „Alles klar, Auftrag erledigt, Kunde zufrieden. Nur die Einweisung in den neuen Ölbrenner ging ihm zu schnell. Er hat gefragt, ob er uns auch mal für einen halben Tag oder stundenweise für eine ausgedehnte Systemeinweisung buchen kann. Immerhin heizt er mit der neuen Anlage sechs Stockwerke für 450 Bürobewohner." Und was sagt der Chef? „Dafür sind wir nicht da. Soll er halt die Gebrauchsanweisung besser durchlesen." Das ist verständlich, aber so killt man Innovation. Die Ausnahme sind Chefs, die sagen: „Eigentlich eine gute Idee. Wir könnten einen guten Stundensatz nehmen und den Karli, unseren Azubi im dritten Jahr schicken. Der Junge ist doch top, was die ganzen neuen Systeme angeht. Mal mit ihm reden, ob er das gerne macht und wie wir das aufschieen können." Das ist Innovation, Open Innovation: offen für Anregungen von allen Seiten, auch und gerade für Bedarfsäußerungen von Nutzern und Bedarfsträgern. Schließlich weiß der Kunde am besten, was ihm fehlt.

5.2.8 Jour fixe

Viele kleine Unternehmen haben einen formellen oder eine Art Jour fixe: Man sitzt einmal die Woche an immer demselben Wochentag (eben: jour fixe – fester Tag) zusammen und spricht eine Stunde oder länger miteinander übers laufende Geschäft. Eine sinnvolle Einrichtung. Völlig unsinnig dagegen ist es, beim Jour fixe nur und ausschließlich über laufende Aufträge, Arbeitsverteilung und Probleme zu reden. Warum nicht auch über gute Ideen, Neues und Innovationen? Und bitte nicht warten, bis jemand von selber darauf kommt: Das muss angestoßen, organisiert und durchgezogen werden.

In Unternehmen mit guter Innovationskultur (Abschn. 5.1.7) ist Innovation fester Tagesordnungspunkt jedes Jour fixe. Wenn die Teilnehmer am Jour fixe nicht selber schon Neues angesprochen haben, sagt immer eine(r) am Schluss des Meetings: „Und? Wer hat etwas Neues aufgeschnappt? Oder was können wir besser machen? Wer hat was Interessantes gesehen?" Und dann wird Innovation thematisiert und möglicherweise schon konkrete Ideen transferiert und adaptiert (Abschn. 5.2.3).

5.3 Die Organisation der Innovation

5.3.1 Risikomanagement

Der amerikanische Merkspruch zum Thema lautet: „What gets organized, gets done." Locker übersetzt: Nur was man organisiert, wird auch gemacht. Das gilt im besonderen Maße für die Innovation in Unternehmen, in denen keine spezielle Abteilung (wie F&E) dafür verantwortlich ist: Nur wenn Innovation organisiert wird, wird auch innoviert. Was unter anderem organisiert werden muss, ist die Risikoabschätzung.

Wenn Innovation in kleinen und mittleren Betrieben scheitert, dann oft wegen der Risikoneigung des/der Verantwortlichen. Manche Chefs sind Risk Taker, springen auf (fast) jede neue Entwicklung auf und landen damit oft auf der Nase, weil sie nur die Chancen und nicht deren Risiken sehen. Andere sind Risikovermeider und landen damit auf der Nase, weil sie hinter einer Neuerung nur Risiken vermuten und diese aus dem Bauch heraus überbewerten. Zu welcher Risikoneigung tendieren Sie? Was meinen Sie? Und was meinen Ihre Familie, Ihre Kunden und Ihre Mitarbeiter dazu?

Beide Risiko-Typen schätzen die Innovationsrisiken falsch ein. Nicht weil sie falsch schätzen, sondern weil die Risikoabschätzung nicht organisiert ist: Sie erfolgt „aus dem Bauch heraus" anstatt unter Einsatz von Instrumenten des Risikomanagements. Einige davon sind:

- Gibt es Studien oder andere Informationen zur Risikoabschätzung?
- Was sagen Referenzbetriebe über das Risiko?
- Kann das Risiko verringert werden, indem man die konkrete Innovation mit Fokus-Kunden diskutiert?
- Oder indem man erst einmal in kleinen Schritten innoviert?
- Kann man den Kunden eine Beta-Version geben und schauen, wie diese ankommt?
- Oder erst einmal ein Pilotprojekt starten?
- Anstatt komplette Prozesse umzustellen: Wie wäre es testweise mit ein, zwei Teilprozessen?
- Dito Produktprogramm: Erst einmal ein, zwei Testballons steigen lassen?
- Mit wem könnte man eine strategische Allianz eingehen, um das Risiko besser zu verteilen?

5.3.2 Teamarbeit oder Soloprojekt?

Wenn der Chef einsam und alleine eine Innovation ausknobelt und sie dann seinen Mitarbeitern zur Ausführung vorlegt, geht das meist schief, weil die überrumpelten Mitarbeiter (verständliche) Widerstände entwickeln: Innovation ist Teamarbeit. Das Team sollte von Anfang an einbezogen werden. Natürlich soll es dem Chef nicht „reinregieren". Aber

Anregungen soll es machen dürfen. Wann in welcher Form? Tauscht man sich formlos aus? Lässt der Chef sich gelegentlich über die Schulter schauen? Oder informiert er formell seine Belegschaft jede Woche mit einem 10-Minuten-Briefing über den Fortgang der Innovation? Das alles sollte organisiert werden.

Auch wenn ein bestimmter Mitarbeiter mit der Innovation betraut ist, sollte das formell organisiert werden (sonst treten Reibungen und Reibungsverluste auf): Macht er das nebenher? Oder ist er freigestellt? Für wie viele Stunden die Woche? Auf wen kann er zugreifen, wenn nötig? Hat er Budget? Ist er dafür zeichnungsberechtigt? Bis zu welcher Grenze?

Natürlich kann man alle diese Organisationsfragen auch „aus dem Handgelenk heraus" regeln – was sich nicht empfiehlt. Denn „aus dem Handgelenk heraus" unterlaufen Unklarheiten und Missverständnisse, die den Laden unnötig aufhalten. Das möchte niemand.

5.3.3 Realisation und Umsetzung

„Gute Idee, das machen wir irgendwann mal." Leider sieht so die Realisationsphase vieler Innovationen aus: Das Konzept ist fertig ausgearbeitet oder existiert zumindest im Kopf des Entrepreneurs oder Innovateurs – aber es schafft nicht den Schritt in die Realität. Alle oder einer fangen enthusiastisch an, der Enthusiasmus erlahmt recht schnell, das Tagesgeschäft drängt – und schon ist die Innovation vergessen. Davor schützt ein Innovationsplan.

Das ist kein Hexenwerk. Darin legen Sie einfach nur das fest, was in jedem anständigen Plan festgelegt ist: Wer macht was bis wann in welchen Teilschritten mit welchen Ressourcen und welchen Teilzielen? Natürlich ist ein Plan noch keine Garantie für die Umsetzung einer Innovation. Doch die Erfahrung zeigt, dass ohne Plan kaum etwas innoviert mit – mit Plan dagegen sehr viel mehr.

5.3.4 Antizipation von Widerständen und Hindernissen

Wir sind hierzulande sehr gut angepasst, hoch konform, wir halten uns an Regeln, wir haben immerhin die DIN erfunden. Wir wollen nicht ausbrechen, rebellieren, etwas ganz Neues machen. Das erklärt, warum wir oft total frustriert sind, wenn wir etwas Neues anpacken und auch nur einer oder eine sagt: „Oje, ich glaube nicht, dass das funktioniert!" Nur zu gerne schmeißen wir dann die Flinte sofort ins Korn und traben stumm wieder mit der Herde im alten Trott mit. Manchmal reißen einen dann Beziehungspartner und/oder Familie aus dem Motivationsloch. Wenn sie zum Beispiel fragen: „Hast du wirklich gedacht, dass alle Hurra schreien, wenn du etwas so total Neues einführst?" Ein guter Rat.

Er bedeutet: Lassen Sie sich nicht von Widerständen und Hindernissen überraschen. Wie das geht? Ganz einfach: Indem Sie von vorne herein fest damit rechnen! Und sich bereits die passenden Argumente für die Einwandsbehandlung zurechtlegen. Allzu viele

Innovationen werden mittendrin oder schon ganz am Anfang aufgegeben, weil das kleinste Nein von Umstehenden bereits total abschreckt. Das passiert immer nur dann, wenn man sich vom Nein überraschen lässt.

Oder wenn man sich nicht an Mahatma Gandhi erinnert, der sagte: „Zuerst ignorieren sie dich, dann lachen sie über dich, dann bekämpfen sie dich – und dann gewinnst du."

5.3.5 Das betriebliche Vorschlagswesen

Das betriebliche Vorschlagswesen ist die bekannteste Organisationsform der Innovation. Viele Mittelständler haben so ein Vorschlagswesen – was immer gut ist. In vielen Firmen wird es jedoch von jenen, die ihre Ideen einreichen sollen, ignoriert und belächelt oder kritisiert und boykottiert. Hier einige Gründe:

- „Bis wir Rückmeldung von oben bekommen, ob unser Vorschlag was taugt, vergehen Wochen!"
- „Es gibt ganz klare Fälle von Ideenklau. Ein Vorschlag wird negativ beschieden und einen Monat später bringt irgendein Bereichsfürst den Vorschlag als seinen eigenen heraus. Eine Frechheit ist das. Das ist Diebstahl geistigen Eigentums!"
- „Es ist völlig intransparent und nicht nachvollziehbar, warum einige Ideen angenommen und andere verworfen werden."

Selbst das beste Instrument nutzt nichts, wenn man es nicht richtig einsetzt. Alle Mängel in bestehenden Vorschlagswesen sind mit bloßem Auge erkennbar; spätestens jedoch, wenn man auf die eigenen Mitarbeiter hört. Dann kann man die Mängel beheben. Wenn man will.

5.4 Persönliche und kollektive Voraussetzungen für Innovation

Es liegt auf der Hand, dass Innovation stark von den persönlichen Eigenschaften all jener determiniert wird, die sich damit befassen (sollten). Betrachten wir einige dieser Eigenschaften.

5.4.1 Chefs ohne Mega-Ego

Es gibt Unternehmer und Chefs, die offen sind für alles Neue, selbst wenn es von den eigenen Mitarbeitern kommt, von den Kunden oder der eigenen Familie – die ja nachweislich „keine Ahnung von der Technik und dem Geschäft hat". Was zeichnet solche Unternehmer und Chefs aus? Sie sind vollkommen uneitel. Sie sind nicht in ihrem Stolz verletzt, wenn der Kunde oder ein Azubi eine bessere Idee hat als sie. Das ist eine hohe und extrem seltene

Tugend! Jedoch: Sie kann erworben werden. Jederzeit. Indem man seinen Stolz runterschluckt und eine gute Idee eine gute Idee nennt – auch wenn sie nicht von einem selber stammt. Es zahlt sich aus. Für alle.

5.4.2 Single Focus

Große Innovateure können nahezu aus Mist Gold machen. Da hat ein „ganz gewöhnlicher" Mitarbeiter zum Beispiel eine Idee, die sachlich und fachlich betrachtet wirklich hanebüchen ist. Jeder normale Chef würde spontan sagen: „Das ist doch kompletter Mist. Wie kommst du bloß immer auf solche absurden Ideen?". Das ist verständlich, aber das Gegenteil von Motivation und Innovation.

Große Innovatoren sagen eher: „Gute Anregung. In dieser Form funktioniert das vielleicht nicht. Aber ich sehe darin wie du großes Potenzial, wenn wir zum Beispiel …" und dann entwickelt der Innovator aus dem Stand aus der blöden Idee eine bessere Idee. Und alle sind zufrieden. Der Innovateur sieht zwar auch, warum eine Idee *nicht* funktionieren könnte. Aber er sieht und sagt vor allem, *wie* sie funktionieren könnte. Der Fokus seiner oder ihrer Aufmerksamkeit konzentriert sich hauptsächlich (daher: Single Focus) auf das, was geht, auf die Lösung, die Chance, die Möglichkeiten. So denken Menschen mit Zukunft.

5.4.3 Delegationsfähigkeit

Oft höre ich: „Das ist eine gute Idee. Wir sollten das unbedingt weiter verfolgen!". Und dann passiert nichts. Weil keiner sich zuständig fühlt. Nicht jede gute Idee kann oder muss der Chef verfolgen. Aber er muss unbedingt delegieren können: „Überleg dir mal was dazu! Eine A4-Seite reicht! Kosten, Potenziale, Referenzen und was du sonst noch dazu findest. Ende der Woche sprechen wir wieder darüber."

Wenn man jedoch schon bei ganz normalen Routineaufgaben Probleme mit der Delegation hat („Chef kann alles und kann alles besser!"), dann fällt einem das bei der Innovation auch nicht unbedingt leichter. Doch auch das ist reine Trainingssache: Fangen Sie klein an und steigern Sie sich dann!

5.4.4 Das nötige Bewusstsein

Innovation ist wichtig. Leider haben viele Chefs und Mitarbeiter für diese simple Tatsache noch nicht das nötige Bewusstsein entwickelt. Dann sollte man das fördern. Einfach zu sagen „Wir brauchen Innovation!" reicht dafür nicht aus.

Ein innovativer Vorgesetzter zeigt jeden Tag, wie nützlich und rentabel Innovation (bei anderen) ist. Er zeigt auch die Innovationsrückstände und deren Konsequenzen (im eigenen Betrieb) auf. Das schafft das nötige Bewusstsein. In Japan beschäftigen sich schon die Kinder im Kindergarten täglich mit der Frage: „Was können wir heute verändern, damit die Abläufe bei uns leichter und besser laufen? Oder damit es anderen besser geht?" Deshalb überrollten die Japaner Ende des 20. Jahrhunderts die Welt mit ihren Innovationen (und nicht, weil sie alles von uns abgekupfert hätten, wie die üble Nachrede behauptet): Wer das jeden Tag übt, hat das nötige Bewusstsein für Innovation.

5.4.5 Sich selbst überflüssig machen

In etwas größeren Betrieben ist der Chef oft maximal weit weg von den eigenen Mitarbeitern, Produkten und Kunden. Nicht, weil er ständig auf dem Golfplatz ist. Sondern weil er permanent den Laden am Laufen halten muss und sich nicht um das kümmern kann, wofür er eigentlich Mitarbeiter hat. Das funktioniert auch. Es produziert nur leider einen strategischen Mangel.

Da der Chef so weit von Kunden, Mitarbeitern und Produkten entfernt agiert, kriegt er als letzter mit, wenn Kunden oder Mitarbeiter gute Ideen haben. Deshalb haben kluge und innovative Chefs ein „Ohr am Kunden und an der Belegschaft". Also einen leitenden Mitarbeiter (oder oft die Frau vom Chef), der die Hand am Puls von Mitarbeitern und Kunden hat und deshalb auch die guten Ideen mitbekommt, die beide haben. Er filtert diese, fundiert sie mit entsprechenden Informationen und legt sie denn seinem entfernten Chef zum Genehmigen vor. So funktioniert Innovation auch. Und recht gut.

5.4.6 Beharrlichkeit

Eine schöne alte Tugend, die leider etwas aus der Mode gekommen, aber heute wertvoller denn je ist. Denn bis eine Innovation läuft – und sei es die kleinste Prozessinnovation – gilt es, eine große Menge an Anlaufproblemen, Kinderkrankheiten, Widerständen, Zweifeln, Skepsis und Hindernissen bei sich selbst und bei Betroffenen und Beteiligten zu überwinden. Wer da nicht ein gerüttelt Maß Beharrlichkeit mitbringt, gibt zu schnell auf. Doch auch diese Tugend lässt sich trainieren.

Indem man sich zum Beispiel bei jedem Hindernis oder Rückschlag daran erinnert, warum und für wen man das eigentlich alles macht, wie sinnvoll die Innovation ist und was alles Schönes herauskommt, wenn das endlich klappt. Jogger, Biker und Mannschaftssportler sind diesbezüglich leicht im Vorteil. Sie wissen schon von ihrem Sport her, wie entscheidend Ausdauer für Erfolg ist. 90 Prozent aller erfolgreichen Innovationen sind keine Frage der Genialität der Innovation, sondern der unermüdlichen Ausdauer bei deren Realisation. Wer ein wenig besessen von seiner guten Idee ist, macht es sich und anderen jedenfalls leichter.

5.4.7 Fokus auf Verbesserung, nicht auf Produkte

Viele denken bei „Innovation" spontan an: neue Modelle, neue Features, mehr Leistung. Sie denken also ganz selbstverständlich an Produkte. Unternehmen wie Google, Amazon, Uber oder AirBnB dachten jedoch an Produkte zuletzt. Sie dachten nicht „Produkte!", sondern: „Womit können wir die Welt zu einem besseren Ort machen? Wie können wir das Leben der Menschen erleichtern? Wie können wir die Welt verändern?" Das sind gute, hoch innovative Gedanken. Sie sind das perfekte Suchraster für Innovationen im Zeitalter der digitalen Revolution.

Entweder Sie eignen sich selber diese Denkart an – was keine große Umstellung darstellen dürfte. Oder Sie stellen einfach ein paar Mitarbeiter (falls möglich) der Generation Y, also Digital Natives ein. Die denken nämlich so, quasi von Geburt an. Das iPad zum Beispiel wurde nicht als „kleiner Computer" erfunden, also mit Produktorientierung. Sondern aus der Überlegung: „Wie könnte das Leben einfach werden? Indem ich zum Beispiel sämtliche Computerprogramme, die ich täglich so brauche, in der Jackentasche mitnehmen kann." Verbesserungen sind Innovationen, Innovationen sind Verbesserungen.

5.4.8 Small Is Beautiful!

In vielen Betrieben, die ich besuche, fällt mir spontan Innovationspotenzial auf. Zum Beispiel, dass die Empfangsdame mich nicht nach oben begleitet, sondern erst jemand telefonisch rufen muss, der dann vielleicht gerade unabkömmlich in einem Meeting steckt. Warum kann mich nicht die Empfangsdame begleiten? Wenn der Empfang sowieso mit zwei Personen besetzt ist? Das ginge viel schneller und wäre gegenüber Besuchern sehr viel respektvoller. Man lässt Besucher nicht warten. Das ist schlechter Stil. Das sage nicht ich.

Das sagte mir bislang jede Empfangsdame alter Schule (und manche sind noch sehr jung). Aber sie sagen auch: „Habe ich schon oft gesagt – aber auf mich hört ja keiner!". Weil die alle taub sind? Nein, weil in vielen Betrieben der ex- oder implizite Grundsatz gilt: „Mit solchen Kinkerlitzchen halten wir uns gar nicht erst auf! Wir drehen das ganz große Rad!". Das ist verständlich, aber schädlich. Es ist ein Innovationskiller: Vier kleine Innovationen ergeben eine große.

Oft kommen die kleinen Innovationen bei Kunden und Mitarbeitern sehr viel besser an als „die ganz großen Dinger". Wer die kleine Innnovation nicht ehrt, ist der großen nicht wert.

5.4.9 Nicht den Tanker versenken!

Erstaunlich oft setzen gerade kleine und mittlere Betriebe, wenn sie dann endlich innovieren, alles auf eine Karte – und fliegen aus dem Markt, wenn die Großinnovation nicht hinhaut. Dabei sagt schon das Sprichwort: „Versenke Schlauchboote so viel du willst – aber nicht den ganzen Tanker!"

Man portioniert Innovationen möglichst immer so, dass selbst ein Fehlschlag zwar schmerzhaft, aber kein Show Stopper, keine Katastrophe, keine Existenzbedrohung ist. Ist die Innovation noch zu groß dafür, zerlegt man sie in kleinere Portionen, Module, Projekte, Phasen oder Teilschritte.

5.4.10 Die Leute lernen lassen

In einem kleinen Fertigungsbetrieb meckern die Mitarbeiter schon lange über die Arbeitshandschuhe. Eine Innovation wäre dringend nötig! Der Chef sagt: „Leute, man schwitzt darin und sie zerreißen schnell – aber für unsere Zwecke sind das die besten!" Keiner will das hören. Warum nicht?

Weil außer dem Chef keiner Innovation kann. Also bringt er es ihnen bei. Er sagt zu einer Mitarbeiterin: „Okay, ihr habt mich weichgekocht: Ihr kriegt neue Handschuhe. Bitte such drei alternative Modell aus, bestell jeweils ein Paar, wenn möglich als Gratis-Muster, teste sie bei unseren häufigsten drei Anwendungen und berichte mir bitte bis Ende Monat." Das tut die Mitarbeitern. In drei Worten.

Sie lauten: „War wohl nix!". Denn als sie die Handschuhe getestet hatte, stellte sie fest, was der Chef schon vorher wusste: Die aktuellen Handschuhe sind nicht gut – aber es sind die besten verfügbaren. Das weiß die Mitarbeiterin jetzt. Sie weiß jetzt noch eines: Wie Innovation funktioniert. Denn jetzt meckert sie nicht mehr den Chef an, sondern hat sich einen Verkäufer eines Handschuhherstellers gekrallt, mit dem zusammen sie nun eine bessere Lösung austüfteln möchte. Man muss die Leute lernen und tüfteln lassen. Sie wollen etwas Besseres? Sollen sie sich umschauen, sich das nötige Wissen holen, etwas ausprobieren, dem Chef Arbeit und Innovation abnehmen und ihn entlasten.

5.4.11 Subversive ertragen

Wer Ideen hat, ist lästig. Wenn es der Chef ist, ist er seinen Mitarbeitern lästig: „Och nee Chef, nicht schon wieder so eine abgehobene Idee! Wir haben schon genug mit der eigentlichen Arbeit zu tun!" Wenn es die Mitarbeiter sind, die gute Ideen haben, sind sie dem Chef lästig. Das aber muss ein innovativer Chef ertragen können und wollen!

Und nicht nur ertragen, sondern geradezu fördern: Alle, die kreativ sind, sind auch subversiv, bedrohen die herrschende Ordnung, überfordern ihr Umfeld, bringen Unruhe in den Laden. Das muss man abkönnen! Wer es noch nicht kann, sollte es üben.

5.5 Der persönliche Vorteil von Innovation

Innovation wird von den meisten Menschen, die sie tragen müssten, als Zusatzbelastung empfunden. Das ist sie. Doch wer über die Zusatzlast klagt, übersieht in der Regel den Zusatzgewinn.

Das ist nicht nur die langfristige Existenzsicherung des eigenen Betriebs: Ohne Innovation gibt es keine erfolgreiche Zukunft. Das ist auch und vor allem der persönliche Gewinn aus jeder Innovation. Es gibt kaum eine Zufriedenheit und eine Erfüllung, die größer, besser und intensiver ist als jene nach erfolgreicher Einführung einer Innovation. Das Tagesgeschäft, die normalen Aufträge sind sicher für uns alle sehr schön und geben ein gutes Gefühl. Doch eine echte Verbesserung einzuführen toppt das locker. Probieren Sie es, erleben Sie es!

Prozesse optimieren: Schneller, effizienter, flexibler

6

Kundenferne, komplizierte und intransparente Prozesse sind nicht zukunftsfähig

„Das Endprodukt ist der Fußabdruck der vorangegangenen Prozesse." Kai Yang

Zusammenfassung
Alles, was ein Unternehmer leistet, leistet es in Form von Arbeitsprozessen. Deshalb sind Prozesse der unmittelbarste und wirkungsvollste Einflussfaktor auf die Zukunft eines Betriebs. Funktionieren die Prozesse nicht, sind sie fehlerhaft, zu langsam, unflexibel, komplex oder zu wenig kundenfreundlich, dann funktioniert der ganze Betrieb nicht und gefährdet seine Zukunft. Leider funktionieren viele Prozesse in ganz normalen Betrieben nicht wirklich gut und zukunftssicher. Weil sie nicht intensiv genug beobachtet, analysiert und laufend verbessert werden. Wie das auf pragmatische und zeitsparende Weise geschehen kann, beschreibt das Kapitel.

6.1 Fehler im Prozess: Zukunft gefährdet

6.1.1 Der verschlampte Auftrag

Der Fensterbauer – sechs Monteure, zwei Sachbearbeiterinnen, ein Chef – gibt dem Kunden die Auftragsbestätigung: „Wir bauen Ihre Glasveranda – aber wegen Ihrer speziellen Fassadenkonstruktion brauchen wir dafür Spezialfenster. Die müssen wir erst bestellen. Die Lieferzeit beträgt derzeit leider sechs Wochen." Weil der Herbst naht, ruft der Kunde sieben Wochen später an, erkundigt sich nach dem Eingang der Bestellung seiner Spezialfenster beim Fensterbauer und bekommt von der zuständigen Sachbearbeiterin, nennen wir sie Susi, zu hören: „Äh, Entschuldigung, wie ich gerade sehe, ging die Bestellung noch gar nicht raus." Sieben Wochen verloren?

Der Kunde ist außer sich und nimmt am Telefon kein Blatt vor den Mund. Auch nicht vor seiner Familie, seinen Verwandten, seinen Arbeits- und VereinskollegInnen. Er sagt allen, dass er diesen Fensterbauer nie wieder beauftragen werde und auch allen anderen davon abrate. Der Fensterbauer verliert an diesem Tag nicht nur einen guten Kunden, sondern viele potenzielle künftige Kunden: Kunden zu verlieren macht ein Unternehmen nicht zukunftsfähig. Eine alte Marketing-Faustregel sagt: Ein unzufriedener, fremdgehender Kunde nimmt neun andere mit, die den Betrieb auf die schwarze Liste setzen. Und warum? „Weil die Susi mal wieder gepennt hat!", sagt der Fensterbauer. Das ist sein zweiter Fehler.

6.1.2 Prozesse, nicht Personen

Wenn etwas im Betrieb schiefgeht, fragt man/frau als erstes was? Richtig: „Wer hat das wieder verbockt? Wer hat diesen Mist zu verantworten?" Manchmal hat tatsächlich eine(r) einen Bock geschossen. Doch viel öfter kann der- oder diejenige nichts dafür: Es war keine Person, es war der Prozess.

Im vorliegenden Fall hat der Monteur, der vor Ort die Glasveranda vermessen hat, den Auftrag mit den Spezialfenstern komplett mit Bezugsquelle an Susi im Büro weitergegeben – der übliche Arbeitsprozess. Leider fiel die angegebene Bezugsquelle aus: Das entsprechende Produkt wurde aus dem Programm genommen. Also schickte Susi dem Monteur den Auftrag zurück mit dem Vermerk: „Lieferant Meier hat diese Position nicht mehr im Programm. Alternative?" Damit begann der Prozessabsturz.

6.1.3 Der Prozessabsturz

Der zuständige Monteur dachte: „Ich bin pausenlos auf Montage, leiste täglich Überstunden, habe kaum mehr Zeit für mich und meine Familie und soll jetzt auch noch nutzlos im Büro hockend aus staubtrockenen Branchenverzeichnissen eine alternative Lieferquelle herausklauben? Kriegt die Susi denn gar nichts selber geregelt? Okay, dann mach ich das eben, wenn ich später mal Zeit habe." Da müssen Sie lachen? Ich auch. „Später Zeit" hat niemand von uns. Also bleibt der Vorgang liegen. Erster Prozessfehler.

Zweiter Prozessfehler: Bei Susi geht der hängende Vorgang unter. Sie wartet auf die Antwort des Monteurs und als diese nicht kommt, vergisst sie den Vorgang. Das ist ein Fehler: Ihre Wiedervorlage hat keine Deadline, keinen Sunset, keinen Endtermin, keine Notiz im Terminkalender der Art: „Hat Monteur Michael den Alternativlieferanten ausgesucht?" Auf den dritten Fehler kommen Sie selber.

Nicht wahr? Der Chef. Der Chef hat keine Ahnung, was da gerade schiefläuft. Erst nach sieben Wochen kriegt er die Panne mit. Theoretisch. In diesem konkreten Fall nicht. Denn weder Susi noch der Monteur haben Lust, ihm den verlorenen Auftrag auf die Nase zu binden. Also erfährt er es erst, als er den abgesprungenen Kunden zufällig persönlich trifft und dieser ihm das Missgeschick böse nachträgt.

Wie viele Aufträge in diesem Betrieb jährlich auf diese Weise verloren gehen, weiß niemand. Und das ist ja nur ein einziger, kleiner Prozessfehler. In diesem Betrieb gibt es wie in jedem Betrieb Hunderte großer, kleiner und kleinster Prozesse. „Ach, das läuft schon irgendwie!", sagen jene, die fahrlässig ihre Zukunft gefährden. „Wenn ich genau hinschaue, entdecke ich in jedem Arbeitsprozess Dinge, die so nicht laufen sollten", sagen die Perfektionisten. Zwischen diesen beiden Extremen finden Sie das Goldene Mittelmaß, das Ihnen eine gute Zukunft garantiert.

6.2 Prinzipien des Prozessmanagements

6.2.1 Prozesse und Zuständigkeiten gehören zusammen

Sie haben es vielleicht schon bemerkt: Was wir gerade beleuchten, kommt Ihnen sehr bekannt vor. Das stimmt: Wir haben bereits über Zuständigkeiten geredet (Kap. 1). Zuständigkeiten und Prozesse sind zwei Seiten derselben Medaille. Zuständigkeiten bilden die Aufbauorganisation eines Betriebs, Prozesse die Ablauforganisation. Ein Mitarbeiter ist nicht „zuständig an sich", sondern immer nur für ein Aufgabengebiet, also im Endeffekt für ein oder mehrere Arbeitsprozesse (und Entscheidungen, die selber wieder Entscheidungsprozesse sind).

6.2.2 Prozesse und Zuständigkeiten sind interdependent

Verändert sich das eine, verändert sich das andere. Wenn ich zum Beispiel still und heimlich den Arbeitsprozess, für den eigentlich ein Kollege zuständig ist, an mich reiße, dann gewöhnt sich bald jeder im Betrieb daran: Durch meine Prozessannexion habe ich auch die Zuständigkeit im Betrieb verändert. Leider passiert das in jedem normalen Betrieb regelmäßig: „Komm, gib mal her! Man kann dir ja nicht zuschauen! So, siehste? So geht das und noch dazu viel schneller als du das immer machst." Und schon ist der Betrieb umorganisiert. Man spricht dann von „gewachsener Organisation".

Resultat: Keiner weiß so genau, wer faktisch wofür alles zuständig ist – am wenigsten der Chef. Euphemistisch wird das auch „informelle Organisation" genannt oder „kleiner Dienstweg". Wenn das funktioniert, ist das klasse. Wenn nicht, ist es der langfristige Genickbruch mit Ansage. Denn keiner weiß, wer tatsächlich wofür zuständig ist. Wird ein Mitarbeiter krank oder geht weg, bricht das ganze Kartenhaus mangels Transparenz, Koordination und Durchgriff in sich zusammen. So war das auch im vorliegenden Fall: Die inzwischen pensionierte Vorgängerin von Susi suchte Sekundärquellen eigenständig – was eigentlich Chefsache ist, aber sie hatte den Chef vor Jahren um diesen Prozess erleichtert. Bei der Übergabe ging das unter. Susi wusste nichts davon. Auch der Monteur nicht. Weil die Zuständigkeit nicht geregelt war, ging der Prozess schief.

6.2.3 Zuständigkeit determiniert Prozessqualität

Als immer mehr Aufträge auf diese Art verloren gehen, übergibt der Fensterbauer den Prozess für die Lieferantenauswahl seiner Frau: „Mach du das! Die Susi ist noch nicht lang genug dabei für sowas!" Leider löst auch das nicht das Problem: Die Frau vom Chef macht die Buchhaltung, weil sie so penibel und akkurat ist. Und mit Akkuratesse sucht sie auch Lieferanten. Sie sucht nach Perfektion. Diese ist entweder zu teuer oder kommt zu spät, weil die Suche so lang dauert. Indem er die Zuständigkeit neu geregelt hat, hat der Chef auch den Prozess verändert – aber eben nicht zum Besseren. Daraus ergibt sich das Folgeprinzip:

6.2.4 Prozesse nicht über die Zuständigkeit steuern

Etwas, das nicht so gut läuft, einfach einem anderen zu geben (Zuständigkeit), löst das Problem nicht zuverlässig, nicht immer und vor allem nicht zur Zufriedenheit. Wer Prozesse managen will, muss Prozesse managen (und nicht auf die Zuständigkeit ausweichen). Der Fensterbauer macht genau das, nachdem einige seiner Monteure sich beschwert haben, dass seine Frau Wochen dafür braucht, eine Sekundärquelle zu eruieren. Der Fensterbauer sagt: „Schatz, die bist die akkurateste Person, die ich kenne und ohne dich bricht die Buchhaltung zusammen. Bei der Lieferantensuche ist Akkuratesse jedoch das zweite, was du suchst. Das erste ist: Das Loch stopfen! Wenn ein Lieferant ausfällt, brauchen wir asap einen Ersatz. Der darf nicht mies sein. Der muss bloß okay sein. Erst wenn du sozusagen das Provisorium gefunden hast, kannst du nach Perfektion suchen." Was sagt seine Frau? Sie meint mit Stirnrunzeln: „Warum hast du das nicht gleich gesagt?" Guter Punkt, der zum nächsten Prinzip führt:

6.2.5 Prozesse steuern mit Standards of Performance

Was der Chef da seiner Frau sagt, kann man als „Standard of Performance", als Prozessmaßgabe bezeichnen. Diese Maßgabe beschreibt nachvollziehbar, einfach, vollständig, unmissverständlich und umfassend das, was mit dem Prozess gemacht werden soll, wie es gemacht werden soll, bis wann es gemacht werden soll und mit welchem gewünschten Ergebnis. In vielen Unternehmen gibt es solche Prozessbeschreibungen allein schon wegen der DIN- und QM-Zertifizierung. Doch sie sind oft weder für die Ausführenden nachvollziehbar noch umfänglich genug – oder den Ausführenden (Englisch: Process Owner –

"Prozessinhaber") überhaupt bekannt. Und prompt gehen die Prozesse schief. Was das eine ist. Das andere ist: Wir merken das oft noch nicht einmal. Daraus ergibt sich das nächste Prinzip:

6.2.6 Prozesse laufen ständig, also sollten sie ständig beobachtet werden

Fast alle kleinen, mittleren Handwerks-, Handels- und Dienstleistungsbetriebe sind inzwischen DIN- und QM-zertifiziert. Deshalb müssten ihre Arbeitsprozesse rein theoretisch tip-top sein. Ganz praktisch sind sie das in der Regel nicht. Aus einem einfachen Grund: Die zertifizierten Arbeitsprozesse werden normalerweise nur dann unter die Lupe genommen, wenn der Betrieb kurz vor dem nächsten Audit steht. Das ist alle fünf Jahre beim Mittelstand (beim Sanitätshaus alle drei Jahre). Dazwischen ist zur jeweiligen Halbzeit ein internes Audit vorgesehen. Doch zwischen diesen Audits verwildern die Prozesse – wie alles, was nicht aktiv überwacht und gepflegt wird. Viele Prozesse verändern sich spontan, verschlechtern sich, verlangsamen sich, nehmen an (unnötiger) Komplexität zu, werden kundenfeindlicher, umständlicher, intransparenter, sprunghafter, lückenhaft – was schon schlimm genug ist. Schlimmer ist: Keiner kriegt das so richtig mit. Am allerwenigsten der Chef – dafür die Kunden oft umso heftiger. Und auch meist die eigenen Mitarbeiter, die hin und wieder sagen oder denken: „Muss das denn so kompliziert sein? Haben wir nicht schon Arbeit genug? Muss man es uns denn unnötig schwer machen?" Der Zustand, in dem Prozesse schieflaufen, der Chef das aber nicht wirklich mitbekommt, wird auch Prozessblindheit genannt.

6.2.7 Prozesse sollten ständig gemanagt werden

Weil nicht alle, aber eben viele Prozesse sich sprunghaft ungesteuert und spontan verändern, sollten sie auch ständig beobachtet und gemanagt werden. Wie oft? So oft wie nötig. Das ist das Kaizen-Prinzip, im Deutschen auch als KVP-Prinzip bekannt: der Kontinuierliche Verbesserungsprozess (der selber ein Prozess ist: sozusagen ein Master-Prozess). „Aber wir können doch nicht ständig einen Audit machen!", protestierte an dieser Stelle in einem Workshop mal der Geschäftsführer eines großen Handwerksbetriebs. Wer hat denn das verlangt? Kaizen ist viel einfacher. Kaizen ist KISS.

6.2.8 Keep It Short and Simple!

Auch als KISS-Prinzip bekannt. Die einfachsten Methoden sind meist die besten. Es gibt zum Beispiel einige Betriebe, die setzen Azubis fürs Prozessmanagement ein. Der Meister sagt beispielsweise: „Sie sind doch morgen wieder an der Schule, richtig? Rufen Sie in einer Pause zwischen zwei Schulstunden doch mal hier bei uns an, melden Sie sich unter einem erfundenen Namen und fragen Sie nach einer Komplettsanierung eines Kupferdaches, 200 Quadratmeter. Notieren Sie bitte alles mit, was Sie daraufhin zu hören kriegen." Das macht der Azubi – und hinterher freuen sich alle, wie schief Anfragen für Kupferdächer intern laufen können. Sie freuen sich, weil endlich die Fehler im System aufgedeckt wurden.

6.2.9 Wer Prozesse optimieren möchte, darf nicht eitel sein

Andere Unternehmen setzen für solche Prozesstests externe Testkunden ein. Wieder andere schauen einfach ins Internet: Es gibt inzwischen viele Portale, die Betriebe bewerten. Und schlechte Bewertungen sind exzellente Gratis-Fundgruben für Prozessfehler. Warum werden sie so selten genutzt? Weil die Verantwortlichen im Betrieb sie abtun: „Ach was, der Kunde ist bloß sauer, weil er seinen Willen nicht gekriegt hat. Das ging technisch einfach nicht. Außerdem nicht zu dem Preis, den er zu zahlen bereit war. Solche Bösartigkeiten ignorieren wir!" Was immer ein Fehler ist. Selbst im unflätigsten Anwurf versteckt sich ein Körnchen Wahrheit. Wer klug ist, kitzelt völlig uneitel dieses Körnchen heraus – und ändert seinen Prozess entsprechend.

6.2.10 Im Prozessmanagement gibt es keine Schuldigen!

Was passiert, wenn der Azubi als Testkunde tatsächlich einen Missstand entdeckt? Dann knöpft sich der Meister die zuständige Sachbearbeiterin vor und liest ihr gehörig die Leviten! Ja? Leider ja in vielen Fällen. Frage: Wie gerne und schnell ändern Sie Ihr Verhalten, wenn Sie so richtig zur Schnecke gemacht werden? Auf diese Frage hin antwortete eine Sachbearbeiterin, die an einem Workshop (ohne Chef!) teilnahm einmal: „Bei uns ist es genau anders herum. Bei uns laufen viele Prozesse allein deshalb so schleppend und komplex, weil uns kleine Sachbearbeiter hier jeder vom Chef über die Meister bis hin zu den Monteuren ständig wegen irgendwas zur Schnecke macht! Also leisten viele Kolleginnen schon aus Trotz und Frust nur noch Dienst nach Vorschrift. Andere wollen es extra penibel machen, um sich vor weiteren Gardinenpredigten zu schützen – und sichern sich derart übertrieben ab, dass die Prozesse doppelt so lange dauern wie eigentlich nötig!" Merke: Wer einen Prozessfehler entdeckt und daraufhin Schuldige bestraft, praktiziert Schwarze Pädagogik. Sie wirkt – aber eben nur kurzfristig, schwach und unter hohen Kosten und Beziehungsschäden. Besser ist die W-Korrektur.

6.2.11 Korrigieren mit W-Korrektur

Menschen ändern umso eher, schneller und umfassender ihr Verhalten, je weniger sie dafür unter Druck gesetzt, blamiert, angegriffen, beschuldigt, abgewertet und bestraft werden. Eigentlich völlig logisch, aber eben anspruchsvoll in der Umsetzung, weil wir in Elternhaus, Schule und Betrieb ständig mit Schwarzer Pädagogik konfrontiert werden.

Aber wir müssen schlechte Vorbilder ja nicht nachahmen. Wir können auch anders. Nämlich wirkungsvoll und wertschätzend mit sechs W's:

1. „Warum/wozu haben Sie ... (der Prozessmissstand) gemacht?"
2. Würdigung: „Ah, ja verstehe. Das lief zwar schief, aber das leuchtet mir aus Ihrer Sicht ein. Hätte ich vielleicht auch so gemacht in Ihrer Situation."
3. „Wie könnte es besser laufen?"
4. Würdigung: „Ja, gute Idee. Machen Sie das doch bitte das nächste Mal so."
5. Oder Würdigung mit Anregung: „Ja, gute Idee. Ich würde mir aber noch etwas mehr wünschen. Könnten Sie noch ... oben drauflegen?"
6. „Was brauchen Sie, um das künftig so zu machen?" Meist sind es: guter Wille, Disziplin, eine Erinnerungshilfe, einen Lernpartner, einen kleinen Stupser, vielleicht auch Hilfsmittel.

Erst wenn diese Art der wertschätzenden Korrektur in seltenen Fälle nicht „anschlägt", sind Druck und die Androhung von Konsequenzen angebracht. Es gibt Menschen, die lernen leider und auch zu ihrem eigenen Leidwesen nur unter Druck.

6.2.12 Frag die Prozessinhaber!

Für alle internen Prozesse, die nicht in der Line of Visibility stehen, also vom Kunden nicht eingesehen werden können, eignet sich der Jour Fixe als Mittel der Prozessbeobachtung und -veränderung. Wenn man sich sowieso einmal die Wochen für eine Stunde (oder länger) zusammensetzt und die laufenden Angelegenheiten bespricht, kann man auch gezielt fragen: „Wo läuft es intern bei uns rund? Und wo nicht? Wo gibt es Reibungsverluste? Welche Arbeitsprozesse sind eurer Meinung nach unnötig komplex, träge oder umständlich? Was könnten wir anders organisieren? Wo gibt es Engpässe?"

Das muss man nicht beim Jour Fixe fragen. Prozessbewusste Chefs fragen das auch bei allen anderen Gelegenheiten, die sich bieten. Sehr fruchtbar und clever ist auch die Frage: „Kennst du den Prozess so wie er eigentlich sein sollte, idealerweise ablaufen sollte?" Es ist ein wenig peinlich, aber eigentlich völlig normal, dass viele MitarbeiterInnen überhaupt nicht wissen, dass es einen „richtigen" Prozess gibt. Denn sie haben es im Handbuch nie gelesen und es wurde ihnen auch nie gesagt. Dieser Mangel lässt sich schnell ausmerzen. Die meisten Mitarbeiter sind danach dankbar: „Schön, dass mir mal jemand sagt, wie das richtig abzulaufen hat! Ich hab mich hier ja völlig unnötig zum Deppen und mir überflüssige Arbeit gemacht!"

6.2.13 Was nicht gelesen wird, muss besprochen werden

Ja, natürlich – guter Einwand Ihrerseits: Wer zertifiziert ist, hat ein QM-Handbuch. Da steht alles drin, was man zu perfekten Abläufen wissen muss – aber wer liest denn sowas? Eigentlich müsste man wöchentliche Handbuch-Lektüre vorschreiben. Aber das ist in der

Praxis ein Witz, schlicht nicht machbar (mit glorreichen Ausnahmen). Daher gilt: Was nicht gelesen wird, muss besprochen werden.

Wir kennen das doch von den Sicherheits- oder Hygienevorschriften in vielen Berufen: Als MitarbeiterIn weiß man, dass es sowas gibt, hat auch schon davon gehört, früher mal davon gelesen, aber das ist so lange her, dass man im Regelfall manches vergisst, übersieht, unbewusst falsch macht. Das ist kein Problem, sofern es ein Korrektiv gibt. Entweder man/frau schlägt immer mal wieder in den Handbüchern nach. Oder es gibt einen Chef, der einen freundlich aber dezidiert darauf hinweist. Oder einen Kollegen, eine Kollegin, die dankenswerterweise gelegentlich sagen: „Du, hör mal, nichts für ungut, aber bei uns machen wir das so und so." Wenn ein Kollege das in Ihrem Betrieb sagen würde, würde er sofort verbal niedergemacht? Das kommt vor. Das ist der Kulturfaktor.

6.3 Der Kulturfaktor beim Prozessmanagement

Jeder Betrieb hat eine Kultur, ob er will oder nicht. Ob er sich dessen bewusst ist oder nicht. Ob der Chef sie mag (und beeinflusst) oder nicht. Die Firmenkultur ist sehr mächtig, mächtiger als der Chef. Wie schon Management-Guru Peter Drucker sagte: „Culture eats strategy for breakfast." Wenn der Chef zum Beispiel „Nullfehlertoleranz bei A-Kunden-Aufträgen" propagiert und die Firmenkultur sagt „Auch mal Fünfe grad' sein lassen!", dann gewinnt wer? Rhetorische Frage.

6.3.1 Faktische Firmenkultur

Jede Firmenkultur setzt sich aus vielen Facetten zusammen; eine davon ist die kulturelle Einstellung gegenüber Arbeitsprozessen. Einige dieser Einstellungen, die wir alle aus Anschauung oder Erfahrung kennen, sind: „Wir sind keine Pedanten. Hier arbeiten wir quick and dirty!", „Es muss nicht komplett sein – es muss aber schnell sein!", „Machen Sie keine Doktorarbeit draus!", „So geht das aber nicht zum Kunden!", „Wenn der Kunde nicht zufrieden damit ist, kann er es ja zurückschicken!", „Die Leute aus der … (Nachbarabteilung) sollen keinen Aufstand machen. Die können sich ruhig auch mal anstrengen!", „Hauptsache, wir bleiben in den Kosten!". Welche Einstellungen kursieren in Ihrem Betrieb zu Arbeitsprozessen? Was hören Sie hin und wieder? Oder ständig?

Was sagen Sie selber öfter? Vielleicht gar nicht so bewusst oder dezidiert, eher nebenher. Doch die Mitarbeiter hören das und nehmen Sie beim Wort und schon sind die Prozesse aus dem Tritt: „Aber der Chef hat doch gesagt, wir müssen das nicht immer so genau machen!" War nie so gemeint, haben die Leute aber so aufgefasst – wer könnte ihnen einen Vorwurf machen? Doch der Schaden ist da, der Prozess hat einen „Macken" und bleibt auch so mängelbehaftet, solange die Firmenkultur das erlaubt, ja informell quasi vorschreibt.

6.3.2 Kultur und Werte wollen gemanagt werden

Auch und gerade beim Prozessmanagement zeigt sich, warum wir uns so ausführlich (Kap. 3) mit Werten befasst haben: Wenn ein Prozess optimal läuft, stecken die richtigen Werte dahinter. Läuft er chronisch unrund, sind die falschen Werte dran schuld. „Mach nicht so genau – aber schnell" ist der richtige Wert für Prozesse, bei denen der Kunde Schnelligkeit vor Fehlerfreiheit präferiert. Ist es umgekehrt, riskiert ein Betrieb mit so einer Wert-Prozess-Kombination seine Zukunft.

In Betrieben mit funktionierenden Prozessen und gutem Prozessmanagement achten Vorgesetzte deshalb sehr genau darauf, wie sie laufende Prozesse kommentieren: Wollen sie nur mal ausnahmsweise Dampf machen, aber sonst weiterhin Nullfehlertoleranz einhalten? Dann muss das auch so kommuniziert werden: „Ausnahmsweise nehmen wir es heute mal damit nicht so genau – aber sonst immer!" Dieselben Vorgesetzten achten auch darauf, was ihre Leute über Arbeitsabläufe und deren Ergebnisse sagen – und intervenieren, zum Beispiel: „Ach Chef, der Kunde will das aber schon morgen!" – „Das verstehe ich – aber im Zweifel kriegt er es übermorgen, dafür haben wir es vorher sauber durchgetestet und durchgemessen! Und das gilt für alles, was unser Haus verlässt!" Das ist wertebasiertes Prozessmanagement – und gleichzeitig aktive Pflege der Firmenkultur.

6.3.3 Die korrekturfreundliche Firmenkultur

Die Inhaberin eines großen Friseursalons sagte mal in einer Mitarbeiterbesprechung: „Liebes Team, wo gearbeitet wird, werden Fehler gemacht. Aber deshalb zicken wir nicht rum und machen uns gegenseitig Vorwürfe. Ich dulde das nicht. Wir sprechen Versehen bei den Arbeitsabläufen offen und direkt, aber immer höflich und respektvoll an. Und niemals nie nicht vor dem Kunden! Wer Kollegen vor Kunden zur Sau macht, dem oder der zieh ich die Hammelbeine lang. Wir warten, bis wir unter uns sind oder nutzen kurze Pausen zwischen zwei Kunden für ein offenes Wort. Und wenn wir korrigiert werden, dann bedanken wir uns höflich dafür! Das gilt auch für mich. Wenn mir ein Versehen unterläuft, dann erwarte ich, dass ihr mir das höflich und direkt sagt. Und wenn ich mich nicht dafür bei euch bedanke, dann habe ich ein Problem und nicht ihr!" Das hat sie glänzend formuliert. Und das wiederholt sie regelmäßig.

Das empfehle ich zur Anpassung an Ihre spezifischen Gegebenheiten und zum Nachmachen. Dieser Frisiersalon ist übrigens, trotz heftiger Konkurrenz, seit 20 Jahren immer ausgebucht und kriegt immer die besten Bewerberinnen: Qualität bewährt sich immer.

6.4 Persönliche Faktoren des Prozessmanagements

Ich habe noch keinen Inhaber oder Geschäftsführer erlebt, der einen fehlerhaften Prozess nicht als solchen erkannt hätte. Jeder vernünftige Mensch erkennt, was nicht rund läuft – erst nach dieser ersten Erkenntnis wird es meist haarig.

6.4.1 Wie gehen Sie mit Fehler-Feedback um?

Wenn ich als Konsumentin beim stationären Einzelhandel einkaufe und mir das schon öfter aufgefallen ist, nehme ich mir manchmal die Freiheit, den Ladeninhaber beiseite zu nehmen und zu sagen: „Ist Ihnen aufgefallen, wo Ihre Verkäufer stehen, wenn ein Kunde zur Tür reinkommt? In der Ecke hinter der Kasse und daddeln am Smartphone. Keine aktive Begrüßung und Ansprache des Kunden. Soll das so sein?" Ganz selten erlebe ich, dass die Angesprochenen sagen: „Donnerwetter, Sie haben recht. Jetzt, wo Sie es sagen, fällt es mir auch auf. Ich spreche das gleich an. Danke für die Rückmeldung." Und das ist nicht nur bei Prozessfehlern auf der Ladenfläche so. Korrekturabwehr ist eine häufige Berufskrankheit von Vorgesetzten, auch Feedback-Indolenz genannt. Das ist kein gesunder Umgang mit Prozessfehlern. Dieser Umgang liegt meist an der Korrekturprädisposition des Inhabers oder Geschäftsführers.

6.4.2 Korrekturprädisposition des Inhabers

Wie wir mit Prozessfehlern umgehen, hängt weder vom Prozess noch vom Fehler ab. Es hängt hauptsächlich von unserer Verhaltensprädisposition ab; umgangssprachlich: von unseren (schlechten) Angewohnheiten.

Wer gerne offensiv und direkt kommuniziert, kein Blatt vor den Mund nimmt, spricht auch Prozessfehler so an – und brüskiert damit die Process Owner, was ein Lernhemmnis aufwirft.

Wer (zu) stolz auf sich und sein Team ist (wie der Ladeninhaber, der auf mein Feedback hin sagte: „Jetzt gönnen Sie den Verkäufern doch auch mal'ne Pause!"), der korrigiert Fehler überhaupt nicht oder nur sporadisch und oberflächlich.

Wer gerne Haare spaltet, korrigiert ständig und geht damit allen derart auf die Nerven, dass kein Missstand abgestellt wird – oder dass die Angesprochenen nun ebenfalls Haare spalten und Prozesse unnötig aufblähen.

Wer immer erst alles analysieren will, korrigiert oft überhaupt nicht, weil er nie Zeit genug für eine tiefgründige Analyse hat.

Und so weiter. So wie wir sind, so korrigieren wir auch Prozesse.

6.4.3 Wie sind Sie? Und bitte vertrauen Sie nicht auf Ihr Selbstbild

Bitten Sie jemanden, dem Sie vertrauen und der Sie nicht in die Pfanne haut, um ein sachliches aber ehrliches Feedback: Korrigiere ich genug? Beziehungsfreundlich genug? Präzise, oft, nachdrücklich genug? Fasse ich nach der Korrektur nach, ob die Korrektur auch umgesetzt wurde? Gebe ich Anerkennung, wenn die Korrigierten gut korrigiert haben? Bin ich überkritisch? Nicht kritisch genug? Werde ich als Meckerer missverstanden? Oder als Pedant?

Natürlich ist es anfänglich unangenehm, so ans Eingemachte zu gehen. Doch wer den Mut für ein offenes Wort aufbringt, erfährt so am schnellsten von seiner Korrekturprädisposition und kann seine Einstellung und sein Verhalten entsprechend ändern.

6.4.4 Den Bock zum Gärtner machen

Nicht nur Chefs, sondern auch Mitarbeitende haben ihre Verhaltensprädispositionen. Also sollte man einen Haarspalter nicht mit Prozessen betrauen, die Quick & Dirty erledigt werden müssen. Und keinen Galoppreiter auf Prozesse ansetzen, die die feine Klinge verlangen. Solche Fehlbesetzungen werden jedoch in der Praxis ständig riskiert, weil die Personaldecke dünn ist und gute Leute schwer zu kriegen sind.

Wenn dem so ist und man gelegentlich den Bock zum Gärtner machen muss, kann man den Gärtner aber wenigstens etwas enger beaufsichtigen: Mit der Schnelligkeit dieses Prozesses ist sie eigentlich überfordert – wie kann ich sie auf Trab bringen? Oder: Für diesen Prozess muss er eigentlich gut mit Menschen können, kann er aber nicht – wie bessere ich das nach oder unterstütze ihn dabei oder wie könnte das eine Kollegin tun?

6.4.5 Der klassische Persönlichkeitskonflikt

Es gibt viele Konflikte rund ums Prozessmanagement. Der Klassiker ist „Pedanten vs. Freigeister". Der Inhaber einer Klempnerei erzählt: „Sobald ich wegen eines schieflaufenden Arbeitsprozesses etwas zu meinen Monteuren sage, sagen die Pedanten: ‚Chef, das ist immer noch zu ungenau! Wir müssen das exakter definieren!' Und die Freigeister sagen: ‚Chef, Sie nehmen uns jede kreative Freiheit und Flexibilität bei der Arbeit!' Man kann es eben nicht allen recht machen." Doch, kann man.

Denn es geht nicht um den Prozess, es geht um die Persönlichkeit. Deshalb sagt ein Vorgesetzter mit Menschenkenntnis seinen Peniblen: „Ihr wollt es so exakt wie möglich, richtig? Nun, so exakt wie möglich, heißt eben auch: Wenn ich es zu exakt mache, rebellieren die Freigeister unter euch. Also wollen wir es nicht maximal exakt, sondern optimal exakt machen. Und genau das mache ich." Und den Freigeistern sagt er: „Ihr habt immer noch genug Freiheiten, auch mit den neuen Prozessvorschriften. Ich könnt euch die Zeit frei einteilen, ihr könnt die Reihenfolge variieren – also nutzt die Freiheiten, die ihr habt und jammert nicht wegen denen, die ihr nicht habt!"

6.4.6 Autokorrektur stärken

Wenn anlässlich eines Workshops sieben oder acht Unternehmer bei einem der anderen Teilnehmer zu Gast in dessen Betrieb sind und die internen Abläufe beobachten, sagen viele spontan: „Das läuft bei Ihnen ja alles wie am Schnürchen! Sie müssen ein wahrer

Prozess-Magier sein! Sie müssen hinter der Prozesspräzision her sein wie der Teufel hinter der armen Seele!" In der Regel erwidert der „Prozess-Magier" darauf: „Im Gegenteil. Einer allein könnte das alles gar nicht so in der Spur halten. Ich sehe ja nicht ständig jeden Prozess, vor allem nicht jene, die außer Haus ablaufen. Deshalb habe ich meinen Leuten beigebracht, sich selber permanent und sich gegenseitig kollegial zu korrigieren, wenn mal was aus der Spur läuft."

Das ist eine der klügsten Maßnahmen des Prozessmanagements: Die Prozessinhaber monitoren und korrigieren sich selbst und gegenseitig. Natürlich nicht vorwurfsvoll und überkritisch, sondern respektvoll, kollegial und immer unter Verwendung von Vorschlägen: „Hast du schon bemerkt, dass …? Und möchtest du es mal mit … versuchen?"

6.4.7 Catch Them Being Good!

Normalerweise korrigieren wir Prozesse, wenn sie aus dem Ruder laufen, fehlerhaft sind. Das sollten wir natürlich. Das ist wie mit der Radarfalle: Werden wir an einer bestimmten Stelle geblitzt, fahren wir in den folgenden Wochen besonders langsam an dieser Stelle – auch wenn da schon lange kein Blitzer mehr steht. An anderen Stellen rasen wir weiterhin, sind unaufmerksam, fahren zu dicht auf – und so weiter. Verkehrspsychologen haben das eingehend untersucht: Bestrafung wirkt nur sehr begrenzt verhaltensändernd. Besser wirkt positive Verstärkung.

Oder wie die Amerikaner sagen: What gets rewarded, gets done. Was belohnt wird, wird gemacht. In Betrieben, die schnurren wie ein Schweizer Uhrwerk, fällt auf, dass die Vorgesetzten nicht nach der schwäbischen Untugend führen: „Net g'meckert isch g'lobt g'nug." Auch bekannt als „Wenn ich nichts sage, ist alles in Ordnung." Nein, in besonders prozesspräzisen Betrieben geben Vorgesetzte etwas, das weniger charakterfesten Führungskräften große Probleme bereitet: Lob, Anerkennung, Wertschätzung für alles, was gut läuft. Im Grunde erfordert das kein großes Talent, sondern lediglich etwas Überwindung: Man sollte als Chef auch mal über den eigenen Schatten springen können und vor allem wollen.

Dann fällt es einem auch leicht, zu einer Mitarbeiterin zu sagen: „Donnerwetter, das ging ja superschnell und gleichzeitig vollständig und exakt. Ich bin beeindruckt!" Oder vor einer Gruppe von Mitarbeitern: „Wie ihr das eben gestemmt habt – also so stelle ich mir eine perfekte Umsetzung vor. Bitte weiter so. Bitte immer so." Der Merkspruch dazu lautet: Catch them being good! Erwisch sie, wenn sie etwas richtig machen – und dann lob sie so vehement, dass sie das immer so machen. Der wissenschaftliche Ausdruck dafür ist „positive Verstärkung". Wofür Menschen belohnt werden, das machen sie wieder und gerne. Führungskräfte mit weniger Menschenkenntnis wenden daraufhin oft ein: „Wenn ich sie zu sehr lobe, schwillt ihnen der Kopf und sie werden gierig und wollen gleich eine Gehaltserhöhung!" Das ist in der Regel eine Angst, keine Tatsache.

90 Prozent der Menschen reagieren nicht mit Gehaltsforderungen auf Lob, sondern mit zusätzlicher Motivation. Und bei den restlichen 10 Prozent sollte ein Vorgesetzter so charakterfest sein, zu sagen: „Ich gebe Ihnen gerade Anerkennung – keine Gehaltserhöhung.

Denn das, wofür ich Sie eben gelobt habe, ist eigentlich selbstverständlich. Genau dafür bekommen Sie Ihr Gehalt. Sie haben sich eben also Ihr Gehalt verdient."

6.5 Häufige Fehlerbilder in Prozessen

Gehen wir in medias res. Betrachten wir typische Prozessfehlerbilder aus der Praxis verschiedener Branchen – und wie man sie in den Griff bekommt.

6.5.1 Fehler im Kundenkontakt

Der Kunde hängt (nach seinem Empfinden) ewig in der Leitung, wird zigfach weitergereicht, hört „Keine Ahnung, ist nicht meine Baustelle" oder bekommt Zusagen, zu denen die ausführende Abteilung sagt: „Machen wir nicht. Können wir nicht. Haben wir noch nie gemacht." Oder der Mitarbeiter im Kundenkontakt macht keine komplette Auftragsklärung oder übergibt den Prozess nicht sauber an der Schnittstelle, worauf Schnittstellenfriktionen auftreten. Verhärten sich diese Friktionen, kommt es zu dem, was jeder Vorgesetzte kennt und fürchtet: Firmen in der Firma, Silos, Kamine, Wagenburgen. Mit der begleitenden Pathologie: „Die Idioten vom Innendienst!", „Die Schnepfe von der Buchhaltung!"

Dabei gibt es im Innendienst keine Idioten und in der Buchhaltung keine Schnepfe. Das denken die anderen bloß, weil die Prozesse zum und vom Innendienst schon so lange mangelhaft sind, dass die Betroffenen nicht mehr die Prozessfehler sehen, sondern die Fehler den Ausführenden persönlich und charakterlich anlasten und zu Idioten und Schnepfen ernennen. Man beschimpft sich persönlich, anstatt sich um die Prozesse zu kümmern, die meist schuld sind.

6.5.2 Noch einmal: Prozesse, nicht Personen

Eine Daumenregel des Prozessmanagements sagt: Wenn die Leute sich beschimpfen, sind nicht die Leute schuld, sondern das Prozessmanagement. Es liegt nicht an „Idioten" oder „Schnepfen", sondern in aller Regel an Prozesspathologien. Man beschimpft sich und macht sich Vorwürfe, anstatt die zugrundeliegenden Prozesse zu betrachten.

Tut man das (endlich), stellt sich meist heraus, dass die Idioten vom Innendienst keine sind, sondern immer nur deshalb viel zu wenige Kundentermine für den Außendienst finden, der deshalb seine Umsatzziele verpasst, weil die Kundeninformationen, die der Außendienst dem Innendienst weitergibt, nicht ausreichen: Der Prozess und das Meldeformular müssen geändert werden. Sobald das passiert, verschwinden die „Idioten". Meist hat einer der Beteiligten das auch schon längst so angemahnt. Doch niemand hat auf ihn gehört. Nicht, weil die Leute taub sind, sondern weil es nicht reicht, wenn nur eine Seite einen Prozess geändert haben möchte.

6.5.3 Das Prozessmeeting

Dafür müssen Sie kein Meeting machen! Es reicht auch ein informelles Gespräch. Jedoch ein Gespräch, an dem alle Beteiligten auch beteiligt sind. In unserem Fall: Repräsentative Vertreter von Innen- und Außendienst treffen sich zufällig in der Kaffeeküche, der Chef kommt auch vorbei und sagt: „Lasst uns mal über das Meldeformular für Kundendaten reden: Innendienst – was braucht ihr, um doppelt so viele Termine zu vereinbaren? Und Außendienst: Kommt ihr an die zusätzlichen Daten ran? Oder soll euch Marketing helfen? An beide gerichtet: Wie soll das neue Meldeformular aussehen?" So wird ein Schuh draus. So redet man über Prozesse. So managt man Prozesse.

Wenn ich solche Meetings in offizieller Form moderiere, weil schon gar zu viele Prozesse kaputt oder komplex oder kundenfeindlich oder intransparent sind, dann erleben alle Beteiligten sehr emotionale Momente und sagen Sachen wie: „Oh Mist, es lag ja gar nicht an euch! Nicht ihr wart die Idioten, sondern wir, weil wir nicht sahen, dass es nicht an euch oder an uns, sondern am Prozess lag. Lass uns das doch beim nächsten Mal früher machen, bevor wir uns gegenseitig in die Pfanne hauen." Wenn die Arbeitsprozesse aktiv gemanagt werden, dann sind auch Klima und Motivation spitze.

6.5.4 Lehm-Prozesse

Lehm lässt kein Wasser durch, Lehm-Prozesse lassen bestimmte Informationen nicht durch. Häufig ist zum Beispiel der Informationsfluss vom Kunden zum Inhaber oder Geschäftsführer gestört: Die Kunden beschweren sich schon seit Wochen, dass sie mit einer bestimmten Anwendung der digitalisierten Geräte nicht zurechtkommen – doch diese Info kommt nie beim Inhaber oder Geschäftsführer an. Weil die Monteure, bei denen sich die Kunden beschweren, das nicht nach oben weitermelden.

Weil sie glauben, das müsse der Außendienst erledigen. Oder weil sie sich nicht trauen, dem Chef Bad News zu bringen. Weil der Chef gerne (und ohne dass er das so recht realisiert) „Kill the messenger!" spielt. Oder weil der Chef nie gesagt hat: „Alles, was der Kunde sagt, will ich wissen! Also sagt mir alles! Oder schreibt mir eine WhatsApp!" So eine Ansage zerstört nach zwei Dutzend Wiederholungen jede Lehmschicht. Das gilt speziell für Lehm-Prozesse und generell für die Kommunikationskultur in einem Betrieb.

6.5.5 Optimale Kommunikationskultur fürs Prozessmanagement

Die Geschäftsführerin eines kleinen Herstellers für Spezialverpackungen predigt ihren Leuten seit Jahren wöchentlich mehrfach: „Wenn es um unsere Hochpräzisionsverpackungen geht, dann gilt: Alle müssen immer alles sagen!" Das hört sich total banal an – aber nur für Menschen, die keine Ahnung von der Praxis haben.

Denn jede/r PraktikerIn weiß: Normal herrscht das Gegenteil. Es herrschen „Die müssen nicht alles wissen!", „Das geht ihn nichts an!", „Das wird sie schon selber herausfinden!", „Nicht mein Bier! Nicht meine Baustelle!" und „Ich dachte, das ist nicht so wichtig!" So war das lange Jahre auch beim Hersteller für Spezialverpackungen. Bis die Prozessfehler überhandnahmen und die Geschäftsführerin irgendwann zu predigen begann: „Fangt endlich an, miteinander zu reden und die Prozessfehler zu besprechen. Redet vernünftig miteinander! Nicht wie in euren Familien, wo jeder jeden anschweigt und auflaufen lässt. Ihr seid hier bei der Arbeit und nicht zu Hause!" Ein bisschen hart formuliert, aber durchaus zutreffend.

6.5.6 Informationsdeprivierte Prozesse

Der Mann an der CNC-Maschine ist völlig perplex: „Ich sehe die Konstruktionszeichnung, ich sehe die Bemaßung – aber das kann doch nicht sein! Das sind ja völlig exotische Maße! Warum? Wozu braucht der Kunde das denn? Was rechtfertigt diese irren Maße – oder sind das nur Vertipper? Ein Scherz?" Wenn er das wüsste, könnte er seine Maschine programmieren. Er weiß es aber nicht. Weil man ihm die Konstruktionszeichnung und die Bemaßung hingeknallt hat: Vogel friss oder stirb! Zusatzinformationen über das Warum, Wozu und Weshalb? Fehlanzeige!

Das ist typisch für die meisten Prozesse. Sie sind informationsdepriviert, vermitteln zu wenige Informationen. Entweder Sie schreiben vor, welche Informationen immer mitgeliefert werden (formal dann per Formblatt). Oder Sie bläuen Ihren Leuten ein: „Bitte mitdenken! Welche Informationen braucht der euch nachgeordnete Prozessempfänger, damit er einen guten Job machen kann?"

Prozesskompetente Praktiker bläuen ihren Leuten auch ein: „Wenn ihr ein Werkstück, einen Auftrag oder einen Prozess von einem Kollegen übernehmt, dann übernehmt nicht nur das Werkstück oder den Auftrag, sondern prüft sofort und auf der Stelle: Ist mir das klar, was ich da übernehme? Sind alle Informationen dabei, die ich brauche? Und wenn nicht: Fragt sofort nach! Nicht schweigen und warten, ob sich das vielleicht von selber klärt. Das tut es nämlich nicht!" Auch die Informationsweitergabe ist ein Prozess. Ein Prozess, der jeden physischen Prozess begleitet. Und ein Prozess, der ebenfalls gemanagt werden will.

6.5.7 Allerweltsfehler

Prozessfehler sind nicht die Ausnahme, sondern die Regel. Perfektionisten wollen das oft nicht wahrhaben. Praktiker dagegen wissen, dass sich Fehler überall einschleichen können. Neulich gestand mir eine etwas gestresste Gattin eines Geschäftsinhabers, 43 Mitarbeiter: „Es ist nicht zu fassen, aber selbst bei so trivialen Dingen wie der Bestellung von Büromaterial passieren Fehler – und schon seit Jahren: Die eine Abteilung kriegt Artikel, die sie nie braucht, während in anderen Abteilungen exakt diese Artikel fehlen – und keiner kriegt das mit oder korrigiert das! Es ist zum Haareraufen!"

Doch anstatt sich die Haare zu raufen oder den Fehlern hinterher zu laufen, bringt sie ihren MitarbeiterInnen die Autokorrektur bei (Abschn. 6.4.6): „Wenn ihr Büromaterial bekommt, das ihr gar nicht braucht: Dann sagt es mir doch!" – „Aber woher sollen wir das wissen? Kann ja sein, dass das, was ich nicht brauche, ein Kollege braucht!" Danach krempelte die Gattin des Inhabers den kompletten Bestellprozess um, ernannte „Büromaterialbeauftragte" in jeder Abteilung, führte eine Bestellliste ein – und reduzierte schon im ersten Jahr die Büromaterialkosten um 20 Prozent bei deutlich besserer Versorgung der einzelnen Abteilungen: Prozessmanagement macht Arbeit, aber lohnt sich.

6.5.8 Zu viel Personal!

Es gibt einen Prozesseffekt, den fast niemand auf dem Radar hat, obwohl er in fast jedem Betrieb Unheil anrichtet. Er tritt immer dann auf, wenn ein Prozess oder mehrere Prozesse über die Jahre unbeabsichtigt „Fett angesetzt" haben, sehr komplex wurden, zig Mitarbeiter involvieren, die dann an anderer Stelle fehlen, weshalb man händeringend Personal sucht, oft keines findet, manchmal dann doch – aber braucht man dieses zusätzliche Personal denn? Die schlimme Antwort ist: Nein.

Denn der aufgeblähte Prozess „frisst" Personal. Wäre er weniger aufgebläht, bräuchte er weniger Personal. Das heißt: Viele Betriebe, die unter Fachkräftemangel leiden, haben tatsächlich und paradoxerweise nicht zu wenig, sondern zu viel Personal. Sie stellen Mitarbeiter ein, die sie überhaupt nicht brauchen und nicht brauchen würden, wenn verschiedene komplexe Prozesse optimal ablaufen würden. Würden alle Prozesse komplexitätsreduziert, bräuchte man weniger Leute und hätte am Ende vom Tag „Mehr Cash in der Däsch", wie es in Franken heißt. Im Extremfall und wenn Inhaber oder Geschäftsführer ein Profi des Prozessmanagements ist, können viele überflüssige Prozesse oder Prozessschritte einfach ersatzlos gestrichen werden, was noch mehr Personal spart. Das ist der eigentliche Sinn von Lean Management: Mit so wenig Einsatz wie möglich so viel Wirkung wie nötig erzielen. Im Neuhochdeutsch der Management-Gurus heißen solche schlanken Betriebe dann „lean and mean" – schlank und schlagkräftig. Und zukunftssicher, statt „bloated and ineffective"; aufgebläht und ineffektiv.

Das heißt nicht, dass schlanke Betriebe Mitarbeiter entlassen. Das tun sie in aller Regel nicht. Sie nehmen sie aus überkomplexen Prozessen heraus, wo man sie effektiv nicht braucht und setzen sie in Prozesse, die nützlicher sind, Umsatz generieren, Effizienz oder Kundenzufriedenheit steigern. Praktiker verwenden manchmal einen harten Sprachgebrauch – aber haben natürlich recht, wenn sie zum Beispiel sagen: „Wir haben unseren Wasserkopf deutlich reduziert! Einige Mitarbeiter aus der Administration arbeiten jetzt bei der Auftragsbearbeitung – da sind sie weitaus nützlicher." Die Laborleiterin eines kleinen Bio-Kosmetika-Herstellers sagt: „Wir haben keinen Fachkräftemangel. Wir haben genug Leute – wenn sie an der richtigen Stelle arbeiten und keine Zeit und Ressourcen mit Pseudo-Prozessen verschwenden."

6.5.9 Der Wasserkopf-Effekt

Wenn nicht gerade die Frau vom Inhaber von der Steuer bis zur Büromaterialbestellung alles Administrative regelt – also ab einer Belegschaftsstärke von 15 bis 20 Personen – kann man davon ausgehen, dass jeder Betrieb an einer gewissen Tendenz zum Wasserkopf leidet. Oft höre ich dann von arg gestressten Mitarbeitern oder sogar Führungskräften: „Wir müsse noch jemanden einstellen, der dann dies und das übernehmen kann!" Wenn ich von solchen Betrieben zu Rate gezogen werde, entgegne ich in der Regel: „Nicht so schnell! Schauen wir erst einmal alle relevanten Arbeitsprozesse an." Allein dadurch werden jene, die ganz dringend Neueinstellungen fordern, schon deutlich entlastet.

Viele, die überlastet sind, sagen auch nicht: „Wir brauchen noch einen Mitarbeiter für …" Sie sagen vielmehr: „Ich breche unter der Arbeitslast zusammen! Wir müssen jemanden einstellen!" Ob X Prozent (oft sind es 30 bis 50 Prozent) seiner oder ihrer Arbeit eigentlich unnötig sind, weil die Prozesse zu komplex sind, wird gar nicht erst geprüft. Das ist immer ein Fehler. Stellen Sie nach gewissenhafter Überprüfung fest, dass 90 Prozent der Prozesse hoch effizient sind und die Leute keine im Grunde überflüssige Arbeit leisten, können Sie immer noch die Stellenanzeige aufsetzen.

6.5.10 Optimierungshindernisse

In der Regel gibt es immer jemanden im Betrieb, der die Prozessineffizienzen sieht: „Im Keller brennt Licht!" Und keine(r) hört auf ihn. Das ist ärgerlich, aber normal. Oft wird unterstellt, dass der Chef das Licht brennen sieht, die Mitarbeiter aber nicht mitziehen. Das kommt vor. Genauso oft kommt jedoch vor, dass ein oder mehrere Mitarbeiter den Fehler entdecken, aber der Chef sagt: „Kümmert euch um eure eigene Arbeit!" Und dann passiert ebenfalls nichts. In beiden Fällen geben jene, die das Licht sehen, irgendwann auf: „Hat ja eh' kein' Wert! Keiner hört zu. Keiner macht was." Das ist zu leicht.

Schwerer aber lohnender ist: Steter Tropfen höhlt den Stein. Dranbleiben. Am Ball bleiben. Wenn man einen Missstand nur oft und respektvoll genug anspricht und die vorgeschlagenen Verbesserungen in kleine Schritte zerlegt und allen zeigt, was sie davon haben und dass sich die Mühe für sie lohnt, gewinnt man am Ende immer.

6.5.11 Rückfallprävention

Jeder Organisationsforscher weiß: Eine Verbesserung heute ist nichts wert. Das einzige, was zählt, sind die Verbesserungen morgen. Wirklich jedes Kostensenkungsprojekt senkt zwar kurzfristig die Kosten. Doch schaut man ein, zwei Jahre später wieder im Betrieb vorbei, stellt sich in den meisten Fällen heraus: Die Kostendisziplin ist schon wieder beim Teufel. Deshalb fahren Konzerne ein Kostenprojekt nach dem anderen. Anstatt nach einem

Kostenprojekt einfach auf anhaltende Disziplin zu achten und damit Rückfälle zu vermeiden. Erfahrene Chefs wissen das.

Eine Chefin sagte mir mal: „Ich kenne alle Phasen der Prozessoptimierung: Erst ignorieren dich alle, wenn du einen Prozessfehler aufzeigst. Dann sehen sie es zähneknirschend ein. Dann führen wir einen verbesserten Prozess ein. Dann trainieren wir ihn. Dann funktioniert das! Und hast du nicht gesehen: Drei Wochen später reißt der alte Schlendrian wieder ein und ein bis zwei Drittel der Leute rutscht wieder in die alte, schlechte Gewohnheit zurück. Weil der alte Prozess zwar fehlerhaft, aber vertraut ist. Also warte ich wie ein Jagdhund auf diesen Moment kurz vor dem Rückfall, beobachte die Leute genau – und verhindere ihn. Oft reicht es schon, wenn man darüber spricht. Manchmal muss man auch ein kleines Auffrischungstraining on the job einschieben." Ihre Rückfallquote liegt bei unter 10 Prozent. Das ist rekordverdächtig.

6.6 Tipps fürs Prozessmanagement

Es ist nicht nötig, dass Sie die Fehler, die alle vor Ihnen schon begangen haben, wiederholen. Man kann auch aus Fehlern lernen. Am besten aus Fehlern von anderen.

6.6.1 Arbeiten Sie mit den Willigen!

Viele Vorgesetzte klagen: „Ich sehe, wie unrund ein Prozess läuft – aber die Ausführenden sehen es nicht und wollen es nicht hören, auch wenn ich es hundertmal sage! Die sehen das einfach nicht!" Frage: Alle?

In der Regel nein. In der Regel sehen es immer einige wenige ebenfalls. Deshalb sollten Sie nicht versuchen, die Uneinsichtigen zu bekehren. Das macht unheimlich viel Mühe und frisst Energie und Motivation – und bringt wenig. Wie immer, wenn man „gegen eine Wand" redet. Suchen und finden Sie vielmehr jene wenigen, die sagen: „Ja, ist mir auch schon aufgefallen!" Und dann arbeiten Sie mit diesen. Lassen Sie sie die Prozesse verbessern. Und schützen Sie sie dabei vor den Uneinsichtigen und Skeptikern, die natürlich zu bremsen versuchen: „Lasst das doch! Das bringt doch nichts! Lass den Chef doch reden!"

Wenn der Prozess dann tatsächlich erfolgreich verbessert wurde, brauchen Sie oft gar nichts mehr zu unternehmen: Erfolg überzeugt – gerade auch die Unwilligen und Skeptiker. Selbst wenn nicht, haben Sie jetzt das bessere Argument: „Ihr seht doch, dass das so viel besser funktioniert! Also macht das gefälligst auch so."

6.6.2 Entschärfen Sie die Machtfrage!

Sie wollen etwas besser machen? Und immer ist jemand dagegen? Das ist normal. Die Auftragssachbearbeiterin eines kleinen Bio-Handelsbetriebs hat zum Beispiel festgestellt: Die wenigen Lieferfahrer, die kulanterweise, obwohl sie es „eigentlich" nicht dürften, bei der Auslieferung auch Bestellungen von Kunden entgegen nehmen, machen ganz schön viel Umsatz. Also will sie einführen, dass alle Lieferfahrer, die das wollen, das auch künftig dürfen. Gute Idee! Mehr Umsatz! Zufriedenere Kunden! Wer ist dagegen?

Der Verkaufsleiter: „Aber das dürfen die Fahrer nicht! Die haben doch keine Ahnung vom Produkt! Die haben keine Fachkenntnis! Verkaufen dürfen nur unsere Berater. Die haben die nötige Kompetenz!" Es geht nicht um die Kompetenz. Denn für eine Wiederholungsbestellung eines Artikels, den der Kunde schon zigfach bestellt hat, braucht es keine Kompetenz. Was der Verkaufsleiter meint, aber nicht sagt, ist: „Die Verkäufer unterstehen mir – aber die Fahrer nicht! Ich lass mir doch nicht meine Macht beschneiden!" Als die Inhaberin des Handelsbetriebs das endlich erkennt, sagt sie zu ihm: „Sie stellen Ihre Machtgelüste über den Erfolg unseres Unternehmens? Ist das klug?" Dieser Warnschuss reicht, um den Machtdrang des Verkaufsleiters zu zügeln. Gleichzeitig dankt sie dem Verkaufsleiter: „Danke für den Hinweis. Also sorgen wir dafür, dass Lieferfahrer immer nur Nachfolgebestellungen entgegennehmen. Ist das so okay für Sie?" Ist es.

6.6.3 Keine Zeit!

„Keine Zeit jetzt – das machen wir später!" ist ein wiederkehrendes Hemmnis auf dem Weg zur Zukunftssicherheit. Deshalb sprechen wir es in jedem Kapitel an. Auch in diesem Kapitel gilt: Es liegt nicht an der Zeit. Es liegt an der Priorität. Wenn Prozesse keine Priorität haben, hat man nie Zeit.

Umgekehrt gilt: In allen Betrieben, in denen aktives Prozessmanagement betrieben wird, sagen die Chefs und Mitarbeiter nicht „Keine Zeit, später!", sondern: „Natürlich stellen wir das sofort ab. Alles, was wir in weniger als fünf Minuten regeln können, wird sofort geregelt. Das läuft schon viel zu lange schief. Wie lange wollen wir an dieser Prozessstelle denn noch unnötig Zeit verlieren? Das kostet doch viel mehr Zeit als das jetzt ein und für allemal zu regeln!"

6.6.4 Seien Sie mutig!

Dass viele die nötige Verbesserung von Prozessen nach hinten schieben, liegt auch an einem diffusen Unbehagen: „Warum sollte ich mir diesen Prozess, an dem offensichtlich etwas nicht stimmt, denn genauer anschauen? Ich will nicht tiefer einsteigen als nötig. Es läuft doch gerade sonst alles so gut. Wenn ich jetzt genau hinschaue, finde ich am Ende tatsächlich etwas, das nicht in Ordnung ist und muss mich darum kümmern und muss erkennen, dass eben doch nicht alles reibungslos läuft. Und das will ich nicht! Ich habe schon Ärger genug!" Das ist menschlich und verständlich. So menschlich und verständlich wie das sechste Bier auf der Party: Das lockt auch mächtig – auch wenn es einem nicht gut tut. Deshalb sollte man es sich verkneifen, auf die Versuchung hereinzufallen.

Das gelingt Ihnen umso leichter, je weniger Sie auf das Unangenehme fokussieren, das Ihnen bei der Prozessanalyse zweifellos auffallen wird. Konzentrieren Sie sich lieber auf die Effizienzgewinne, die Sie damit einfahren werden: Wie wäre es, wenn Sie wirklich einen Fehler entdecken, ihn beseitigen und danach alles sehr viel besser, leichter, schneller und kosteneffizienter läuft? Wer sich darauf konzentriert, findet auch den Mut, genauer hinzuschauen. Außerdem: Es macht ja auch Spaß und Freude, seinen eigenen Betrieb bessere kennenzulernen.

6.7 Spezialfall Entscheidungsprozesse

Alles läuft besser, wenn die Prozesse besser laufen: schnellere Entscheidungen, größere Erfolge, mehr Arbeit erledigt in weniger Zeit, weniger aufgestaute Aufträge und Vorgänge, zufriedenere Kunden, besseres Arbeitsklima, mehr Motivation und Commitment. Von allen diesen Vorteilen wiegen beschleunigte Entscheidungen am schwersten im Hinblick auf die Zukunftsfähigkeit eines Betriebs.

6.7.1 Bad Practice: Entscheidungsarthrose

Sobald ein Betrieb mehr als ein Dutzend Mitarbeiter hat, ist er anfällig für Entscheidungsarthrose. Nehmen wir einen Handwerksbetrieb, 37 Mitarbeiter, wer entscheidet? Die Chefin und ihr Mann? Das würden sich beide auch wünschen! Doch tatsächlich tun sie das nicht. Ein Beispiel.

Ein Monteur braucht einen neuen Spezialschlüsselsatz für 470 Euro. Er hat den alten nicht verschlampt, sondern übernimmt eine neue Anlage, für die er die Schlüssel braucht. Die Anschaffung ist also nötig, angemessen und verhältnismäßig. Doch er ist die erste Entscheidungsinstanz – und darf das nicht entscheiden. Also legt er den Antrag seinem Gruppenleiter vor. Dieser darf nur bis 300 Euro entscheiden. Zweite Entscheidungsebene. Das Gruppenleitergremium darf bis 700 Euro entscheiden, trifft sich aber nur einmal im Quartal. Die dritte Entscheidungsebene. Im ungünstigsten Fall wartet der Monteur also fast drei Monate – und sein Kunde mit ihm. Hoffentlich passiert in dieser Zeit nichts! Sonst müsste er dem Kunden sagen: „Tut mir leid, ich kann Ihre Anlage nicht reparieren, mir fehlt der Schlüsselsatz. Haben nicht Sie zufällig einen da?" Solche arthritischen Entscheidungsprozesse brechen jedem Betrieb irgendwann das Genick. Nicht heute. Aber morgen. Und alles nur wegen 470 Euro! Das müsste doch schneller gehen! Denkt der Monteur. Und der Kunde. Aber wie? Das sollten die insgesamt vier Entscheidungsebenen dringend besprechen. Das ist Prozessmanagement.

6.7.2 Best Practice: Regelbasierte Entscheidungsfindung – mit Ausnahmen

Alle Prozesse sind wichtig. Alle Arbeitsprozesse sollten ständig beobachtet und verbessert werden. Doch besonders beachtenswert sind alle Entscheidungsprozesse. In der Regel werden in allen Betrieben die Entscheidungen regelbasiert getroffen. Wie eben mit der Regel: „Gruppenleiter dürfen bis 300 Euro freizeichnen." Was fehlt?

Das haben Sie gut erraten: die Ausnahme. Die Ausnahme von der Regel. Jede Regel hat Ausnahmen – sonst ist sie wertlos und schlimmer: Sie ist schädlich. So schädlich wie im vorliegenden Fall. Da könnte die Ausnahme lauten: „Es sei denn, beim Kunden droht Gefahr. Dann darf der Gruppenleiter bis 700 Euro freizeichnen." Manche Gruppenleiter im Betrieb machen das sowieso, üben also ihr Ermessen aus oder handeln nach dem Grundsatz: Es ist besser, um Verzeihung als um Erlaubnis zu fragen. Einer der Gruppenleiter sagt: „Wenn ich mit 470 Euro eine Konventionalstrafe von 50.000 Euro vermeiden kann, die möglicherweise den Betrieb ruiniert, weil sie unseren Cash Flow in einer Dürreperiode erwischt – dann mache ich das doch!" Doch diese Ermessensausübung ist nicht jedermanns Sache. Besser ist, wenn Entscheidungsprozesse so geregelt werden, dass man erst gar kein Ermessen ausüben muss. Wie gut sind Ihre Entscheidungswege geregelt? Wie finden Sie das heraus?

6.7.3 Entscheidungsverbesserung: Wer entscheidet nicht?

Manchmal sagen mir Führungskräfte: „Unsere Entscheidungswege funktionieren super!" Das ist das sicherste Indiz dafür, dass sie es *nicht* tun. Denn es gibt kein Entscheidungssystem, das perfekt wäre. Wer das behauptet, kennt sein System eben nicht gut genug – Gefahr! Es gibt in jeder Woche in jedem Betrieb mindestens einen Vorgang, der zu lange und unnötig liegen bleibt, nicht weil etwas fehlt (Geld, Manpower, Ressourcen, Technik …), sondern weil jemand nicht angemessen zügig entscheidet. Entweder hat ein Vorgesetzter ein Auge dafür und entdeckt solche entscheidungsgebremsten Vorgänge.

Oder er hat seinen Mitarbeitern eingeschärft: „Wenn irgendwo eine Entscheidung hängen bleibt – sagt mir das!" Entscheidungssensitive Führungskräfte fragen jeden Tag auch mehrfach: „Warum hängt das? Wo hängt das? Wer müsste eine Entscheidung treffen? Und warum trifft er/sie noch nicht?" Manchmal ist die Verzögerung begründet, manchmal nicht. Wenn sie es nicht ist, kann man Dampf machen.

6.7.4 Binnen-Regeln

Die beste Entscheidungsbeschleunigung sind Binnen-Regeln, zum Beispiel: „Ganz gleich, welche Anfrage Sie auch stellen – wir antworten Ihnen binnen 24 Stunden!" Selbst wenn man nach 24 Stunden dem Kunden dann melden muss: „Wir haben drei Viertel Ihrer Anfrage parat – aber ein Viertel fehlt noch. Wir brauchen noch 48 Stunden." Solche Regeln sind nicht nur für Entscheidungen geboten, die Kunden betreffen, sondern auch für interne Entscheidungsprozesse.

Bei einem Mittelständler, der Baumaterial liefert, müssen interne Vorgänge zum Beispiel binnen drei Stunden (natürlich nicht zwingend letztgültig und komplett) beantwortet werden. Selbst der Geschäftsführer hält sich daran: Fragt der Lehrjunge vom Lager ihn per E-Mail etwas, kriegt er binnen drei Stunden Antwort. Meist viel schneller. Der Geschäftsführer sagt: „Am Anfang haben mir alle erklärt, dass das unmöglich sei. Dann haben sie mich getestet, ob ich das selber schaffen kann. Das habe ich. Danach war der Drops gelutscht. Alle machen mit. Und alle finden das inzwischen ganz normal. Nur unsere Kunden nicht. Die finden das phantastisch. Seither sind wir in einer Schnelligkeit unterwegs, die ihresgleichen sucht."

6.7.5 Management by Exception

Extrem progressive Betriebe schmeißen alle Entscheidungseinschränkungen über Bord. Sie sagen: „Wer die Aufgabe ausführt, muss auch alle dafür nötigen Entscheidungen treffen können. So viel müssen wir unseren Leuten vertrauen können!" Worauf immer ein Skeptiker sagt: „Und wenn einer eine Maschine für 10.000 Euro braucht und im Alleingang bestellt?" Dann zeichnet der Geschäftsführer auch das ab: „Der Mensch an der Basis weiß besser, was gebraucht wird." Und wenn der Mensch an der Basis diese Entscheidungsfreiheit, diese fast unbegrenzte Macht missbraucht? Erst dann schreitet die nächsthöhere Instanz ein – aber eben nur im Ausnahmefall. Das ist keine Utopie. Das ist Management by Exception (Eingreifen von oben nur im Ausnahmefall). Natürlich müssen alle Entscheider ihre Entscheidungen rechtfertigen! Aber treffen dürfen und müssen sie sie ganz alleine.

Der Geschäftsführer sagt: „Wer mit dieser Art der Verantwortung nicht zurechtkommt, der missbraucht sie nicht – der fängt gleich gar nicht bei uns an. Wir haben massig Bewerber, die sagen: ‚Ich soll als kleiner Techniker Summen verantworten, die mein Jahresgehalt übersteigen? Das soll mal lieber der Chef machen!' Solche Leute stellen wir nicht ein. Denn wer beim Geld nicht Verantwortung übernehmen will, der übernimmt sie auch sonst nicht."

6.8 Der Gewinn der Prozessoptimierung

Es gibt nichts Praktischeres als Prozessoptimierung. „Ist wie eine defekte Uhr reparieren", sagen technik-affine Menschen: „Danach läuft sie wieder." Und jeder sieht es und spürt es: Es läuft schneller, leichter, besser. Vielleicht sind einige Leute stinkig, weil sie auf Macht und Einfluss verzichten müssen, damit es besser läuft. Aber ein Betrieb ist keine Junggesellenparty, bei der nur der Spaßfaktor zählt. Ein Betrieb muss vor allem rentieren und zukunftssicher sein. Und das ist er nur mit Prozessen, die laufen wie geschmiert. Das macht Freude. Vor allem, wenn ganz neue Prozesse entstehen, wie zum Beispiel im mittelständischen Systemhaus, das anwendungsspezifische Programme für die neuen digitalen Maschinen und Anlagen schreibt.

Dort bearbeiten fünf Mitarbeiter die einlaufenden Anfragen. Doch sie bekommen die Anfragen nicht direkt. Alle Anfragen laufen zuerst in der Verwaltung, bei der Kundenbetreuung ein. Diese fragt dann, was der Kunde möchte und gibt die geklärte Anfrage dann an die fünf von der Angebotserstellung weiter. Da die Leute von der Kundenbetreuung jedoch technisch nicht so fit sind wie die Angebotserstellung, stellen sie fast immer zu wenige und oft genug die falschen Fragen. Also müssen die Angebotsersteller ständig bei ihnen nachfragen, worauf die Kundenbetreuer wieder beim Kunden nachfragen – ein lausig langwieriges Affentheater, finden alle Beteiligten. Deshalb organisiert die Verkaufsleiterin den kompletten Prozess um: Hat ein Kunde ein Problem, eine Anfrage oder einen Produktwunsch, landet er sofort bei der Angebotserstellung. Diese wird deshalb personell aufgestockt, mit zwei Effekten.

Einige Mitarbeiter, die technisch affin sind, wechseln von der Kundenbetreuung in die Angebotserstellung, erwerben dafür neue Kompetenzen und können neue Seiten ihres Talents erproben: Job Rotation, Job Enrichment! Und die „alten" Mitarbeiter von der Angebotserstellung, die nie etwas mit Kunden zu tun hatten, müssen jetzt plötzlich direkt mit dem Kunden reden, müssen daher ihre Kommunikations- und Sozialkompetenz auf Vordermann bringen. Die meisten freut das: Sie kriegen eine Schulung und dürfen etwas Neues ausprobieren. Job Enrichment. Alle anderen, die nichts direkt mit Kunden zu tun haben wollen, wechseln in die Technik.

Der Aufwand dieser Reorganisation ist enorm. Der Betrieb arbeitet sieben Monate daran. Aber danach sind alle begeistert von der neuen Prozess-Architektur. Vor allem die Kunden. Denn sie bekommen jetzt ihre Angebote im Schnitt in einem Drittel der Zeit, die sie vor der Reorganisation warten mussten. Glücklich sind auch die Mitarbeiter in der Angebotserstellung: Ihr Job ist jetzt viel abwechslungsreicher vielseitiger – und sie kriegen begeisterte Rückmeldungen von begeisterten Kunden. Alle sind glücklich. So ist das, wenn Prozesse optimiert werden.

7 Was um Himmels willen war nochmal ein Fax?

Neue Geschäftsmodelle bringen neues Geschäft

„Der Pessimist sieht in jeder Chance eine Bedrohung, der Optimist in jeder Bedrohung eine Chance." Sprichwort

> **Zusammenfassung**
>
> Mit jeder Woche drängen neue Technologien und Geschäftsmodelle auf den Markt und verdrängen alte. Deshalb sollten wir zwar mit ganzer Kraft unser aktuelles Geschäftsmodell verfolgen, doch stets auch ein wachsames Auge auf jene neuen Technologien und Modelle haben, die unsere alten verdrängen könnten – und uns eben nicht verdrängen lassen, sondern zeitig und taktisch klug mit dem Wandel mitgehen. Und das nicht erst, wenn er zur Bedrohung wird, sondern noch, solange er sich als Chance präsentiert. Das erfordert eine Korrektur unserer häufigsten Fehleinschätzungen des Wandels, ein entschlossenes Herangehen an den aktuellen Mega-Wandel der Digitalisierung, die Aktivierung ex- und interner Informationsquellen, die organisatorische Spiegelung des Wandels und ein Senken der üblichen Hemmschwellen.

Die Älteren unter uns kennen es noch: das Fax. Es sah aus wie ein größeres stationäres Telefon. Man tippte einen Text auf dem Computer, druckte ihn aus, legte ihn ins Fax-Gerät – richtig herum bitte! – wählte die Fax-Nummer des Empfängers und am anderen Ende der Telefonleitung kam derselbe Text plus ein paar Verschmutzungen und Verschiebungen an. Faxen? Das kennt heute kaum jemand mehr, kaum jemand macht das noch, denn das E-Mail hat das Fax abgelöst. Wobei das E-Mail auch eine Metapher für alle neuen Technologien und Geschäftsmodelle ist, die alte Technologien und Modelle verdrängen. Diese Verdrängung ist permanent und allgegenwärtig.

Um nur einige Beispiele zu nennen: Was das E-Mail fürs Fax war, ist Amazon für den stationären Einzelhandel, ist Flixbus für die Bahn, Uber fürs Taxigewerbe, Airbnb für die Hotellerie und ist das Handy für den Festnetzanschluss. Neue Technologien verdrängen alte, moderne Geschäftsmodelle verdrängen traditionelle Geschäftsmodelle. Ist das gut oder schlecht? Das ist die falsche Frage. Die richtige lautet:

7.1 Auf welcher Seite des Wandels stehen Sie?

Neue Technologien und neue Geschäftsmodelle sind eine Bedrohung nur für jene, die nicht mitmachen, sich dagegen sträuben, abwiegeln, mauern, abwarten, skeptisch zögern, sich nicht damit befassen wollen oder die Beschäftigung damit immer wieder auf „später" verschieben. Das alles sind riskante Verhaltensweisen, da der Wandel bekanntlich auf niemanden wartet und die Welt sich immer weiterdreht: Warten im Wandel ist eine Misserfolgstaktik. Nur der ausgesessene Wandel ist eine Bedrohung.

Wer dagegen relativ offen für Neues ist, sich gerne mit neuen Themen beschäftigt und auch regelmäßig über neue Technologien und Modelle im Internet oder in den Medien liest, für den oder die ist Wandel eine Chance. Inzwischen haben die meisten Einzelhändler zum Beispiel auch einen Internet-Auftritt, eine eigene Website, manche sind auf den sozialen Medien präsent und einige pflegen sogar Online-Angebote: Sie gehen mit dem Wandel mit, nutzen neue Technologien, Kommunikations-, Marktbearbeitungs- und Geschäftsmodelle. Das ist an sich nichts Neues. Schon Großvater sagte: „Man muss mit der Zeit gehen!" Oder: „Man kann jeden Tag etwas dazulernen." Das sollte man auch. Theoretisch. In der Praxis sieht es oft anders aus.

7.1.1 Auf der falschen Seite des Wandels

Als das Smartphone aufkam, sagten die Leute bei Nokia: „Wer will schon einen kleinen Fernseher in der Jackentasche mit sich herumschleppen? Die Leute wollen mit dem Handy telefonieren, keine Filme gucken!" Wollten sie nicht und Nokia war weg vom Markt. Deshalb spricht man im Zusammenhang mit der digitalen Transformation auch von Disruption: Neue Technologien und Geschäftsmodelle bedrohen und vernichten alte. Tun sie das? Nicht wirklich.

Sie tun das nur, wenn man nicht mitmacht, auf der falschen Seite des Wandels steht, sich verweigert, nichts oder nicht schnell genug Neues dazulernen möchte, alte Zöpfe flicht, sich ängstlich an das klammert, was man mal so gut kannte und konnte und was jetzt allmählich ausrangiert wird wie das Fax oder das Tasten-Handy. Leider verhalten sich viele Inhaber, Geschäftsführer, Inhaberfamilien und Führungskräfte von kleinen und mittleren Unternehmen auf diese abwartende Weise. Sie sehen den Wandel und warten erst mal ab. Warum?

7.1.2 Beliebte Fehleinschätzungen des Wandels: „Nur was für die Großen!"

Viele Verantwortliche bei kleinen und mittleren Betrieben assoziieren technologische Neuerungen und neue Geschäftsmodelle reflexhaft, spontan, chronisch und leider ziemlich unbewusst mit: „Das ist so eine teure Technologie – das ist sicher nur was für die Großen!" Das ist leider meist falsch. Gerade sämtliche digitalen Neuerungen sind vor allem auch etwas für Kleine: Alle Start-ups sind klein und Start-ups dominieren die digitale Transformation. Google, Amazon, Microsoft, Apple, Uber – alle haben superwinzig angefangen; viele davon buchstäblich in der Garage oder Mutters Keller.

Das heißt nicht, dass Sie jetzt eine Garage mieten sollten, um im Wandel zu bestehen. Es heißt: Die meisten neuen Technologien sind skalierbar. Das heißt, es gibt für große Konzerne Lösungen wie auch für die kleinsten Unternehmen. Man muss die große Technologie lediglich auf die spezifischen Gegebenheiten des (kleinen oder mittleren) Unternehmens transferieren (übertragen) und adaptieren (anpassen). Auch das ist nicht neu: Diese Anpassung mussten wir schon immer mit allen neuen Techniken vornehmen.

7.1.3 Beliebte Fehleinschätzungen: „Betrifft uns nicht!"

Selbst wenn der Wandel als großflächig und umwälzend erkannt wird, hoffen viele insgeheim, in ihrer kleinen Nische überleben zu können: „Für die anderen passt das – für uns nicht!" Das ist subjektiv gesprochen eine schwache Hoffnung und objektiv gesehen eine strukturelle Fehleinschätzung des Risikos: Die kaufmännische Vorsicht gebietet, dass man Risiken über-, nicht unterschätzt. Wir kennen das aus der Buchhaltung: Verluste *müssen* buchhalterisch antizipiert werden, Gewinne dürfen buchhalterisch *nicht* antizipiert werden. Was den aktuell umwälzendsten Wandel angeht, die Digitalisierung, unterschätzen die meisten kleinen und mittleren Unternehmen das Risiko, das sie mit ihrem Abwarten eingehen. Es wäre besser, von Anfang an immer ein klein wenig mitzumachen, sich auf dem Laufenden zu halten, technisch up to date zu bleiben. Damit man jederzeit aufs Gaspedal treten und voll einsteigen kann. Und nicht erst, wenn der Mitbewerber den Wandel „überraschend" vollzogen hat und man bereits hoffnungslos im Rückstand ist.

7.1.4 Beliebte Fehleinschätzung: „Uns geht's doch gut!"

Wir haben diese Fehleinschätzung schon öfters gestreift und tun es hier wieder, weil diese Kollektivillusion aktuell und insbesondere die Digitalisierung betreffend geradezu massenhypnotische Wirkung entfaltet: „Uns geht es doch gut! Der Laden läuft, unsere Auftragsbücher sind auf Monate voll!" Das mag sein, erinnert jedoch stark ans Weihnachtsgans-Syndrom.

Die satt mit Futter versorgte Mastgans denkt Tag um Tag „Ach, wie geht es mir gut!" Tag um Tag, jeden Tag, Woche für Woche – dann kommt der Schlachttag und abrupt denkt die Gans etwas ganz anderes. Genau das meint der Ausdruck „Disruption": Wer sich zu lange dem Wandel verweigert, für den kann so abrupt Schluss sein, dass er tatsächlich davon überrascht wird. Aber auch nur er allein. Denn alle Außenstehenden sagen schon lange: „Seit Monaten tritt er auf der Stelle – jetzt kriegt er die Quittung. Keine Überraschung." Viele erfolgreiche gestrige Tage sagen nichts über den morgigen Tag. Die Vergangenheit ist kein verlässlicher Prädiktor für die Zukunft. Nicht in Zeiten der Disruption. Nur Ihre Fähigkeit, angemessen mit dem Wandel mitzugehen, also Ihre Zukunftskompetenz, sagt etwas über Ihren künftigen Erfolg aus.

7.1.5 Beliebte Fehleinschätzung: „So schlimm wird's schon nicht werden!"

Sagen Sie das mal den Call Center Agents, FinanzanalystInnen, RedakteurInnen, TexterInnen, JournalistInnen, AssistentInnen, SekretärInnen, BuchhalterInnen, ControllerInnen, Contract ManagerInnen, Versicherungskaufleuten, DatentypistInnen und MitarbeiterInnen am Bank- oder Bahnschalter! Hunderttausende von ihnen verlieren im Augenblick weltweit ihren Job, weil sie von Algorithmen, Künstlicher Intelligenz, Bots, Robotern und Virtual Assistants ersetzt werden. So schnell geht das. Und lautlos. Die Medien berichten über Politik, Sensationen und Skandale. Wie der digitale Wandel ganze Berufsgruppen, Geschäftsmodelle und Unternehmen überflüssig macht, darüber berichten sie so gut wie nie (obwohl sie heftigst selbst davon betroffen sind). Doch selbst diese unsichtbare und selbstauferlegte Medienzensur und Informationsblockade muss niemanden beunruhigen: Die Umbrüche sind auch ohne mediale Warnung oder Begleitung für jeden weitsichtigen und zukunftskompetenten Menschen absolut absehbar. Wer sie absehen kann und will, wird sich rechtzeitig darauf einstellen und eine gute Zukunft haben.

7.2 Trivialbeispiel eines erfolgreichen Wandels

Wir müssen nicht immer vom Mega-Wandel der Digitalisierung sprechen. Die Prinzipien erfolgreichen Wandels lassen sich genauso gut an höchst trivialen Beispielen aus unserem Berufsalltag illustrieren und integrieren. Betrachten wir ein ganz banales Beispiel.

Der letzte Winter war in einigen deutschen Mittelgebirgen etwas heftig: sehr viel Schnee in sehr kurzer Zeit. Als es taute, gingen viele Dachlawinen ab, stürzten in Nachbarhäuser und demolierten dort Jalousien und Fensterläden. In einer mittelgroßen Stadt mit etwas mehr als 50.000 Einwohnern gibt es vier Reparaturdienste. Alle vier sind nach dem letzten Tauwetter auf Wochen überbucht. Alle vier können ihre Terminzusagen in großen Teilen nicht halten. Aber nur einer unterrichtet laufend seine Kunden davon.

7.2.1 Der Wandel

Jeder Monteur hält seine Kunden tagsüber auf dem Laufenden: „Sorry, hier dauert es länger als gedacht – ich verspäte mich eine Stunde." Oder: „Es tut mir leid, aber hier ist der Schaden weitaus größer als angenommen: Ich schaffe es erst morgen zu Ihnen!" Einer von vier Montagediensten informiert auf diese Weise. Nicht weil er dafür genug Geld oder die neueste Technologie oder die besseren Leute hat.

7.2.2 Die Bremsen des Wandels

Sondern weil die Chefs der anderen drei Betrieben sagen: „Keine Zeit für sowas – wir müssen reparieren und können nicht in der Gegend herum telefonieren!", „Die Kunden werden schon merken, wenn wir kommen.", „Die sollen nicht so ungeduldig sein!", „Was kommt als nächstes? Dass wir denen einen Kaffee to Go mitbringen?" Noch während der aktuellen Schadenssaison verlieren alle drei Unternehmen Kunden (die es satt haben, auf Monteure zu warten, die nicht kommen und dafür möglicherweise sogar von der eigenen Arbeit Urlaub zu nehmen). Nur ein Unternehmen gewinnt Kunden hinzu. Warum?

7.2.3 Der Kern des Wandels

Weil die Kunden sagen: „Ich bin nicht blöd. Dass die Schäden bei diesem brutalen Tauwetter sintflutartig zugenommen haben, kann ich mir denken. Aber wenn der Monteur sagt, er kommt um neun und ist um zehn noch nicht da und ich weiß nicht, ob es mir jetzt noch reichen würde, schnell einkaufen zu gehen oder ob er ausgerechnet in dieser Zeit dann doch noch kommt – da nehm ich doch lieber einen Handwerker, der zuverlässig ist!" Und mit „zuverlässig" meinten die Kunden nicht „Hält zuverlässig den Termin ein!", sondern „Informiert mich zuverlässig, wann er nicht kommt und wann er kommt." So einfach ist das. So einfach ist der Wandel manchmal.

Ohne jede (neue) Technologie. Ohne jeden Finanzaufwand. Ohne zusätzliche Manpower. Ohne zusätzlichen Zeitverlust. Nur mit etwas gutem Willen und Disziplin. Und das schafft nur einer der vier Betriebe? Und drei andere nicht? Das sagt alles. Glückwunsch dem einen Betrieb. Seine Führungskräfte und Mitarbeiter wissen, wie Wandel funktioniert. Dieser Betrieb ist zukunftssicher. Denn die Zukunft ist Wandel und wer den Wandel kann, kann Zukunft.

7.2.4 Die Chancen liegen auf der Straße. Wer bückt sich?

Unser Berufsalltag ist voll von diesen „kleinen" Anlässen und Projekten des Wandels und der Neuerung. Eine angestellte Dachdeckerin mit eigenem Baustellen-Trupp sagt: „Wenn ich es darauf anlege, könnte ich jeden Tag drei neue Dinge einführen!" Das ist die richtige Einstellung.

Mit dieser Einstellung ist sie nicht nur eine der Ersten in ihrer Branche und in der Region, wenn es um neue Werkzeuge, Techniken, Prozesse und Methoden geht. Mit dieser Einstellung entdeckt sie auch laufend neue Geschäftsmodelle. Wenn sie zum Beispiel Dächer abdeckt, um sie zu sanieren, erblickt sie auf dem freigelegten Speicher oft „Den Mist von Generationen", wie sie sagt. Also hat sie zusammen mit ihrem Bruder und einer Cousine einen Entrümpelungsdienst auf die Beine gestellt. Ein ideales Geschäftsmodell: kaum Kapital nötig. Bruder und Cousine sind gerade „zwischen zwei Jobs" und können anpacken, Transporter lassen sich mieten und insbesondere reiche Haushalte bezahlen gerne und gut: Wandel wird belohnt. Nicht nur, was die kleinen Neuerungen angeht, sondern was auch die große Neuerung angeht: zum Beispiel die digitale Revolution.

7.3 Großer Wandel: Die Digitalisierung

Für wirklich sämtliche Anwendungen, die wir gebrauchen und uns vorstellen können, gibt es bereits digitale Lösungen oder werden in nächster Zeit digitale Lösungen erwartet: Alles wird digital. Wer das nicht akzeptiert, wird einen sehr schweren Stand haben und verzweifelt nach den wenigen Nischen suchen (müssen), die analog überleben. Viele Hörgeräte-Akustiker haben zum Beispiel den 3D-Druck verschlafen und mussten dichtmachen, weil die Konkurrenz jetzt mit dem Drucker die Hörgeräte in einem Bruchteil der Zeit an die Kunden bringt. Dito Zahnersatz: Früher kam er nach Wochen aus China oder anderen Billigländern.

Heute kommt er praktisch in Echtzeit aus dem Drucker der Gemeinschaftspraxis. Diese Entwicklung war schon seit Jahren absehbar. Doch viele Praxen verschliefen sie. Weil sie im Heute so viel zu tun hatten, dass Sie das Morgen aus den Augen verloren. Weil sie annahmen, dass das Morgen genau so sein werde wie das Heute. Weil sie im Heute total überlastet waren. Wenigstens sind sie das jetzt nicht mehr. Der Wandel hat sie entlastet: Sie haben Kunden verloren. Weil sie den richtigen Zeitpunkt verpasst haben. Weil sie die Augen nicht offenhielten. Wie schafft man das?

7.4 Erfolgreich im Wandel: Augen offenhalten

Viele sagen angesichts des Wandels: „Wir beobachten, wie sich das entwickelt!" Das ist die falsche Art des Schauens. Zwar hält man auch dabei die Augen offen, doch mit dem falschen Fokus. Der richtige ist: „Wir schauen, was wir jetzt schon für den Wandel tun können!" Was könnte das sein? Woher erfährt man das? Aus den Quellen des Wandels.

7.4.1 Externe Quellen der Information zum Wandel

Information ist die erste Pflicht des Wandels. Wir können aus so vielen externen Quellen alle nötigen Informationen schöpfen: Wir können im Internet surfen, Fachpublikationen lesen, Branchentrends beobachten, Zukunftsforscher lesen, die PopUp-Labore der Landesregierungen und Handwerkskammern besuchen (sofern vorhanden) oder Referenzanwendungen in anderen Branchen besuchen.

Wir können bei Studien mitmachen, uns an einer Kooperation beteiligen oder selber eine anleiern, uns in einer Fokus-Gruppe eines Lehrstuhls oder einer neutralen Forschungseinrichtung (wie Fraunhofer oder Steinbeis) engagieren oder deren Veröffentlichungen lesen, Trend- und Innovationsseiten im Internet abonnieren, Messen, Kongresse und Fachtagungen besuchen oder deren Berichte lesen. Wer sich informieren möchte, findet immer eine Quelle, die ihm oder ihr zusagt. Wer das nicht möchte, sagt einfach „Keine Zeit für sowas!"

7.4.2 Auf die eigenen Leute hören

Was wir eben aufgezählt haben, sind externe Informationsquellen des Wandels. Die internen Quellen sind oft sogar noch ergiebiger, nützlicher und vor allem firmenspezifischer und bereits hoch adaptibel (weil die eigenen Leute sich am besten mit dem eigenen Laden auskennen). Trotzdem oder gerade deshalb werden sie jedoch noch zu oft ignoriert. Vor allem in Betrieben und von Führungskräften, die unter dem Invented-here-Syndrom leiden: „Ach, was wissen unsere Leute (meine Familie, meine Führungskräfte, der Partner, die Partnerin) denn schon davon!" Erstaunlich viel, wenn man mal genau hinschauen würde. Tut man aber meist nicht, weil der Chef sich reflexhaft und unbewusst für den größten Experten auf allen Gebieten hält und nicht bemerkt, dass einer seiner Mitarbeiter oder gar eine Mitarbeiterin, ein Familienmitglied oder sogar ein Azubi technologisch viel besser Bescheid weiß: Weil er oder sie jung und mit dem Smartphone am Schnuller aufgewachsen ist. Wer ist das bei Ihnen?

Wenn Ihnen spontan keine(r) einfällt, muss das nicht daran liegen, dass Sie keine(n) haben, sondern dass Sie (noch) keine(n) kennen. Also hören Sie genauer hin, wenn die Leute von sich aus erzählen. Oder kitzeln Sie es aus ihnen heraus. Es ist ineffizient und zukunftsschädlich, die eigenen Ressourcen, die noch nicht einmal vor der eigenen Haustür, sondern sogar hinter der eigenen Ladentür liegen, brachliegen zu lassen. Warum tun wir es oft trotzdem? Weil wir eitel sind. Alle Menschen sind das. Und wenn ein Mitarbeiter etwas besser weiß als der Chef, kränkt den Chef das. Welchen Chef? Den schwachen Chef. Ein starker freut sich, dass er so starke Mitarbeiter hat. Wie das Sprichwort sagt: Ein erstklassiger Chef hat erstklassige Mitarbeiter. Ein zweitklassiger hat drittklassige …

7.4.3 Auf die Kunden schauen und hören

Gerade bei der Digitalisierung, aber auch bei vielen anderen Neuerungen sind manche Kunden sehr viel weiter als ihre kleinen und mittleren Lieferbetriebe oder Dienstleister. Vor allem, wenn sie die Avantgardisten und Early Adopter (die Pioniere) in ihrer jeweiligen Branche sind. Oder weil es IT-Häuser oder Start-ups sind. Oder weil aus ihrer Branche der neueste Wandel, die neueste Technologie kommt. Hier schließt sich der Kreis – zum Beispiel zur Kooperation (Abschn. 4.6). Ein Beispiel. Bleiben wir beim Winter.

Ein Gartenbaubetrieb auf der schneereichen Schwäbischen Alb betreut mit seinem Winterdienst inzwischen (weil die Mieter und Hauseigentümer immer älter werden) über 200 Objekte: Parkplätze, Gehwege und Dächer räumen und schneefrei halten. Die Auftragssteuerung jedoch ist noch fast komplett analog. Der Fahrer eines Aufsitz-Schneepflugs sagt: „Wir machen das praktisch noch auf Zuruf und mit den Handys – aber ohne App oder entsprechende Software. Wir haben ja auch keine Ahnung von sowas. Mit dem Schneechaos kommen wir klar – aber nicht mit dem Auftragschaos, sobald das Schneechaos losbricht."

Die Firma räumt auch für ein IT-Startup: Ein riesiger Parkplatz auf einer Industrie-Brache, aber noch wenig Cash Flow, um den Räumdienst zu bezahlen. Also kooperieren beide (selbstverständlich unter steuerberaterlicher Begleitung streng legal): Unter gegenseitigem Entgegenkommen bei den Konditionen räumt der Räumdienst fürs Start-up den Schnee weg, während das Start-up dem Räumdienst eine Digitallösung auf die Handys spielt, die für wenig Geld absolute Transparenz, kinderleichte Bedienung und bombensichere Auftragsabwicklung gewährleistet. So geht Wandel: Smart Change.

7.5 Neue Geschäftsmodelle

Selbst wenn seine Kunden noch nicht digital oder anderweitig weiter sind als ein kleines oder mittleres Unternehmen, können Kunden eine Quelle der Inspiration, eine Fundgrube für neue Geschäftsmodelle sein: Man muss sie nur genau genug im Auge behalten. Der Klassiker der neuen Geschäftsmodelle findet sich im Geräte-, Anlagen- und Maschinenbau.

7.5.1 Der Klassiker: Service statt Maschinen

In diesen Branchen haben viele Unternehmen unter dem Preisdruck der BRICS-Staaten (Brasilien, Russland, Indien, China, Südafrika) viel Marge und Geschäft verloren – mit Geräten, Maschinen und Anlagen. Doch inzwischen machen sie bessere Geschäfte als jemals zuvor. Nein, nicht mit Geräten, Maschinen und Anlagen. Diese machen oft nur noch einen Bruchteil vom Umsatz aus. Den Löwenanteil stellen jetzt Wartungs-, Instandhaltungs- und vor allem Beratungs- und Dienstleistungsverträge. Denn das brauchen die Kunden dringender als einen Billiganbieter (dem meist das Know-how und die Glaubwürdigkeit für die Beratung fehlen). Beratung ist das neue Geschäftsmodell! Das gilt branchenübergreifend.

7.5 Neue Geschäftsmodelle

So hat auch ein Musikhaus nach diesem Muster sein Geschäftsmodell vom Kopf auf die Füße gestellt: „Weil die Leute sich von uns im Laden haben teuer beraten lassen, dann aber ihre Instrumente frech und billig im Internet gekauft haben", sagt die Inhaberin, „habe ich den Laden dichtgemacht. Spart Miete, Ausstattung und Unterhalt. Ich brauche nur noch mein Büro in der Wohnung – und es bleibt mehr hängen als zuvor!" Nämlich mit Instrumenten- und Akustikberatung für Orchester, Bands und Events: neues Geschäftsmodell, Service statt Produktverkauf, Lösungen statt Geräte, Beratung statt Verkauf, Know-how statt Hardware.

7.5.2 Wollen Sie das mal andenken?

Auch in Ihrem Betrieb ist extrem viel Kompetenz, Erfahrung, Wissen und Know-how versammelt. Schon mal daran gedacht, ein Geschäftsmodell daraus zu machen? Schon ein grobes Konzept dazu entwickelt? Grob durchgerechnet? Probeverkäufe gemacht, um die Resonanz bei der Zielgruppe zu testen, ein Tarifmodell zu entwickeln, die Marktgängigkeit verschiedener Angebote abzuchecken? Oder überlegt, wer von Ihren Leuten das gerne und gut übernehmen könnte? Oder ob Sie das zu Ihrem neuen Steckenpferd machen und die operative Arbeit im alten Geschäftsmodell komplett Ihren Mitarbeitern überlassen und den alten Laden „nur noch" führen?

Modellwechsel: Vom Produkt zum Service. Dieser Wechsel des Geschäftsmodells funktioniert übrigens auch in umgekehrter Richtung.

7.5.3 Der umgekehrte Fall: Produkt statt Dienstleistung

Ein befreundeter Trainer leidet in seiner Branche darunter, dass die Auftraggeber mal wieder an der Weiterbildung der eigenen Mitarbeiter sparen. Viele seiner früheren Auftraggeber sagen: „Wir lassen nicht mehr trainieren. Wir wollen jetzt selber trainieren. Uns fehlen bloß noch die Konzepte, die Seminarprogramme und die Trainingsunterlagen dazu." Viele TrainerInnen erwidern darauf: „Schade. Dann vielleicht irgendwann später mal wieder." Der befreundete Trainer sagt etwas anderes.

Er sagt: „Ach nee? Ihr braucht die ganze Hardware für euer Training? Kann ich euch liefern. Schnell, kompetent, preisgünstig. Ihr wisst ja, wie ich arbeite." Er hatte das noch nie gemacht – für andere. Maßgefertigt. Auf die Gegebenheiten ganz spezifischer Unternehmen abgestimmt mit deren Fallbeispielen, Organisationsstruktur, Themen, Inhalten und Begriffsgebrauch. Es war ein total neues Geschäftsmodell für ihn. Doch wer könnte dieses neue Geschäftsfeld besser beackern als er?

Er hat ja die Kompetenz! Seine Kunden jedenfalls nicht. Inzwischen kooperiert er mit vielen anderen TrainerInnen, weil das neue Geschäftsmodell besser läuft als das alte. Das *muss* nicht immer so sein. Doch das *kann* so sein – wenn man die Chance ergreift. Spätestens wenn das alte nicht mehr läuft, sollte man ein funktionsfähiges neues Geschäftsmodell in der Garage stehen haben.

7.5.4 Was fällt Ihnen ein?

Welche neuen Geschäftsmodelle bieten sich Ihnen an? Welche Ideen schweben Ihnen schon lange vor? Welchen Anregungen würden Sie gerne nachgehen? Welche Konzepte entwickeln?

Picken Sie sich jene Idee heraus, die Sie am meisten fasziniert. Denn was Sie fasziniert, dafür finden Sie immer eine ruhige Minute, um in aller Ruhe darüber nachzudenken und ein erstes Konzept zu entwickeln. Das ist echte Unternehmeraufgabe: neue Konzepte entwickeln. Ich kenne keinen Unternehmer, keine Unternehmerin, die das nicht gerne machen würden. Gönnen Sie sich die Zeit, die Muße und die Freude! Das ist mein Rat. Ich gebe ihn oft und gerne – und bin regelmäßig enttäuscht, dass ihn nicht alle aufnehmen und umsetzen.

7.5.5 Was hält Sie?

Viele Entscheidungsträger in kleinen und mittleren Betrieben glauben immer noch, der Kelch des digitalen oder anders gearteten Wandels gehe an ihnen vorüber. Sie stecken den Kopf in den Sand und warten, beten und hoffen, dass der Sandsturm vorüberziehen möge. Sie machen erst mit, „wenn sich das Ganze bewährt hat!" Das ging früher mal (obwohl es schon früher nicht besonders zukunftssicher war). In Zeiten der Disruption ist Abwarten jedoch eine Misserfolgsgarantie. Wer wartet, bis zum Beispiel alle anderen digitalisiert haben, ist selbst dann weg vom Fenster, wenn er auch noch einsteigt: Weil es dann zu spät ist. Weil die Anlaufzeit zu lange dauert. Wenn wir in Workshops darüber reden, gibt es immer Skeptiker, die sagen: „Och, so schnell ist man aber nicht weg vom Fenster!" Glücklicherweise hob daraufhin einmal der Inhaber eines mittelgroßen Bauunternehmens in einem Workshop die Hand.

Und sagte: „Ihr hört doch auch, was um euch herum in der heimischen Wirtschaft abgeht." Alle nickten, alle sind schließlich Insider, alle kennen sich aus. „Dann wisst ihr doch: Heute geht alles sehr viel schneller als früher. Ist euch das noch nicht aufgefallen? Früher hörte man über einen Betrieb monatelang: Dem geht es gerade nicht so gut. Monatelang. Heute hört man nur noch: Die machen jetzt zu. Knall auf Fall. Urplötzlich. Praktisch über Nacht. So geht das heute." Schlagendes Argument. Keiner widersprach. Die Welt dreht sich nicht nur unaufhörlich. Sie dreht sich auch immer schneller.

7.6 Organisatorischer Wandel: Die neue Teamkultur

Obwohl sich viele Unternehmen noch schwer tun mit dem Wandel, setzt sich eine Form des Wandels gerade in vielen Branchen durch: das interfunktionelle Team.

Viele Betriebe lösen ihre strenge Stab/Linien-Organisation weitgehend auf und formen jetzt Teams statt einzelne Abteilungen. Das ist schneller, agiler, flexibler und kundenorientierter. Das macht auch mehr Spaß und ist produktiver. Wenn man die neuen Teams gut moderiert und führen kann. In jedem Team sind Vertreter der jeweils für das Projekt oder den Auftrag benötigten Fachabteilungen und Stäbe (falls vorhanden) – solange der Auftrag und das Projekt läuft. Danach werden die Teams neu zusammengestellt. Multifunktionelle, abteilungsübergreifende, interdisziplinäre Teams sind gerade schwer en vogue. Weil sie dem Gebot der Zeit und dem Wertewandel bei den Kunden entsprechen.

Starre Abteilungen machen Auftragsprozesse langsam, wenig flexibel, agil und kundenfreundlich wegen der allgegenwärtigen Schnittstellen- und Friktionsverluste der Firmen in der Firma (Abteilungen). Projekt- und Teamorganisation ist schneller, agiler und in allen Aspekten besser. Wenn man sie zum Laufen kriegt. Denn natürlich sind die zwischenmenschliche und die Gruppendynamik in Teams exponentiell höher als in den Wagenburgen der Abteilungen. Wessen Führungskompetenz stark genug ist, der kriegt das aber in den Griff und wird dafür reichlich belohnt: Ein Wandel, der unbedingt zu empfehlen ist. Vor allem, weil es in vielen Branchen gar nicht mehr anders geht. Spätestens dann, wenn der Mitbewerber es so macht und damit spürbare Wettbewerbsvorteile erringt.

7.7 Der Markt als Impulsgeber für den Wandel

Markt, Kunden, Lieferanten und Geschäftspartner sind voll von Ideen für neue Geschäftsmodelle. Das wissen wir alle. Einziges Problem: Wir kommen nicht heran an die guten Ideen.

Beispiel Kunden: Wenn ich Kunden genau zuhöre, was sie wollen und brauchen und was in ihrem Markt „Erfolg" bedeutet, dann sehe ich sofort, was der Kunde braucht, brauchen könnte, aber selber nicht leisten kann und wo ich ihn unterstützen könnte. Rein theoretisch. Denn rein praktisch habe ich als Inhaber eines mittelgroßen Unternehmens ich weiß nicht mehr wann zuletzt einen Kunden leibhaftig gesehen und gesprochen. Ich sehe Kunden seit Jahren nur noch auf dem Papier, in Zahlenform, als Auftragsgrößen. Ich habe von ihrem eigentlichen Business kaum mehr eine aktuelle, detaillierte und präzise Vorstellung, weil ich mich ständig damit beschäftigen muss, meinen eigenen Laden am Laufen zu halten und den ganzen Admin-Kram zu stemmen.

„Also muss ich wieder näher ran an den Kunden!", sagen viele UnternehmerInnen, die den Zug der Zeit erkannt haben. Richtig so. Wer die komplette Wertschöpfungskette, das Geschäfts- und Erfolgsmodell des Kunden kennt, hat die größten Aussichten auf die Entdeckung von Terra Incognita, von neuen eigenen Geschäftsmodellen.

7.8 Runter mit der Hemmschwelle: Aus Alt mach Neu

Betrachten wir ein bereits diskutiertes neues Geschäftsmodell unter einem neuen Aspekt: Ein kleiner Handwerksbetrieb, der in der dritten Generation mit seinen vier Leuten, der Chefin und ihrem Mann alles macht von der Altbausanierung über die Renovierung bis hin zum Neubau, verschreibt sich selber eine Denkpause.

7.8.1 Das neue Geschäftsmodell

Die Chefin sagt: „Ich kann nicht mehr mit den Großen mithalten, die Konkurrenz wird immer mörderischer. Gutes Personal kriegt man auch kaum mehr zu vernünftigen Löhnen. Also bevor ich Leute entlassen muss und vielleicht noch einige Jahre solo überlebe, mache ich doch lieber gleich was ganz Neues." Gute Idee. Also macht sie, was alle brauchen: eine Handwerker- und Gewerke-Börse. Sie vermittelt Handwerker, Gartenbau- und Baubetriebe an Kunden, die das brauchen, sich im Markt aber nicht auskennen. Denn die Chefin kennt sich aus und das bestens!

Gute Handwerker sind schwer zu finden, doch die Chefin kennt sie und kennt sie alle. Deshalb vermittelt sie sie. Ihr „Büro" ist jetzt ihr Smartphone mit einer riesengroßen Datenbank in der Cloud. So weit ihr neues Geschäftsmodell, das rein objektiv problemlos ist. Das Subjektive macht in der Regel die Probleme: Sie musste einen Handwerksbetrieb aufgeben, der drei Generationen lang der Stolz der Familie war! Das war der eigentliche Engpass. Ihr Vater hätte sie fast enterbt, ihre Großmutter hatte den Schock ihres Lebens.

7.8.2 Hemmschwellen und Hindernisse überwinden

Der Engpass des Wandels lag nicht im Finanziellen oder Technischen, sondern im Persönlichen: Sie redete über Monate hinweg immer wieder mit Eltern und Großmutter und natürlich mit ihrem Mann und ihren Mitarbeitern. Sie war sehr überzeugend (eine weitere Unternehmereigenschaft). Am Ende der Überzeugungsarbeit waren alle sicher: „Das tut jetzt erst mal weh. Aber das ist langfristig das Beste für den Betrieb und die Familie!" Inzwischen bestätigen die Umsatzzahlen ihre Entscheidung. Inzwischen überlegt sie sogar, ob sie wieder Leute einstellen soll, weil es so gut läuft. Kapital braucht sie im Grunde ja keines. Das ist das Zeichen der Zeit.

Heutzutage braucht man nicht mehr Geräte, Instrumente, Anlagen und Maschinen, viel Kapital und ein Gebäude, um ein Geschäftsmodell aufzuziehen. Man braucht in Zeiten der Digitalisierung für viele neue Geschäftsideen lediglich Kompetenz, Smartphone und Kreditkarte, um ein Business aufzumachen und am Laufen zu halten: Das ist das digitale Zeitalter. Daten sind das neue Gold. Informationen sind der neue Produktionsfaktor. Kompetenz ist Schlüsselfaktor. Und Know-how, von dem die Chefin jede Menge hat: Sie kennt sich aus in ihrem Markt. Wäre das auch was für Sie?

7.8.3 Wäre das was für Sie?

Wenn Sie den Kopf schütteln: Kein Vorwurf! Viele von uns sind in ihrer Branche großgeworden, haben das Metier mit der Muttermilch aufgesogen, sind stolz auf die Familientradition, auf ihr Unternehmen, ihr Wissen, ihre Erfolge und ihre Erfahrung. Was gut ist.

Schlecht ist, wenn dieses Gute unbewusst und ungewollt alles andere, Neue, potenziell Bessere schlechtmacht: „Brauchen wir nicht, machen wir nicht, wollen wir nicht!" Man kann traditionsbewusst sein. Man kann aber auch altbacken und fortschrittsfeindlich sein. Der Unterschied ist fein, aber folgenreich. Neues zu versuchen heißt nicht: Neues vs. Altes. Sondern: Wie können wir Altes und Neues synergetisch verbinden? Wie können wir das eine tun, ohne das andere zu lassen? Was behalten wir vom Alten? Und was nehmen wir neu hinzu? Wie können wir die Erfahrung und den Erfolg des Alten für etwas Neues nutzen?

Eine tiefgreifende Frage ist auch: Wie lange läuft mein altes Geschäftsmodell wohl noch so wie heute? Diese Frage tut immer weh. Weil sie ans Eingemachte geht. Doch lieber tut die Frage jetzt ein wenig weh als in einigen Jahren der Exitus sehr viel mehr.

7.9 Das Neue wagen

Neues beunruhigt oft. Man beäugt es skeptisch, hat so seine Zweifel. Man fühlt sich in seiner Expertise bedroht, schaut stärker auf die Risiken als auf die Chancen – und fühlt sich im Recht! Wenn es um Neues im Beruf geht.

7.9.1 Wir unterschätzen unsere Offenheit für Neues

Im Privaten lassen wir uns meist sehr viel eher, schneller, umfänglicher und enthusiastischer auf Neues ein: Viele von uns streamen zum Beispiel schon längst Filme und Serien und haben das alte Fernsehen fast ganz aufgegeben. Wenn das Fitness-Studio einen neuen Kurs anbietet, machen wir mit. Bringt VW einen neuen Golf heraus, interessieren wir uns. Jedenfalls eher und lieber als bei Neuerungen im Beruf. Deshalb reicht es manchmal schon, wenn man sich diesen seltsamen Unterschied klarmacht. Ein Elektro-Meister machte das und sagte: „Privat bin ich viel mutiger und offener – also könnte ich das doch auch beruflich sein!"

Diese Einsicht reichte schon: Einsicht ist der erste Schritt zur Besserung. Denn die Hindernisse auf dem Weg zum Wandel sind oft rein mentaler Natur, weshalb sie sich auch meist rein mental ausräumen lassen. Es ist zwar lästig, wenn das Hindernis im eigenen Kopf sitzt. Doch es ist auch relativ einfach zu beseitigen. Denn nichts ist einem näher als der eigene Kopf.

7.9.2 Self-Modelling von Mut

Auch im Beruf sind wir oft mutiger als uns bewusst ist. Manchmal machen uns Angehörige oder KollegInnen darauf aufmerksam: „Wenn wir neue Werkzeuge bekommen, freust du dich immer wie ein Schneekönig, aber wenn wir den Auftragsdurchlauf digitalisieren wollen, moserst du?" – „Ja, aber das ist doch was ganz anderes!" Nein, das denkt der Betreffende lediglich und täuscht sich darin und diese Täuschung kostet ihn den Mut zu Neuem.

Im Coaching bringe ich Führungskräften oft bei, ihren Mut von Bewährtem auf Neues zu übertragen: Wenn man bei neuen Werkzeugen mutig und motiviert sein kann, kann man das auch bei einer neuen, digitalen Auftragsbearbeitung. Das muss einem lediglich klar werden – und man sollte diesen Skills Transfer, diese Übertragung von vorhandenen Fähigkeiten vom einen Kontext auf den anderen ein paar Mal üben und gut verankern. Dann klappt das auch mit Neuem, dem man sich bislang verschlossen hat.

7.9.3 Portionierung des Neuen

Der Einführung von Neuerungen stehen nicht nur mentale Blockaden entgegen – es gibt auch ganz konkrete physische. Viele Verantwortliche sind so skeptisch und übervorsichtig, dass sie zum Beispiel zu wenig verändern. So führt ein kleiner Spezialhersteller eine neue, hoch effiziente Fertigungsweise lediglich bei einem Produkt mit geringer Stückzahl ein: Dort funktioniert die Neuerung nach der üblichen Anlaufzeit. Doch alle im Betrieb sind immer noch skeptisch: „Die Stückzahl ist viel zu gering als dass sie aussagefähig für den gesamten Betrieb wäre!" Viele begehen auch den diametralen Fehler: Sie übernehmen sich.

Deshalb sagt eine Maxime des Change Managements: „Man sollte immer nur das Schlauchboot, nie die ganze Yacht versenken." Das heißt: Man kauft als kleiner Betrieb nicht gleich die neueste Technologie für einen fünfstelligen Betrag ein. Geht das schief, ist der Betrieb ruiniert: Die Yacht geht unter, weil man mit der Yacht experimentiert hat. Deshalb experimentiert man lieber mit einem Schlauchboot. Das heißt, man portioniert sein Pilot-Projekt so, dass es weder zu groß (riskant) noch zu klein (nicht aussagefähig) ist. Das klingt einleuchtend, doch auf diese Idee der Portionierung des Wandels kommen erstaunlich wenige – vor allem nicht die Enthusiasten und Beratergläubigen.

7.10 Vorsicht vor Enthusiasmus und Beratergläubigkeit

In Handwerk und Handel, bei kleinen und mittleren Betrieben herrscht zwar oft Skepsis gegenüber Neuerungen, Veränderungen und Wandel vor. Doch haben Misstrauen, Beharrungsstarre und Skepsis nur lange genug regiert, kippt die Gemütslage oft schlagartig und die Entscheider gehen „All in!" Sie stürzen sich dann in Mega-Investitionen, weil sie der Enthusiasmus gepackt hat: „Entweder ganz oder gar nicht!" Das ist nie klug. Und das wissen wir auch alle – wenn es einer unserer Kunden ist, der vom Enthusiasmus befallen ist.

7.10.1 Enthusiasmus ist gut, Gewissenhaftigkeit ist besser

Ein Ofensetzer erzählt: „Manchmal sind unsere Kunden total begeistert von der Idee, am neuen Kachelofen gemütliche Abende zu verbringen und schwärmen uns von ihrer Vorstellung in allen Details vor. Wir müssen dann aufpassen, dass wir uns nicht allzu sehr davon anstecken lassen. Denn wir wissen: Ob der Ofen nach der Setzung sauber durchzieht, hängt nicht vom Enthusiasmus beim Startschuss, sondern von der Gewissenhaftigkeit bei der Durchführung ab."

Enthusiasmus beim Wandel ist gut für die Motivation. Doch gut für den Erfolg des Wandels sind die üblichen handwerklichen Fähigkeiten: gute Planung, plausible Konzepte, bis zum Ende durchdenken, Risiken minimieren, Eventualitäten antizipieren, gute Leute einsetzen, gutes Material benutzen. Warum sollte das nicht auch für Neuerungen, den Wandel und neue Geschäftsmodelle gelten? Probleme treten immer nur dann auf, wenn man von den eigenen Vorstellungen derart in Beschlag genommen ist, dass man diese guten alten Tugenden vergisst oder vernachlässigt. Enthusiasmus kann auch gefährlich werden. Ehe- und Beziehungspartner wissen das oft besser als die eigentlichen Entscheider.

7.10.2 Schutz vor zu viel Enthusiasmus: Auf die Familie hören

Die Mutter einer Agentur-Inhaberin sagt: „Jedes Quartal einmal kommt meine Tochter mit einer ‚gnadenlos guten Idee' für ein neues Geschäftsmodell nach Hause. Meist hat sie eine gute Bekannte (die Geld dafür braucht) darauf ‚angefixt'. Sie ist dann immer so total aus dem Häuschen, dass sie sich schon Sorgen macht, was sie mit dem vielen Geld alles anfangen soll, dass sie mit dem neuen Modell erzielen wird. Ich muss sie dann oft richtig zwingen, etwas ins Detail zu gehen, geistig eine Roadmap anzulegen und erst einmal die nötigen Investitionen grob zu veranschlagen. Bei vier von fünf Ideen verfliegt der Enthusiasmus dann von selbst und auf Basis verlässlicher Plausibilitätsüberlegungen."

Enthusiasmus ersetzt keine Plausibilitätsprüfung von Modellen und Ideen. Enthusiasmus plus Prüfung ergibt ein zukunftsfähiges Konzept.

7.10.3 Berater wissen es nicht unbedingt besser

Ein kleiner Messgerätebauer, der sich mit Spezialmessungen eine Marktnische gebaut hat, besucht einen IHK-Workshop „Digitalisierung in der heimischen Wirtschaft". Dort wird auch über die Vernetzung von Messgeräten, Maschinen und Anlagen geredet: Vernetzt der Messgerätehersteller seine Messgeräte untereinander und mit seiner Zentrale, kann er seinen Kunden in einem komplett neuen Geschäftsmodell viele neue Beratungsleistungen und Optimierungslösungen anbieten. Weil er sich mit Vernetzung nicht so gut auskennt, holt sich der Inhaber des Unternehmens einen Berater an Bord.

Dieser empfiehlt das neue Geschäftsmodell mit Nachdruck. Der Inhaber investiert im mittleren fünfstelligen Bereich. Erst als er nach einigen Monaten auf seine vehement insistierenden MitarbeiterInnen hört, muss er zugeben: „Mit dem neuen Geschäftsmodell stehen wir in direkter Konkurrenz zu den IT-Schmieden, die sich mit Big Data und Smart Data viel besser auskennen als wir. Wir stehen damit auch in Konkurrenz zu den internen Abteilungen und Stäben des Kunden, die solche hoch sensiblen und geheimen Daten lieber unter Verschluss halten und selber auswerten wollen. Damit sich das neue Modell auch nur langfristig rentiert, werden wir bei derart harter Konkurrenz nicht genug Kunden dafür gewinnen können." Warum hat der Berater das nicht von Anfang an gesehen und gesagt?

7.10.4 Auch Berater haben eine Wirkungsgrenze

Weil er ein Berater für Vernetzung und Smart Data ist – kein BWL-Berater. Er hat die Daten im Auge – nicht die Marktlage. Er weiß, wie man Daten analysiert, nicht wie man Märkte und Konkurrenzsituationen analysiert. Vielleicht dachte er auch, dass Konkurrenzanalyse die Aufgabe seines Kunden sei.

Wie dem auch sei: Auch und gerade Berater sind wie Instrumente. Sie haben einen Wirkungsbereich und sie haben ihre Wirkungsgrenzen. Mit einem Hammer kann man keine Metallschraube einschrauben: Das kann der Hammer nicht. Beim Hammer ist die Wirkungsgrenze klar, beim Berater in der Regel nicht (weil er sie auch nicht plakativ vor sich herträgt). Trotzdem oder gerade deshalb sollte man sehr genau hinschauen, was ein Berater leisten kann und vor allem, was nicht.

Und man sollte immer sämtliche Aspekte des Konzeptes für ein neues Geschäftsmodell abdecken, auch und gerade die Wettbewerbslage. Berater sind gut, Beratergläubigkeit ist schlecht. Selber denken ist immer gut. Man sollte dem Berater das Beraten, nicht das Denken überlassen. Denn so begeisternd neue digitale Technologien und neue Geschäftsmodelle oft sind, mindestens genauso oft stellt sich bei gewissenhafter und umfänglicher Prüfung heraus: Die neue Technologie ist gut,

- aber für unseren Betrieb nicht geeignet.
- aber für unseren Betrieb nicht rentabel.
- aber die Anpassung an unsere Gegebenheiten wäre teurer als die Anschaffung der Technologie.
- aber die Vorteile, die sie uns verschafft, sind für unsere Prozesse nur marginal.

Und was für neue Technologien gilt, gilt auch für neue Geschäftsmodelle: Viele sind begeisternd, doch sie müssen auch zum Unternehmen, zur Belegschaft und zum Betriebsinhaber passen. Das sollte sorgfältig geprüft werden, bevor man sich auf ein Abenteuer einlässt.

7.11 Handwerk ist Zukunft

Gerade in unseren Zeiten der Digitalisierung machen viele Berater Technologie-Beratung: Sie erklären, wie toll das Digitale funktioniert und welche unglaublichen Chancen es bietet. Das gilt auch für Berater, die zu neuen Geschäftsmodellen beraten: Natürlich schildern sie das neue Geschäftsmodell in den schillerndsten Farben. Dazu braucht man übrigens nicht einmal einen Berater.

7.11.1 Nicht das Geniale entscheidet, sondern dessen Anwendung

Viele Inhaber, Geschäftsführer und Führungskräfte schaffen das auch alleine: Sie sehen die neue Technologie oder das neue Geschäftsmodell und sind total begeistert! Das spricht für ihren Unternehmergeist. Dieser ist schön und nützlich, aber nicht entscheidend.

Entscheidend ist nicht die Technologie-Beratung, sondern die Anwendungsberatung. Wer eine neue Technologie einführen möchte, sollte nicht nur wissen, in Erfahrung bringen und sich darüber beraten lassen, wie die neue Technologie funktioniert, sondern vor allem: Wie funktioniert das Ganze ganz konkret und spezifisch in unserem Unternehmen, mit unseren konkreten Prozessen und vorhandenen Strukturen? Wir kennen dieses Phänomen von ERP-Software (Enterprise Resource Planning): Die Software zur Steuerung des Unternehmens ist meist genial – aber die Anpassung des Betriebs an die Software ist ein Alptraum und kostet oft bedeutend mehr als die teuersten Lizenzen.

7.11.2 Fragen zur Anwendung und Umsetzung

Bevor Sie also eine neue Technologie einführen, prüfen Sie: Wie funktioniert diese nicht nur theoretisch und generell, sondern ganz praktisch und spezifisch in unserem realen Betrieb? Was passiert, wenn wir das mal gedanklich durchspielen? Wie sehen die einzelnen Anwendungen aus? Was müssen wir dafür anpassen? Und sind die Prozesse und Strukturen nach der Anpassung noch praktikabel, rentabel, flexibel, agil und kundenfreundlich?

Dasselbe gilt für neue Geschäftsmodelle, die a priori meist begeistern: Wenn Sie dieses Modell mit Ihren Mitteln und Gegebenheiten aufziehen würden, wie sieht das dann konkret aus? Wie sieht die Organisation aus? Die Finanzierung? Die Abläufe? Die Ausstattung mit Manpower? Das, was unterm Strich optimistisch – realistisch – pessimistisch geschätzt dabei herauskommen wird?

7.11.3 Wer handwerklich sauber arbeitet, wird belohnt

Diese Fragen nach Anwendung und Umsetzung von neuen Technologien und neuen Geschäftsmodellen sind so einleuchtend wie trivial, werden aber in der Hitze des Enthusiasmus, der Alltagshektik oder der Not meist nicht gestellt. Dabei sind sie keine Wissenschaft, kein Hexenwerk und keine Magie. Solche prüfenden Fragen nach der Feasibility, der Machbarkeit zu stellen, gehört schlicht und einfach zum Handwerk.

So gesehen hat Handwerk nicht nur in der gebräuchlichen Bedeutung Zukunft, sondern auch unter dem Aspekt der Zukunftskompetenz: Wer sich die Zukunft handwerklich sauber zurechtlegt, in allen wesentlichen Schritten und bis zur letzten benötigten Ressource, den hauptsächlichen Hindernissen und Risiken und hinunter bis in jede absehbare Konsequenz sauber durchdenkt, der und die wird eine gute Zukunft haben. Versprochen.

Das Zepter wieder in die Hand nehmen

Den Laden führen Sie – nicht Ihre Mitarbeiter

„Habe Mut, dich deines eigenen Verstandes zu bedienen."
Immanuel Kant

Zusammenfassung

Viele Inhaber besitzen zwar de jure einen Betrieb, doch sie führen ihn de facto nicht: Das machen ihre Mitarbeiter. Ohne dass das jemals so abgesprochen worden wäre. Es hat sich halt so ergeben. Mitarbeiter treffen Entscheidungen, die sie bei funktionierender Führung nie und nimmer treffen dürften – und der Chef kriegt das nicht mit. Das ist der sicherste Weg in eine unsichere Zukunft und geht meist nur so lange gut, bis es nicht mehr gutgeht. Natürlich muss der Chef nicht alles selber machen – aber (so gut wie) alles wissen, was in seinem Betrieb läuft. Er darf und soll Aufgaben(felder) delegieren – doch Delegation bedeutet nicht Führungsverzicht. Und Führung heißt nicht Kontrolle, sondern Prozessbegleitung mit Instrumenten wie dem Jour fixe, konstruktivem Feedback, Management by Walking around oder engen Rückkopplungsschleifen.

In einem Workshop, der denselben Titel trug wie dieses Kapitel, fragte ein Handwerksmeister ganz entsetzt: „Die Mitarbeiter führen meinen Betrieb? Wie das denn? Und woran merke ich das?" Während einige TeilnehmerInnen des Workshops sich das wohl auch fragten, grinsten andere und sagten: „Na zum Beispiel daran, dass Sie längst nicht alles wissen, was in Ihrem Betrieb abläuft."

8.1 Wissen Sie, was in Ihrem Laden läuft?

Und wir begannen gemeinsam, aufzuzählen: Die meisten Inhaber, Chefs und ihre Top-Führungskräfte wissen zum Beispiel nicht, wer von ihren Mitarbeitern zum jetzigen Zeitpunkt welchen Auftrag bearbeitet und vor allem, ob der oder die Betreffende von Zeit, Ressourcen, Zielen und Kosten her betrachtet im Plan liegt – ganz zu schweigen von den konkreten Problemen, die sich eventuell dabei ergeben haben. „Wenn die Probleme keine Show Stopper sind, erfahre ich als Chef nie etwas davon!", sagte einer der Chefs. Einerseits war er froh, dass er „solche Kleinigkeiten" nicht wissen musste. Andererseits hatte er ein mieses Gefühl, weil er den blinden Fleck dieses Nichtwissens als latent problematisch empfand. Worin liegt dieses Problem?

8.1.1 Mitarbeiter sollten mitarbeiten, nicht führen

Das Problem ist: Obwohl der Chef möglicherweise nichts davon erfährt, löst der Mitarbeiter die auftretenden Probleme bei der Auftragsdurchführung selber, von sich aus, ganz in seinem Sinne – nicht unbedingt im Sinne vom Chef. Auf gut Deutsch: Der Mitarbeiter lässt fallweise auch mal fünfe grade sein, selbst wenn der Chef allein beim Gedanken daran einen Koller kriegen würde. Aber der Chef erfährt das ja nicht. Höchstens auf dem Umweg über den Kunden, der mit der allzu bequemen oder eigensinnigen oder einfach nur hektischen Lösung des Mitarbeiters unzufrieden ist. Doch effektiv war es der Mitarbeiter, der den Auftrag gemanagt hat. Er hat das Zepter in die Hand genommen. Nicht der Chef. Selbstständig denkende und arbeitende Mitarbeiter sind gut. Mitarbeiter, die das Zepter an sich reißen, sind es nicht.

8.1.2 Was der Chef nicht weiß, macht ihn heiß

Der Chef weiß, was auf dem Bankkonto ist, weil er öfter draufschaut. Er weiß in der Regel nicht, wie viele Mitarbeiter er im Moment hat, wie viele bei der Arbeit und wie viele krankgemeldet sind – sobald die Anzahl der Mitarbeiter eine Handvoll überschreitet. Wirtschaftslaien finden das unglaublich, Insider eher bedauerlich. Ein Meister, der das ebenfalls eher unglaublich fand, meinte spontan: „Natürlich weiß ich, wie viele wir sind! Wir sind acht!"

Worauf ihn seine Frau korrigierte und sagte: „Nein, Schatz, die Silvia hat doch die Lehre abgebrochen." – „Was? Das wusste ich noch gar nicht! Warum sagt mir das keiner?" Gute Frage. Bessere Frage: Warum macht der Chef kein Management by Walking around, das ihn auch einmal die Woche bei den Azubis vorbeiführt? „Keine Zeit für sowas!" Ja, klar, doch die Kehrseite ist ein desinformierter Chef, der Aufgaben quasi hinter seinem eigenen Rücken delegiert hat, die nicht delegierbar sind; Chefaufgaben nämlich. Wer sich nicht um Chefsachen kümmert, gibt das Zepter aus der Hand.

8.1.3 Weitere weiße Flecken auf der kognitiven Chef-Landkarte

Der Chef weiß in der Regel auch nicht, was die meisten Mitarbeiter über ihn, seinen Führungsstil, seinen Laden und ihre berufliche Zukunft in diesem Laden denken. Er weiß nicht, ob und wie stark sie motiviert sind und ob seine Führungskräfte in seinem Sinne führen. Er kennt die Stimmung an der Basis nicht und ob und wie viele seiner Leute kurz vor dem Absprung sind. Er weiß auch nicht, ob und wie sehr die Kunden mit seinem Betrieb zufrieden sind und mit welchen Lieferanten seine Leute gut, weniger gut oder nur mit dem Messer zwischen den Zähnen zusammenarbeiten.

Er (oder sie) weiß oft nicht einmal (und das ist kein Vorwurf), was und wieviel wovon er aktuell produziert, denn er kennt weder die aktuelle Produktpalette vollständig und in aller Tiefe noch die täglichen Produktionszahlen. Das muss er auch nicht? Nicht, wenn er das Zepter gerne aus der Hand gibt. Doch genau das tut er oder sie damit. Das machen Sie auch so? Wie fühlen Sie sich dabei? Und sind Sie sich der Folgen bewusst?

8.2 Die Folgen des Führungsverzichts

Viele Chefs, die das Zepter aus der Hand gegeben haben, verlassen sich nolens volens darauf, dass alles so läuft wie immer und fragen fast trotzig: „Was wollen Sie denn? Läuft doch alles super!" Wenn man dann nicht sofort widerspricht und vielmehr eine Denkpause zulässt, kommt jedoch meist das Unbehagen hoch, das jeder gute Chef, jede gute Chefin oft schon lange unterschwellig mit sich herumschleppt.

8.2.1 Das miese Gefühl

Denn jeder gute Chef sieht zwar, dass oberflächlich alles so läuft wie immer. Doch das Bauchgefühl grummelt, weil er und sie genau weiß: Das, was er oder sie sieht, ist okay. Aber das, was er oder sie nicht sieht? Und weil ChefInnen meist ein gutes Gespür haben, kriegen sie trotz allem irgendwie doch grob mit, wie die Stimmung an der Basis, bei den Kunden oder den Lieferanten ist. Sie sammeln vage Eindrücke – aber eben keine verwertbaren und handlungsleitenden Erkenntnisse. Manche nehmen es ironisch. Die Inhaberin eines Familienbetriebs scherzte: „Ich komme morgens ins Foyer der Firma und bin schon froh, wenn mich überhaupt jemand erkennt und grüßt." Sie weiß genau: Sie ist weit weg vom Operativen. Das muss ein Chef zwangsweise sein. Doch es gibt einen Unterschied zwischen „weit weg" und „zu weit weg". Und dieser Unterschied wird nicht erst ab einer bestimmten Betriebsgröße virulent: Der Schwellenwert liegt niedriger als die meisten hoffen.

8.2.2 Der kritische Schwellenwert

Ich werde oft gefragt: „Ab welcher Größe wird denn ein Betrieb für den Chef unübersichtlich?" Die Antwort überrascht viele: Der Schwellenwert liegt rein empirisch betrachtet nur knapp oberhalb des Solo-Betriebs. Als in einem Seminar die meisten TeilnehmerInnen „so ab einem halben Dutzend Mitarbeitern" mutmaßten, sagte ein Inhaber bedrückt: „Das ist zu hoch gegriffen. Schon ab einem Mitarbeiter kannst du das Zepter total aus der Hand geben." Er sprach aus leidiger Erfahrung.

Er hatte jahrelang mit einem super Mitarbeiter zusammengearbeitet. Weil sie so ein tolles Team waren, lief das Geschäft (Installation) auf Hochtouren. Also teilte der Inhaber das Gebiet auf: Er übernahm die Stadt mit dem Firmensitz, der Mitarbeiter die 12 Kilometer entfernte nächste Stadt. Der Mitarbeiter war 15 Jahre lang absolut zuverlässig gewesen, hatte nie auch nur einen O-Ring mitlaufen lassen. Nach zwei Jahren mit der neuen Regelung war der Betrieb so gut wie ruiniert.

Der Mitarbeiter hatte hoch fünfstellig in die eigene Tasche gewirtschaftet, Kunden verprellt, Lieferanten betrogen und Schulden bei Dorfbanken aufgehäuft, für die er genau betrachtet gar nicht zeichnungsberechtigt war. Er war 15 Jahre lang ein absolut loyaler Mitarbeiter gewesen, doch die Versuchung der Quasi-Selbstständigkeit hatte ihn überfordert: Weil die Keksdose unbewacht war, hatte er reingegriffen. Erst sporadisch, dann immer öfter, dann suchtartig. Der Inhaber hatte ihm das Zepter für das Teilgebiet übergeben und der Mitarbeiter hatte das Zepter nicht im Sinne des Betriebs geschwungen, sondern es zum Pfandleiher geschleppt, versilbert und den Erlös auf der Rennbahn verspielt. Der Inhaber sagt: „Ich werde nie wieder einen Mitarbeiter zum Partner machen!" Sein Frust ist verständlich, doch frustriert zieht er die falsche Schlussfolgerung: Warum hat er jemandem blind vertraut, der niemals zuvor so eine große Verantwortung innegehabt hatte? Und ihm nicht früher auf die Finger geschaut? Sich regelmäßig mit ihm abgestimmt?

Ja, natürlich, weil: „Genau das wollte ich mir doch ersparen, indem ich ihn selbstständig arbeiten lasse. Deshalb haben wir das doch gemacht: Damit wir beide Zeit sparen!" Das haben beide. Sie haben Zeit gewonnen und die Kontrolle verloren. Beides sollte jedoch im Gleichgewicht stehen. Delegation heißt nicht Führungsverzicht.

8.2.3 Die Folgen verhindern

Wirklich blöd war, dass im konkreten Fall ein Mitbewerber es unter dem Druck der heißlaufenden Geschäfte analog angestellt und ebenfalls einen Mitarbeiter praktisch zum Partner gemacht und mit der Installation sämtlicher Renovierungsprojekte betraut hatte. Doch dieser Mitarbeiter veruntreute nichts. Weil der Chef das Zepter nicht komplett aus der Hand gab. Er gab dem Mitarbeiter zwar weitgehende Handlungsvollmacht für Einkauf, Terminplanung, Auftragsklärung und Auftragszeichnung (und sparte damit jede Woche Stunden). Doch einmal in der Woche machten sie für eine Stunde Jour fixe und besprachen Aufträge und Fortschritte, Kalkulationen, Termine und Budgets.

Und auch außerhalb des Jour fixe sprachen beiden miteinander und redeten über laufende Vorgänge, Probleme und Entwicklungen. Der Chef kontrollierte seinen Mitarbeiter zwar nicht, doch gab er ihm stets dezidiertes Feedback. Der Mitarbeiter fühlte sich nicht gegängelt, sondern wertgeschätzt und eben gut geführt. Der Chef hat das Zepter in der Hand behalten. Er hat Aufgaben delegiert, nicht die letztendliche Verantwortung dafür. Der Mitarbeiter arbeitet mit, der Chef führt weiter.

8.2.4 Wer weiß es?

Manchmal taucht die Frage auf: Wer von den Chefs ahnt, dass er das Zepter längst aus der Hand gegeben hat? Ich schätze den Anteil jener Chefs, deren Bauchgefühl ihnen sagt, dass sie bei weitem nicht alles sehen, was sie eigentlich sehen müssten, auf 80 Prozent. Zehn Prozent müssen sich dafür nicht auf ihr Bauchgefühl verlassen: Sie wissen zuverlässig, dass und was sie alles nicht überblicken.

Und die restlichen zehn Prozent? Die restlichen zehn Prozent haben ihren Laden voll im Griff und das Zepter in der Hand. Bevor wir zu diesen „Königen im eigenen Betrieb" kommen, betrachten wir kurz jene zehn Prozent, die ganz genau wissen, dass sie längst nicht alles sehen, was sie sehen sollten. Woher wissen die das so genau?

8.2.5 Sehen, was man sehen muss

Es gibt einen CIA auch in Ihrem Betrieb. Nein, nicht den US-Geheimdienst, sondern den Critical Incident Approach: Jene zehn Prozent Chefs, die genau sehen, dass sie nicht alles sehen, erkennen das an den sogenannten Critical Incidents, an den kritischen Vorfällen. Da macht zum Beispiel ein Mitarbeiter gegenüber einem Kunden eine Zusage, die bei der aktuellen Auslastung völlig illusorisch ist und das Ganze kommt zufällig heraus. Der Chef sieht daraufhin nicht den konkreten Vorfall, sondern erkennt dahinter auch alles, was er bei dieser Art von Prozessen nicht sieht: „Solche Zusagen darf der Mitarbeiter doch überhaupt nicht ohne Absprache machen! Wie viele davon hat er schon zugesagt, ohne dass ich das mitbekommen habe?" Und dann recherchiert der Chef, findet es heraus, erlässt eine entsprechende Prozessvorschrift („Folgende Kunden-Anfragen verlangen umgehend Rücksprache mit mir: …"), kontrolliert die Einhaltung derselben und hat damit was gemacht? Er hat das Zepter wieder zurück in seine Hand genommen. Und er ist heilfroh darüber! Der Mitarbeiter übrigens auch: Er übernimmt nur ungern das, was der Chef versäumt.

8.2.6 Gesagt bekommen, was man sehen muss

Ganz oft wissen die wissenden zehn Prozent es auch, weil sie Feedback aus ihrem Umfeld nicht wie die unwissenden 80 Prozent ignorieren, bagatellisieren, verdrängen oder abtun, sondern ernst nehmen. Eine Chefin erzählt: „Neulich fragt mich doch der Malermeister

Müller süffisant, ob ich bemerkt habe, dass einiges von unserem Dämmmaterial auf der Baustelle Schmitz Beine bekommen hat." Also tat sie das ungebetene und unangenehme Feedback nicht als „blödes Gerede" ab, sondern fuhr schnurstracks auf die Baustelle, zählte das Material nach, nahm sich den Montage-Trupp vor und regelte die Verantwortlichkeit fürs Material neu. Jetzt führt wieder sie das Zepter. Und alle finden das besser als den vorhergehenden „Jeder-darf-mal-Zustand".

8.2.7 Management by Walking around

Das ist eine weitere Möglichkeit, ganz genau zu wissen, wo man das Zepter aus der Hand gibt: Management by Walking around. Eben weil Chefs zwangsweise weit weg vom Operativen arbeiten, kann man die entstehende Entfernung durch „Herumlaufen" überbrücken. Erstens lassen viele in Versuchung geratene Mitarbeiter dann die Finger vom Zepter: „Lass das! Du weißt nie, wann der Chef hier wieder reinschaut und dir dann auf die Finger haut!" Und zweitens erkennt der Chef beim Herumwandern auch sofort, wo ihm das Zepter aus der Hand geglitten ist.

8.2.8 Ein gutes Netzwerk

Eine sehr arbeitssparende Methode, alles im Betrieb mitzubekommen, ist das Netzwerk. Meist sind Chefs in ihren Branchen und in der Gemeinde oder Stadt exzellent vernetzt – nur nicht im eigenen Betrieb. Die Azubis zum Beispiel hinterlassen die Lehrwerkstatt regelmäßig wie Sau, der gutmütige Ausbilder räumt ihnen hinterher – und der Chef erfährt nichts davon, weil Kollegen zwar untereinander, aber lieber nicht mit dem Chef reden. Wenn dieser intern schlecht vernetzt ist. Wie Thornton Wilder in „Die Iden des März" den Imperator des Römischen Reiches sagen lässt: „Ich könnte von hier bis Ostia auf einem Bein hüpfen und niemand würde das erwähnen – mir gegenüber!" Bei auch intern gut vernetzten Chefs ist das anders.

Da sagt ein Kollege des Lehrmeisters dem Chef, was in der Werkstatt läuft. Oder, wenn der Chef wirklich exzellent vernetzt ist, traut sich das sogar einer der Azubis, weil der Chef sich nicht zu schade ist, auch mit Azubis kollegial zu kommunizieren: „Chef, wie die KollegInnen vor dem Wochenende die Werkstatt hinterlassen, ist eine Sauerei. Der Meister ist einfach viel zu gutmütig!" Und dann lässt der Chef mal kurz „den Dampf rein" und macht was? Er holt sich das Zepter zurück, das ihm einige Azubis (!) entrissen hatten.

Es versteht sich von selbst, dass auch so ein Netzwerk etabliert und geführt werden muss, damit es frei von Denunziantentum, zeitnah, exakt, lösungsorientiert, verzerrungsfrei und umfänglich nach oben durchmeldet. Das macht etwas Arbeit, doch danach entlastet so ein internes Netzwerk den Chef und die Chefin ganz enorm. Haben Sie eines? Wie gut hält es Sie informiert? Wo und beim wem sollten Sie es feintunen?

8.3 Muss ein Chef alles wissen?

Ein Chef, der über seinen eigenen Betrieb nicht oder zu wenig Bescheid weiß, hat keine sichere, gute und erfolgreiche Zukunft. Denn zu viel geht ihm durch. Zu viele Fehler und Eigenmächtigkeiten, Regelverstöße und Mauscheleien bemerkt er nicht oder zu spät. Dito Verbesserungsvorschläge: Er kriegt sie oft gar nicht mit! Einmal abgesehen von den Kosten der übersehenen Fehler: Ein Chef, der nicht Bescheid weiß, ist auch ein Motivationskiller par excellence. Das leuchtet ein. Wirklich?

8.3.1 Ein Chef muss seinen Leuten auch vertrauen!

In Coachings und Workshops widersprechen Chefs manchmal. Sie sagen: „Ich muss und kann nicht alles wissen! Ich muss meinen Leuten auch vertrauen können. Dafür habe ich sie schließlich eingestellt!" Das stimmt – rein theoretisch.

Rein praktisch betrachtet leidet diese Annahme unter dem strukturellen Fehler eines asymmetrischen Beziehungsverhältnisses. Unter Gleichen funktioniert gegenseitiges Vertrauen eher. Doch der Mitarbeiter ist nicht gleich mit dem Chef. Er ist ihm unterstellt. Und wenn ein Chef seinen Unterstellten allzu viel Vertrauen entgegenbringt, dann wird das – in asymmetrischen Beziehungen – mit hoher Wahrscheinlichkeit ausgenutzt.

Die Versuchung ist einfach zu groß, auch mal fünfe grade sein zu lassen oder eigenmächtig Entscheidungen vom Zaun zu brechen, denn: „Mach das ruhig. Der Chef kontrolliert das nicht. Er sieht das nicht. Er vertraut uns ja." Ein Schelm, wer Böses dabei denkt …

8.3.2 Aus Vertrauen wird das Gegenteil

Oft schlägt das gegebene Vertrauen sogar ins Gegenteil um. Das sagen mir Mitarbeiter recht offen, wenn ich sie (ohne Beisein des Chefs) befrage: „Natürlich habe ich das eigenmächtig geregelt! Es interessiert hier ja keinen, was ich mache. Eigentlich ist das Sache vom Chef. Aber wenn er es nicht macht, mache ich es eben selber. Keinen juckt das! Keiner schaut danach!" Der Chef muss es nicht selber machen. Aber er muss danach schauen. Tut er es nicht, animiert er seine Leute praktisch zur Realisierung von Eigeninteressen. Die Versuchung ist einfach viel zu groß. Wer weiß, vielleicht würden Sie und ich es ähnlich machen, wenn sich keiner darum schert, was wir tun oder lassen …

Schaut der Chef chronisch und notorisch nicht nach dem, was seine Leute tun, lehnen diese sich zurück, vertuschen Fehler oder organisieren sich den Betrieb so, wie ihnen das am besten in den Tagesablauf passt. Und das muss nicht zwingend im Sinne von Chef, Betrieb und Kunde sein. Die Mitarbeiter sind nicht böse! Sie werden lediglich fahrlässig in Versuchung geführt. Schaut die Katze weg, tanzen die Mäuse auf dem Tisch. Eigeninteressen ersetzen dann die Führung.

8.3.3 Wegschauen hat Konsequenzen

Manchmal schaut der Chef jahrelang weg – und es geht jahrelang gut! Doch es geht eben nie gut aus. Wegschauen ist Zukunftsgefährdung erster Güte. Schaut der Chef weg, kann er seinen Betrieb nicht mehr oder nicht mehr richtig steuern. Auch ein Auto fährt selbst nach Ausfall der Servo-Lenkung noch eine Weile ziemlich gut und vielleicht sogar schnell. Doch die nächste Kurve kommt bestimmt und damit der vorhersehbare Unfall. Ein Ruder-Achter ohne Steuermann? Auch das ist unvorstellbar und endet in einer Havarie. Die Frage ist nicht ob, sondern wann und wo es zur Havarie kommt und ob mit Totalschaden. Schaut der Chef weg, ist ein Betrieb praktisch führerlos. Denn die Mitarbeiter mit dem Zepter in der Hand führen zwar, aber eben sporadisch bis vorwiegend nach Eigeninteressen. Wer möchte es ihnen verdenken?

8.3.4 Der Image-Schaden

Es spricht sich herum, wenn ein Betrieb mit schwacher Führung unterwegs ist. Das kriegen die Kunden doch mit! Und die Lieferanten, das Umfeld, die Konkurrenz, die Behörden, die Bank, die eigene Familie. Also im Grunde jeder – bis auf den Chef. Denn auch dabei schaut er lieber weg. Dadurch entsteht eine Negativspirale, die von außen angeheizt und von innen nicht wahrgenommen wird: akute Zukunftsgefährdung. Und doch gibt es immer noch Chefs, die einwenden:

8.3.5 „Ich muss nicht jede Schraube im Betrieb abgezählt haben!"

Natürlich nicht! Das verlangt auch niemand. Aber es gibt einen Unterschied zwischen „jede Schraube nachzählen" und „das Zepter aus der Hand geben". Die Wahrheit liegt in der Goldenen Mitte. Ganz sicher muss ich nicht die Schrauben einzeln nachzählen. Aber wenn bei einigen Aufträgen zum Beispiel die Nachkalkulation gerade im Materialbereich systematisch von der Vorkalkulation (und sei sie nur geschätzt) abweicht, dann muss ich schon das Zepter wieder in die Hand nehmen und eben in diesem und allen andern gleich gelagerten Fällen zur Abwechslung mal genauer hinschauen – Prinzip Stichprobe auf begründeten Verdacht hin.

Das ist Management by Exception: Normalerweise vertraue ich meinen Leuten. Doch wenn unerklärliche Abweichungen auftreten, dann schwinge ich ausnahmsweise (by Exception) mein Zepter so lange, bis wieder Klarheit und Ordnung herrscht. Genau das machen jene oben erwähnten zehn Prozent der Chefs, die ihren Laden voll im Griff haben. Wie machen die das?

8.4 Die berühmten zehn Prozent: Den Laden voll im Griff

Oft sagen es die Besucher der Firma: „Schon wenn du in die Lobby kommst, merkst du: Da steckt ein Zug dahinter! Im ganzen Betrieb!" Da ist alles an seinem Platz und die Mitarbeiter sind wach und engagiert. „Man merkt, dass da jemand drauf achtet. Da gehen

Schlampereien nicht durch!" Weil immer einer aufpasst – der Chef. Und weil das jeder weiß, passen auch alle anderen auf. Das ist der Kultur-Effekt.

8.4.1 Der Kultur-Effekt

Wenn der Chef genau hinschaut und nichts durchgehen lässt, stets sachlich, höflich und kollegial, aber immer doch dezidiert darauf hinweist, wie die Dinge zu laufen haben, dann internalisieren das seine Führungskräfte und Mitarbeiter. Sie achten dann selber drauf und müssen kaum mehr kontrolliert werden: Sie machen das selber. Sie lassen selber nichts mehr durchgehen und anbrennen, weil: „Der Chef sieht das doch sowieso!" Der Kopf steuert den Rumpf. Wenn der Chef oder die Chefin genau hinschaut, machen das über kurz oder lang auch alle anderen. Das ist wie beim Mannschaftssport: Die Handschrift von Trainer oder Kapitän ist unverkennbar am Verhalten der Mannschaft abzulesen. Jeder kennt einige Anekdoten zu diesem Phänomen.

8.4.2 Die Lobby-Anekdote

Eine der beliebtesten Anekdoten ist jene, wo der Chef morgens in die Lobby kommt und auf dem Boden ein Blatt vom Ficus entdeckt. Er latscht nicht achtlos drüber, sondern macht seine Empfangsdame freundlich aber dezidiert darauf aufmerksam: „So präsentieren wir uns nicht! Und wenn ich es sehe, sieht es auch jeder Gast und kriegt einen schlechten Eindruck von uns. Bitte heben Sie das Blatt auf und achten Sie ab heute sorgsamer auf alles, was in Ihrem Blickfeld vor sich geht." Das reicht schon. Notfalls bei anderem Anlass auch wiederholt.

Dafür muss man nicht den Kontroll-Freak herauskehren oder Big Brother, den Feldwebel, Erbsenzähler, Besserwisser oder Pedanten markieren. Freundlich, sachlich und mit Nachdruck auf etwas hinweisen genügt völlig. Seltsamerweise ist es genau die Pedanten-Angst, die viele Chefs davon abhält.

8.4.3 Die Angst des Chefs vorm Durchgriff

In Tiefeninterviews geben erstaunlich viele Chefs an, dass sie zu vieles durchgehen lassen, weil sie – wörtlich – „nicht als Sklaventreiber dastehen" wollen. „Man ist ja kein Unmensch!" Auch Chefs wollen gemocht werden und sympathisch wirken! Daran ist nichts auszusetzen, im Gegenteil.

Doch warum glauben viele Chefs nicht, dass man auf einen Missstand hinweisen und trotzdem höflich, sachlich und beziehungsfreundlich bleiben kann? Noch nie etwas von konstruktivem oder sogar Sandwich-Feedback gehört? Doch natürlich schon – (fast) jeder Chef kennt beides. Kennen, nicht können. Denn natürlich übt das keiner mit dem Chef. Und ohne Übung ist das wie mit dem Restberuf: Man kann immer nur, was man vorher geübt hat. Ganz oft trainieren wir das im Coaching. 20 Minuten reichen in der Regel. Ob Sie das im Coaching oder Do-it-yourself machen, bleibt sich im Grunde gleich. Im Coaching geht es lediglich schneller, bequemer und nachhaltiger.

8.4.4 Auch Erwachsene brauchen Erziehung

Ich erinnere Chefs, die ihr Zepter aus der Hand gegeben haben, regelmäßig daran, dass man Mitarbeitern notfalls so lange sagen muss, was von ihnen erwartet wird, bis sie es tun. Was höre ich oft als Erwiderung: „Ich kann doch meine Mitarbeiter nicht erziehen! Das sind doch alles erwachsene Leute!" Eben drum!

Jene zehn Prozent, die ihren Laden voll im Griff haben, vertreten die diametrale Ansicht: „Natürlich muss ich meine Leute auch erziehen! Wie jeder gute Mannschaftskapitän! Erziehung ist doch keine Schande! Wer sollte es ihnen denn sonst sagen, wo's langgeht? Die finden das nicht immer von alleine heraus. Ist doch auch grausam, Menschen derart auflaufen und in die Irre gehen zu lassen. Da sage ich lieber klipp und klar, was ich von ihnen erwarte!"

Und jetzt kommt der Clou dabei: Die Menschen, die Sie beziehungsorientiert und stets mit Respekt erziehen, honorieren das! Die sind Ihnen dankbar. Auch das sagen sie Ihnen häufig nicht direkt – dafür aber sich untereinander und mir. Ich höre ganz oft: „Unser Chef lässt dich nicht ins offene Messer laufen. Der sagt dir von vorne herein klar, was geht und was nicht und wie die Dinge zu laufen haben. Da kenne ich ganz andere Chefs! Von denen hörst du immer nur etwas, wenn du Mist gebaut hast – und dann falten sie dich zusammen, bloß weil sie dir vorher nicht klar sagen konnten, was sie von dir erwarten!"

Wer Erwartungen kommuniziert, führt. Und wer führt, erzieht. Das eine bedingt das andere. Man muss den Leuten schließlich sagen, was man von ihnen erwartet. Das ist nicht nur logisch, sondern geradezu ein Gebot der Höflichkeit und des gegenseitigen Respekts.

8.4.5 Und wieder: Das Zeitargument

„Ja, das ist mir schon alles klar!", sagen an dieser Stelle der Argumentation viele Chefinnen und Chefs. „Aber für Erziehung habe ich nicht auch noch Zeit!" Natürlich. Wer hat schon die Zeit dafür? Klar: Jene zehn Prozent, die ihren Laden im Überblick und im Griff haben. Woher nehmen die ihre Zeit?

Nicht etwa daher, dass sie pro Tag zwei Stunden extra hätten, sondern aus einer schlichten Plausibilitäts- und Prioritätsüberlegung: „Es gibt so viel Bagatellmist, um den ich mich kümmere. Aber wenn ich mir nicht die Zeit nehme, mir regelmäßig einen Überblick über alles zu verschaffen und meine Leute sauber zu führen, dann fahre ich den Laden über kurz oder lang an die Wand. Führung ist so wichtig, dass alles andere weniger wichtig ist. Führung ist die wichtigste Investition in meinen eigenen Betrieb. Immer nur den Bagatellmist zu erledigen sichert uns keine gute Zukunft!"

So ist das. Steht auch so in jedem Lehrbuch. Aber dass das ein Chef, eine Chefin nicht nur erkennt, sondern auch in die Tat umsetzt, ist schon was ganz Besonderes. Das schaffen nur die berühmten zehn Prozent. Gehören Sie dazu? Möchten Sie dazu gehören? Was können Sie dafür tun? Wo möchten Sie ab heute genauer hinschauen, wo Sie bislang ein Auge zugedrückt haben? In welchen Punkten möchten Sie Ihre Leute (besser) erziehen? Machen Sie eine Liste (im Kopf oder schriftlich oder auf dem Handy) und arbeiten Sie die Punkte von leicht nach schwer ab. Wo fangen Sie damit an?

8.4.6 Noch einmal: Das Zeitargument ist keines!

Natürlich stehen wir alle ziemlich unter Druck, unsere Aufträge und die „eigentliche Arbeit" zu erledigen. Zeitdruck, Erfolgsdruck. Trotzdem stellen wir dabei nicht das Atmen ein. Das eine ist eben dringend, das andere wichtig. Okay, viele kennen und machen diesen Unterschied nicht. Aber gehen wir einmal davon aus, dass der Unterschied klar ist: Dann muss ich das eine tun, darf das andere aber nicht lassen. Ich muss den Auftrag erledigen und nebenher atmen. Ich muss den Auftrag erledigen und nebenher das Zepter schwingen. Das ist der Pluspunkt dabei: Führen kostet nicht wirklich viel Zeit, wenn Sie es clever anstellen.

8.5 Das Zepter clever schwingen

8.5.1 Das Problem dort lassen, wo es aufgetreten ist

Viele Chefs führen nicht oft und gerne, weil das so viel Zeit frisst. Das liegt dann meist nicht an der Führung, sondern daran, dass der Chef zu viel dabei selber macht. Ein Beispiel: Eine Mitarbeiterin hat ein halbes Dutzend Vorgänge gegen die Wand gefahren. Und was sagt die Chefin?

Klar, sie spielt Feuerwehr: „Geben Sie die Unterlagen her! Muss ich denn hier alles selber machen?" Sie schwingt das Zepter – aber sie zieht gleichzeitig den Pflug. Das ist unklug. Denn sie ist kein Ochse. Sie ist die Chefin. Sie ist die mit dem Zepter – und keine Königin lässt sich vor einen Pflug spannen!

Wenn die Chefin die Problemlösung oder die Aufgabe selber übernimmt, frisst Führung natürlich mehr Zeit als wir alle haben. Aber das ist dann nicht Führung! Wenn die Chefin einer Sachbearbeiterin die Arbeit abnimmt und sich damit zur Sachbearbeiterin der Sachbearbeiterin macht, ist das keine Führung, sondern grober Unfug, der jedoch unter Vorgesetzten weit verbreitet ist; man spricht auch vom Feuerwehr-Syndrom.

Nachdem wir das im Chef-Coaching geklärt hatten, sagte die Chefin beim nächsten Mal zu einem Mitarbeiter, der sich eine Freiheit genommen hatte: „Wir sind uns beide einig, dass Sie das nicht hätten machen dürfen. Also wie bügeln Sie das jetzt wieder aus? Nein, das mache nicht ich für Sie. Sie haben die Milch verschüttet, Sie wischen Sie auf.

Natürlich helfe ich Ihnen dabei. Also wie haben Sie sich das vorgestellt? Gute Idee, machen Sie das so, aber bringen Sie dem Kunden als kleine Wiedergutmachung ein schönes Werbegeschenk mit. An was denken Sie? Gut, finde ich prima. Machen Sie das so – und machen Sie das dann nie wieder! Denn Sie wissen ja: Ich merke das und dann müssen Sie wieder zurückrudern." Haben Sie es bemerkt?

Die Chefin hat die ganze Arbeit von der Problemlösung bis zur Ausführung konsequent beim Mitarbeiter belassen. Das ist ein ehernes Prinzip smarter Führung: Das Problem dort lassen, wo es entstanden ist. Wer ein Problem macht/hat, soll es bitteschön auch lösen. Kein Mitarbeiter wird dadurch besser, dass man ihm die Arbeit abnimmt. Arbeit anweisen, nicht abnehmen – das ist Führung. Oder werden Sie dafür bezahlt, dass Sie Mitarbeitern Arbeit abnehmen?

8.5.2 Aber wenn der Mitarbeiter das nicht kann?

Wenn er damit überfordert ist? Dann hätten Sie ihm die Aufgabe erst gar nicht delegieren dürfen. Führung bedeutet auch: Die richtige Aufgabe an die richtige Person delegieren. So viele richtige Personen haben Sie aber nicht? Wer hat die schon!

Also nimmt man dem Mitarbeiter nicht die komplette Aufgabe weg, sondern nur jenen Teil, den er schon verbockt hat oder den er absehbar nicht schaffen kann. Das ist Führung: Der Chef macht das, nur das und ausschließlich das, was der Mitarbeiter kurzfristig nicht kann. Und langfristig sorgt er durch Coaching oder Weiterbildung oder Learning on the Job dafür, dass der Mitarbeiter morgen kann, was er heute noch nicht kann. Auch das gehört zur Führung. Dass das so selten gemacht wird, zeigt eben auch, dass in vielen Betrieben zwar immens viel gearbeitet, aber deutlich weniger geführt wird. Das muss nicht sein. Das lässt sich leichter abstellen als Sie denken.

8.5.3 Vorne anfangen: Klare Ansage

Führung beginnt vorne: noch bevor der erste Handstreich getan wird. Führung sagt den Geführten, noch bevor sie loslegen, was genau von ihnen erwartet wird. Welche Werte sie zum Beispiel bei der Arbeit verfolgen sollten (Kap. 3), welche übergreifenden Ziele (Kap. 2), welche Zuständigkeiten zu beachten sind (Kap. 1) oder wie die für die delegierte Aufgabe nötigen Prozesse ablaufen sollten (Kap. 6). Das klingt nach einer Menge Ansagen, doch wer das einige Male gemacht hat, weiß: Das ist in unter 60 Sekunden erledigt. Führung ist etwas anderes als Romane erzählen.

Führungskräfte, die diesen Namen verdienen und solche Ansagen praktisch schon immer machen, erledigen das aus dem Bauch heraus und aus dem Stand. Man weiß ja als Chef, worauf es ankommt und wo es Probleme geben könnte. Man kennt die Aufgaben und vor allem kennt man seine Pappenheimer.

Die Inhaberin eines Hausartikel-Geschäfts in der dritten Generation sagt: „Ich predige praktisch jeden Tag, wie ich mir die innere Haltung meiner Mitarbeiterinnen auf der

Verkaufsfläche vorstelle, was ich an Teamgeist erwarte und wie man mit unseren Kunden umgeht." Auch das ist ein Führungsprinzip: Gemacht wird, was angesagt wird. Und: Gemacht wird, was (oft genug und klar genug) wiederholt wird. Wie schon die alten Römer sagten: Repetitio est mater studiorum. Wiederholung ist die Mutter allen Wissens. Das klingt banal, macht aber in der Praxis Probleme.

8.5.4 Das Missverständnis ist der Regelfall der Kommunikation

Viele Führungskräfte klagen: „Aber ich habe meinen Leuten doch klar gesagt, was ich erwarte!" Frage ich dann die Mitarbeiter, die Mist gebaut haben, höre ich regelmäßig: „Ja, gesagt hat er schon was. Aber klar war das beileibe nicht – deshalb haben wir doch den Salat! Kann er nicht ein einziges Mal von vorne herein klar sagen, was er will und was nicht!" Merke: Wer unklar kommuniziert, merkt das meist nicht – die andern aber immer.

Ein Paradebeispiel: Der Inhaber eines Betriebs geht in Urlaub und sagt zu einem seiner Meister: „Aber denk dran: Wenn Kunde Müller anruft – den müsst ihr unbedingt mit Vorrang beliefern! Der ist extrem wichtig für uns! Wenn Kunde Müller nächstes Quartal nicht mit dem Großauftrag rüberkommt, kriegen wir Probleme!" Als der Chef aus dem Urlaub zurück ist, hat er fast einen Infarkt. Er zitiert den Meister zu sich und kanzelt ihn ab: „Wie können Sie dem Kunden 30 Prozent Rabatt einräumen? Sind Sie irre? Sie ruinieren den Betrieb!" – „Aber Sie haben doch klar und deutlich gesagt, wie wichtig der Kunde ist und dass er eine Sonderbehandlung bekommt." – „Aber doch nicht beim Rabatt! Ich wollte damit nur sagen, dass ihr alles stehen und liegen lassen sollt, sobald er anruft." Ja warum hat er das dann nicht gesagt? Weil er meinte, es gesagt zu haben. Gemeint ist aber nicht gesagt.

Die meisten Führungskräfte befürchten, dass sie ihre Leute zu heftig herumkommandieren. Das Gegenteil ist meist – aus Sicht der Mitarbeiter – der Fall. Die fragen sich bei fast jedem Auftrag: „Ich weiß ungefähr, was er will. Aber leider nur ungefähr. Den Rest muss ich mir selber zusammenreimen." Merke: Es gibt keine zu klare Kommunikation. Alles, was man sagen kann, kann man auch klar sagen. Leider hat das nie jemand mit Chefs geübt. Das lernt man übrigens auch nicht an der Universität. Aber hoffentlich dann im Workshop, im Coaching oder Do-it-yourself. Wo trainieren Sie?

8.5.5 Die Basiszahlen im Kopf

Wer führen will, braucht Zahlen. Die Basiszahlen genügen. Es geht um einen Auftrag? Dann muss der Führende wissen: Volumen, Termin, grobe Vorkalkulation, eingesetzte Ressourcen, absehbare Risiken, Hindernisse und Probleme, Meilensteine (fürs Nachhalten). Wer das nicht weiß, kann nicht führen. Aber das alles kann der Chef doch nicht für jeden Auftrag, jedes Projekt und jede Maßnahme im Kopf haben?

Soll er auch nicht. Er soll vielmehr jenen Mitarbeiter fragen, dem der Auftrag „gehört". Wird aber selten gemacht, weil: „Chefs fragen nicht. Chefs wissen alles. Und wenn sie es nicht wissen, fragen sie nicht." So denken viele Chefs und gefährden damit den eigenen Betrieb. Man sollte als Chef auch über den eigenen Schatten springen können und wollen. Immerhin gilt: Wer fragt, der führt. Das gilt auch für eine Schlüsselfrage der Führung.

Aber wenn der Chef den Mitarbeiter fragt, lügt der ihn dann nicht an? Das ist wie im TV-Krimi: Wer nachfragt, deckt Verlegenheitsschwindeleien binnen drei bis fünf Fragen auf. Immer. Mein Wort drauf.

8.5.6 Schlüsselfrage der Führung: Wie läuft's?

Wenn der Chef das fragt, was sagt der befragte Mitarbeiter dann? Natürlich: „Alles klar, Chef. Alles im grünen Bereich!" Und manche Chefs schlucken das! Ist das denn die Möglichkeit? Das ist keine Führung, das ist Chef-Veräppelung. Wer wirklich führen will, fragt nicht pauschal, sondern konkret: Wieviel Tage noch bis zum Endtermin? Und für wieviel Tage haben Sie eigentlich noch Arbeit? Reicht das Budget? Warum nicht? Können Sie die Ziele halten? Welche Probleme sind zwischenzeitlich aufgetaucht? Warum haben Sie das nicht früher gesagt? Wie werden Sie sie lösen? Was fehlt noch, damit auch ich mit der Problemlösung zufrieden bin?

8.5.7 Das Prinzip der positiven Verstärkung

Ganz oft höre ich in Betrieben an der Basis: „Vom Chef hören wir immer nur, wenn etwas schiefgelaufen ist." Ist ja auch klar: Fehler muss der Chef ansprechen. Alle Chefs machen das. Super-Chefs machen noch etwas anderes. Sie geben nicht nur negatives, kritisches Feedback (wenn etwas schiefgelaufen ist). Sie geben auch positives Feedback. Das ist Durchschnitts-Chefs zuwider.

Sie „führen" nach dem Motto: „Nicht gemeckert ist gelobt genug." Weil: „Sonst schwillt den Mitarbeitern der Kopf und die wollen sofort eine Gehaltserhöhung." Dazu sage ich nichts mehr. Dieser Blödsinn ist so alt, dass jene, die darauf reinfallen, auch noch an den Storch glauben, der die Babys bringt. Die Super-Chefs machen das anders. Sie handeln nach dem Motto: „Was gelobt wird, wird gemacht." Also loben sie. Dass das wirkt, ist wissenschaftlich erwiesen und heißt Operante Konditionierung. Probieren Sie das ruhig mal aus! Und wenn Sie es schon kennen: Reizen Sie es aus! Super-Chefs loben ein bis zwei Dutzend Mal am Tag. Wieviel schaffen Sie?

8.5.8 Das Prinzip der aktiven Rückmeldung

Zur Führung gehört auch, dass die Geführten sich weitgehend selber führen. Klingt leicht paradox, ist aber extrem effizient. Smart führende Chefs sagen zum Beispiel: „Wenn es Probleme gibt, melden Sie diese sofort bei mir – und präsentieren mir auch gleich einen

Lösungsvorschlag. Wenn Sie das nicht tun und darauf warten, dass ich selber auf das Problem stoße oder ein Kunde mir das erzählt – dann kriegen wir Ärger miteinander!" Klingt logisch? Einfach? Fast trivial? Ja. Warum wird das dann so selten gemacht?

8.5.9 Der Chef führt nicht. Der Chef pickt Rosinen

Eigentlich gehört es zum Job eines Chefs, dass er führt. Was machen viele Chefs stattdessen? Sie picken sich die besonders prestigeträchtigen Aufträge oder Kunden heraus und bearbeiten sie selber. Dann bleibt meist keine Zeit mehr zum Führen. Weil sie sich um Aufträge und Kunden kümmern, ums Operative. Oder wie eine Unternehmer-Gattin klagt: „Meiner ist lieber beim Kunden und fliest Prestige-Bäder als sich um die Führung der Mitarbeiter zu kümmern. Das bleibt meist an mir hängen." Wie das Sprichwort sagt: Keiner führt so schwach wie der, der nicht führen*will*.

In einer Werbe-Agentur zum Beispiel ist der Agentur-Inhaber ein super kreativer Kopf, der immer wieder komplette Werbekampagnen entwirft und sich in Text und Graphik austobt – obwohl er viele Texter, Graphiker und sogar eine Art Directorin hat. Er entwirft sogar Stellenanzeigen selber! Weil er immer derart ins Operative vertieft ist, erkennt er dann auch nicht, dass ein A-Kunde stinksauer ist, weil eine laufende Kampagne nicht bis zu dessen Branchenmesse fertig wird. Auch die eigenen Agentur-Mitarbeiter sagen es ihm nicht, weil: „Der Chef ist immer derart in seinen Story Boards und Texten vertieft – wir wollen ihn nicht stören!" Sie wollen ihn nicht beim Nicht-Führen stören. Derweil geht sein Betrieb über den Jordan wegen seiner Führungsabstinenz. Führen heißt: Raus aus dem Operativen! Und zwar eher geistig als zeitlich. Wer seinen Kopf auch mal raus aus dem Operativen streckt, braucht meist nicht viel Zeit, um mit einigen Richtungsweisungen den Leuten zu zeigen, wo's langgeht.

8.6 Was macht ein Chef?

Dass ein Chef führen muss, ist eigentlich jedem und jeder klar. Trotzdem machen es nur wenige. Schuld daran ist oft ausgerechnet das Ego vom Chef.

8.6.1 Das Ego vom Chef

Im Chef-Coaching höre ich oft: „Ich bin nicht Chef geworden, damit ich hier zwölf Stunden pro Tag ranklotzen muss. Dazu habe ich meine Mitarbeiter. So musste ich früher schuften. Deshalb bin ich jetzt Chef! Als Chef hat man es besser." Ich verstehe diese Einstellung – wir alle verstehen sie. Im Endeffekt jedoch führt so eine Einstellung zu dem, was ich dann von der Belegschaft höre: „Der Chef? Ja, den sehen wir höchstens zwei Stunden – pro Woche." Einen Betrieb mit zwei Wochenstunden führen? Wow! Doch das ist nicht einmal der eigentliche Führungsverzicht.

Es gibt auch jede Menge Mehrfach-Unternehmer, die zwei, drei oder sogar mehr Betriebe leiten – und dafür nicht mehr als jeweils zwei Wochenstunden Führung brauchen (der ganze Admin-Kram kommt natürlich noch hinzu). Denn um seinen Leuten zu sagen, was Sache ist, was erwartet wird, was ausgemerzt werden muss und welche Werte, Ziele und Prozesse eingehalten werden sollen – das braucht in einem Laden, der gut geführt wird, nicht wesentlich mehr als zwei Wochenstunden. So wenig zeitintensiv ist gute Führung. Man kann auch in zwei Wochenstunden seinen Laden im Griff haben. Wie geht das? Zum Beispiel mit Reporting.

8.6.2 Chefs lassen sich reporten

Ein Chef hat, im modernen Management-Sprachgebrauch, Direct Reports. Menschen, die direkt an ihn oder sie berichten. Und diese wiederum haben ihre Direct Reports. So berichten von unten herauf immer viele einem/r einzigen – und alle Berichtsempfänger sind glänzend informiert und können deshalb sauber führen. Ein Reporting-System ist praktisch die formelle Fassung des inoffiziellen Netzwerks (Abschn. 8.2.8). Viele kleine und mittlere Betriebe kennen das überhaupt nicht.

Oder ihr System produziert unnütze und zeitraubende Berichte, die keiner liest, weil sie keinen weiterbringen und nicht die Fragen beantworten, die beantwortet werden müssen. Dabei ist ein gut organisiertes Berichtswesen, das regelmäßig und zuverlässig alle relevanten Informationen nach oben meldet, die Basis jeder guten Führung. Richten Sie eines ein. Oder bringen Sie Ihres auf Vordermann/frau. Transparenz ist die conditio sine qua non für die Führung: die zentrale Voraussetzung. Transparenz wächst nicht auf den Bäumen. Sie kommt nicht von alleine. Sie will eingerichtet und institutionalisiert werden. Oder wie eine Chefin sagt: „Chefs informieren sich nicht. Chefs werden informiert." Auch das ist Führung.

8.6.3 Chefs wollen informiert werden – mit Nachdruck

Manchmal laufe ich mit Chefs durch ihren Betrieb (heißt Neuhochdeutsch „Shadow Coaching"). Sie unterhalten sich mit ihren Mitarbeitern und fragen unter anderem auch, wie es läuft – und alle sagen: „Alles Roger, Chef. Alles im grünen Bereich." Das kann ja gar nicht sein!

Also lasse ich den Chef schon mal in sein Büro vorausgehen, gehe zurück und unterhalte mich unter vier Augen noch einmal mit den Mitarbeitern und höre: „Unser Chef interessiert sich nicht wirklich für unsere Arbeit. Der hat ganz andere Sorgen! Die Bank oder sein Neubau oder was weiß ich. Soll ich so einen etwa mit meinen Sorgen belasten? Das bringt uns doch beide nicht weiter!" Das ist natürlich der Tod der vertikalen, der Bottom-up-Kommunikation und damit der Tod der Führung: ein desinteressierter Chef, der sich auf die Frage „Wie läuft's?" erkennbar bloß eine Alibi-Antwort abholen möchte. So funktioniert Feedback und so funktioniert Führung nicht. Nicht ohne Interesse und Engagement – von Seiten des Chefs!

Viele sagen auch: „Selbst wenn ich dem Chef sagen würde, was mich umtreibt – der versteht das sowieso nicht. Der lässt dann immer nur Sprüche ab wie: ‚Da müssen Sie durch!' oder ‚Lassen Sie sich was einfallen! Dafür bezahle ich Sie schließlich!' Herzlichen Dank auch! Da halte ich doch lieber die Klappe. Ist weniger peinlich für uns beide." Ertappen Sie sich auch manchmal bei solchen Killer-Sprüchen? Denken Sie daran: Sie bringen damit nicht Ihren Mitarbeiter auf Trab. Sie sabotieren Ihre Führungskompetenz, indem sie sein Feedback killen. Bevor Mitarbeiter dem Chef oder der Chefin sagen, was er und sie für die Führung wissen müssen, fragen sie sich:

- Wenn ich es ihm sage – versteht er mich?
- Tut sie meine Informationen ab oder kommt mit abgegriffenen Sprüchen?
- Interessieren ihn meine Arbeit und meine Probleme überhaupt?
- Und was passiert, wenn ich es ihr sage und sie versteht es und es interessiert sie – womit muss ich danach rechnen? Zahlt sie mir meine Offenheit heim? Lässt sie's mich büßen? Rächt sie sich gar? Spielt sie „Kill the Messenger!"? Dann doch lieber nicht.

Manchmal klagen mir Chefs: „Meine Leute informieren mich nicht richtig!" Das liegt meist nicht an den Leuten. Das liegt daran, dass der Chef lange vorher schon die Feedback-Bereitschaft und Offenheit seiner Leute mit flotten Sprüchen, Desinteresse und Rache-Akten gekillt hat. Meist unbewusst und unabsichtlich, aber umso wirkungsvoller. Es hilft dann, wenn der Chef lernt, sich selber zuzuhören und sich im Hinterkopf zu fragen: „Das, was ich gerade sage: Wie kommt das beim Gegenüber an? Wie würde ich reagieren, wenn ein Chef sowas zu mir sagt? Und wie kann ich das, was ich gleich sagen möchte, also so formulieren, dass es nicht einer Ohrfeige und einem Maulkorb gleichkommt?"

8.6.4 Chefs halten nach

Selbst wenn der Chef engagiert und interessiert an Feedback ist: Mitarbeiter halten gerne mit relevanten Informationen hinterm Berg. Schon aus reiner Vorsicht. Also halten Chefs nach. Sie fragen nach. „Wie oft?", werde ich manchmal gefragt.

Die Antwort kennen Sie schon: So oft wie nötig. Der Inhaber eines Eisenwarenhandels sagt: „Wenn in einer Abteilung bestimmte Dinge sichtlich schieflaufen, muss ich oft zwei, drei Tage lang immer mal kurz zwischendurch für ein paar Minuten bei mehreren Mitarbeitern nachbohren, bis ich schließlich das ganze Bild bekomme. Aber das ist es mir wert. Ohne diese Detektivarbeit ist es bloß Rätselraten. Und mit Rätselraten führt man keinen Betrieb." Oft fragt er zur Ergänzung dann auch Kunden und Lieferanten: Das rundet das Bild ab. Ein Chef, der fragt? Das ist selten, weil eine Berufskrankheit das oft verhindert: Chefs wissen alles. Chefs fragen nicht.

Es ist kein Rezept so einfach, dass es gewiefte Köpfe nicht gegen die Wand fahren könnten: Viele Chefs fragen tatsächlich – immer den Georg, weil das der Vertraute vom Chef ist. Deshalb erzählt Georg ihm nur, was der Chef hören will. Als ich dem Chef vorschlage, dass er auch mal jemand anderes als den Georg fragt und er das tatsächlich macht, ist er entsetzt, wie es wirklich in seinem Betrieb aussieht – seine Mitarbeiter sind es nicht. Sie sagen: „Endlich fragt er uns mal. Und nicht immer nur Papas Liebling."

8.6.5 Chefs kennen keine Tabu-Orte

Ich muss mir immer das Lachen verkneifen, wenn ich mit Chefs Rundgänge durch ihre Betriebe machen und beim Verlassen einer Abteilung hinter meinem Rücken höre: „Wer war das denn? Und wie hat die es geschafft, den Chef hier rein zu kriegen? Bei uns war er ja noch nie!" In Symmetrie dazu höre ich oft von Mitarbeitern: „Nee, ich weiß, wie mein Chef heißt. Aber wie er aussieht? Mein Abteilungsleiter und nicht der Chef hat mich eingestellt und der Chef war auch noch nie hier." Nein, das höre ich nicht bei Betrieben mit 20 Quadratkilometern Firmenareal, sondern schon in Firmen mit weniger als zwei Dutzend Mitarbeitern. Und der Chef wundert sich, dass er seinen Laden weder im Blick noch im Griff hat? An dieser Stelle ist wieder eine Anekdote fällig.

Viele ältere Beschäftigte erzählen mir: „Ich erinnere mich noch an den Senior-Chef. Der parkte immer hinterm Gebäude, obwohl der direkt neben dem Haupteingang seinen Parkplatz hatte. Dann ging er über die Rampe ins Lager und von dort aus durchs ganze Haus, bis er alle Abteilungen durchhatte. Das machte er jeden Morgen! Und begrüßte jeden mit Handschlag und hört jedem ein, zwei Minuten zu. Damals hielten wir das einfach nur für leutselig – aber der alte Hund wusste, warum er das tat: Es konnte keine Büroklammer runterfallen, ohne dass er das nicht mitgekriegt hätte. Der kannte sich noch aus im Laden. Aber der Neue – den setzt du drei Türen links von seinem Büro im Betrieb aus und er findet nicht mehr nach Hause!" Was soll man da noch sagen? Sicher nur eines: Dieser Betrieb hat keine Zukunft. Deshalb kursieren üble Sprüche wie: Die erste Generation baut den Betrieb auf, die zweite baut ihn aus und die dritte verspielt ihn. Wir wissen auch, wie.

Und nein, der Senior hatte damit kein Zeitproblem. Denn in 20, maximal 30 Minuten war er durch den kompletten Betrieb durch und wusste alles. Management by Walking around. Er wusste alles und korrigierte praktisch en passant, im Vorübergehen. Sein Nachfolger dagegen verliert Tage und Wochen mit Unternehmenskrisen, die der Alte nie erlebt hätte, weil er sich jeden Tag auf dem Laufenden hielt und jeden Tag ein bisschen führte und steuerte, so dass es gar nicht erst zu den Großkrisen kam, unter denen nun der Neue leidet und mit denen er sich brüstet. Und das Tollste daran: Kein Mitarbeiter fühlte sich „kontrolliert" oder gegängelt. Alle fühlten sich geadelt, wenn der Alte sie mit seiner intensiven Aufmerksamkeit beehrte. Das lag auch daran, dass der Alte noch zuhören konnte.

8.6.6 Chefs hören zu

Das tun „normale" Chefs nicht. Sie hören nicht zu, sondern sagen den Leuten, wo's langgeht. Mit dem Resultat, dass das, was sie da aus der Hüfte schießen, eben nicht auf den komplexen Sachverhalt ihrer Mitarbeiter passt. Der Mitarbeiter merkt das. Der Chef nicht. Weil er nicht zuhört. Deshalb hören gute Chefs zu.

Sie lassen den Mitarbeiter ausreden, steuern ihn mit Schlüsselfragen und kriegen so heraus, woran es wirklich liegt. Und dann erst sagen sie dem Mitarbeiter, wo's langgeht, weil sie es dann nicht aus der Hüfte geschossen, sondern verlässlich wissen. Oder sie fragen lieber gleich den Mitarbeiter, wie er die Sache lösen, angehen möchte. Wer das Problem hat, kennt sich oft am besten damit aus.

8.7 Was es bringt: Führung

Das Zepter wieder in die Hand zu nehmen, dazu brauchen Sie kein Zusatzstudium. Für einen guten Anfang reichen schon wenige Wochen. Lohnt sich das?

8.7.1 Die Vorteile eines Chefs mit Durchblick

Aber ja. Wer das Zepter wieder zu fassen kriegt, merkt das schon nach wenigen Wochen. Zum Beispiel beim Thema Innovation: Wer seinen oder ihren Betrieb wieder von A bis Z überblickt, innoviert sehr viel schneller, weil er oder sie gute Ideen von Mitarbeitern sehr viel eher mitbekommt und Verbesserungspotenziale selber schneller entdeckt.

Chefs mit Durchblick digitalisieren auch schneller, weil sie den Betrieb in- und auswendig kennen und daher aus dem Stand sagen können, welche Prozesse am ehesten digitalisiert werden können oder sollten, wo ein Virtual Assistant hingehört oder wo ein Bot sinnvoll wäre.

Wer das Zepter wieder in der Hand hält, trifft auch schnellere und bessere Entscheidungen, weil er oder sie sehr viel genauer weiß, wie es im Betrieb wirklich aussieht. Wer das Zepter hält, wird auch stärker respektiert: Ein Chef, der präsent und informiert ist, verdient mehr Respekt und Loyalität als einer, der seinen eigenen Laden nur vom Überflug her kennt.

Natürlich machen Betriebe, die von jemandem mit vollem Durchblick geführt werden, tendenziell auch mehr Umsatz und Gewinn. Sie sind zukunftssicherer.

8.7.2 Wie isst man eine Salami?

Weil die Vorteile eines Chefs mit Durch- und Überblick so überragend sind, sagen viele Chefs: „Ich nehm' das Zepter wieder in die eigene Hand! Ab morgen bin ich überall präsent und informiere mich über alles!" Das scheitert. Immer. Weil man sich dabei unweigerlich übernimmt. Niemand isst eine Salami am Stück. Fangen Sie langsam an. Schritt für Schritt. Die einfachen und leichten Schritte zuerst. Oder, falls es schon sehr spät ist, den wichtigsten Schritt zuerst: Was ist Ihnen allzu sehr entglitten? Wo brennt es? Worum sollten Sie sich zu allererst kümmern?

8.7.3 Das miese Gefühl ist weg

Die ersten Tage und Wochen ist es schon recht ungewohnt, wenn man den eigenen Betrieb wieder neu kennenlernt. Denn so intensiv hat man das vorher ja nicht gemacht. Sie werden dabei viele bislang übersehene Defizite entdecken. Aber auch vieles, was wirklich gut läuft. Vor allem werden es Ihre Leute super finden, dass sie den Chef, die Chefin jetzt wieder öfter zu Gesicht bekommen, dass Sie präsenter sind, souveräner auftreten.

Das alles führt dazu, dass Sie das miese Gefühl langsam verlieren. Das miese Gefühl, das von der Ahnung provoziert wurde, dass Sie eben nicht alles sehen, was im Betrieb abläuft. Es gibt einfach ein super Gefühl, wenn man spürt: Ich habe den Betrieb voll im Blick und voll im Griff! Ein gutes Gefühl? Bei manchen stellt sich das nicht so schnell ein. Eher die Angst.

8.7.4 Die Angst vor Ignoranz

Viele befürchten: „Aber wenn ich mich jetzt überall reinhänge, dann muss ich ja auch die Bilanz lesen können? Oder die Vertriebsstrategie von meinem Vertriebsleiter durchblicken? Ganz zu schweigen von der Buchhaltung: Das ist für mich ein Buch mit sieben Siegeln. Dafür hab ich doch meine Leute!" Das stimmt. Der Buchhalter kann die Bilanz viel besser lesen als Sie, als jeder Chef, jede Chefin. Doch der Buchhalter kann und darf zum Beispiel keine Investitionsentscheidungen treffen. Das kann und darf nur der Chef.

Also muss der Chef seine eigene Bilanz nicht wie ein Buchhalter verstehen, sondern lediglich dem Buchhalter, der sie versteht, so lange ein Loch in den Bauch fragen, bis der Chef sicher ist, dass die Bilanz die Investition trägt. Ein Chef hat seine Spezialisten nicht dafür, dass sie ihm das Zepter aus der Hand nehmen, sondern dass sie ihm helfen, das Zepter perfekt zu führen. Dazu gehört auch, dass sie ihn nicht mit Fachjargon zutexten, sondern verständlich beraten. Das nennt man auf Neuhochdeutsch das Please-advise!-Prinzip. Der Chef bittet seine Spezialisten, ihn zu beraten. Ein guter Chef lässt sich beraten. Ein schlechter weiß alles besser.

8.7.5 Ein starker Chef hat keine Angst zu fragen

Es ist nicht schlimm, wenn ein Chef seine Experten fragt. Er muss nicht alles wissen. Er muss lediglich wissen, wen er fragen muss. Auch das ist Führung: Wer fragt, der/die führt. Für viele Chefs ist das ein Ego-Problem: Der Chef muss alles wissen!

Das ist natürlich Käse, aber wer unter Ego-Blähung leidet, der glaubt sowas. Dabei sind wirklich starke Chefs und Chefinnen auch dafür bekannt, dass sie intelligente und tiefschürfende Fragen stellen. Ein beeindruckter Controller eines Mittelständlers sagt: „Unser Chef sagt dir nicht, wo du falsch liegst. Das braucht er nicht. Er stellt bloß zwei, drei seiner Röntgen-Fragen und du merkst selber: Mist, da lieg ich wohl daneben."

Es versteht sich von selbst, dass solche Chefs absolute Autoritäten sind und auch als solche respektiert werden. Außerdem haben sie Erfolg und eine sichere Zukunft. Weil sie den vollen Durchblick haben. Weil sie das Zepter fest in der Hand halten.

Führungskraft vs. Vorgesetzter

Vorgesetzte sind out: Gute Chefs führen

> *„Führungskräfte müssen akzeptieren können, dass sie in ihrer Gruppe Personen haben, die mehr wissen als sie selbst. Es ist für viele spezialisierte Mitarbeiter ein tragisches Ereignis, dass sie einen Vorgesetzten haben, der das Wissen von gestern und die Macht von heute hat. Man muss also auch Führung durch die Geführten in Fachfragen zulassen."* Lutz von Rosenstiel

Zusammenfassung

Dass der Chef der Chef ist, ist klar. Aber ist er oder sie eher Vorgesetzter oder eher Führungskraft? Der Unterschied hat gravierende Auswirkungen auf den Alltag und vor allem auf die Zukunft jedes Unternehmens: Vorgesetzte weisen an und kontrollieren – sie führen jedoch nicht. Doch ein Betrieb und seine Mitarbeiter, Lieferanten und Kunden wollen in die Zukunft geführt werden. Dazu benötigt es Führungskompetenz, die nicht mit der Beförderung in eine Position mit Personalverantwortung verliehen wird: Sie kann und muss erworben werden und zwar entlang des ganzen Kanons an Führungsfähigkeiten. Am einfachsten on the job, an den eigenen Fehlern und Führungsschwächen wie sie selbst wahrgenommen oder vom Umfeld rückgemeldet werden. Oder am Idealbild einer Führungskraft.

Eines ist sicher: Sie sind der Chef. Unsicher ist: Wenn Sie der Chef, die Chefin sind – sind Sie dann eher Vorgesetzter oder Führungskraft? Manche schauen mich in Workshops mit großen Augen an: Da gibt es einen Unterschied?

Dasselbe gilt natürlich für Ihr Führungsteam: Jene Ihrer Angestellten, die Ihre Mitarbeiter führen – was sind sie? Vorgesetzte oder Führungskräfte?

9.1 Das Chef-Dilemma

Wenn Sie mit Ihren Mitarbeitern sprechen: Sprechen Sie dann eher als Vorgesetzter oder als Führungskraft? Das ist ein Dilemma, dessen sich nur wenige Vorgesetzte bewusst sind. Und wenn Sie jemanden in eine Position mit Personalverantwortung befördern oder frisch einstellen – wen nehmen Sie da? Lieber eine Führungskraft oder eher einen Vorgesetzten?

Vielleicht lautet die bessere Frage: Wen nehmen Sie *häufiger*? Denn tatsächlich gibt es heutzutage kaum noch Führungskräfte – obwohl sich (fast) alle Vorgesetzten so nennen (lassen). Das Manko ist gravierend: Wenn ich eine Person einer anderen Person vorsetze, dann kann diese(r) Vorgesetzte vorsitzen – führen kann er oder sie deshalb noch lange nicht. Wir können einen Menschen zum Vorgesetzten ernennen. Zur Führungskraft jedoch kann man nicht ernannt werden. Führen muss man/frau können (und vor allem wollen).

Führen ist eine Fähigkeit. Eigentlich müsste es dafür eine eigene Ausbildung geben. Die gibt es in einigen mittleren und in den großen Unternehmen sowieso. Sie nennt sich Management Development, Führungskräfteentwicklung. Das ist schön, aber nicht nötig. Führen ist wie Tennisspielen: Das kann man/frau sich auch gut und gerne selber beibringen, anlernen, ausprobieren. Leider passiert das viel zu selten. Woran wir das merken?

9.1.1 Der Führungsmangel

Wer wissen möchte, woran es der Führung in seinem/ihrem Betrieb mangelt, könnte dafür ein extrem unpopuläres Mittel einsetzen. Nur die wenigsten haben den Mut dazu: Frag die Mitarbeiter! Sie äußern sich oft erhitzt und polemisch – weil der Mangel schon so lange andauert. Doch ihre Wut und ihr Frust haben natürlich gravierende sachliche Hintergründe. Wenn ich Mitarbeiter danach frage, wie sie mit der Führung ihrer Chefs zufrieden sind, sind die häufigsten Nennungen:

- „Der Chef ist nett und kollegial – aber er entscheidet viel zu langsam!" (Entscheidungskompetenz)
- „Wenn etwas schiefgeht, bläst dir die Chefin den Marsch. Von Sandwich-Feedback hat sie noch nie was gehört." (Kommunikative Kompetenz)
- „Er ist ein Macher. Mit Menschen kann er nicht so." (Soziale Kompetenz)
- „Sie klebt total am Heute. Wie der Laden in zehn Jahren aussehen soll, weiß keiner." (Zukunftskompetenz)
- „Er entscheidet halt alles alleine." (Teamkompetenz)
- „Sie weiß im Grunde alles. Sie kann es nur leider nicht so erklären, dass es wir oder die Kunden verstehen können." (Methodenkompetenz)
- „Er erreicht immer, was er will. Er geht dabei aber über Leichen."(Beziehungskompetenz)

Das sind schwere Mängel, die einen Vorgesetzten erst einmal nicht interessieren. Denn es sind Führungsmängel. Er oder sie führt jedoch nicht. Er oder sie sitzt vor. Vielen Vorgesetzten sind ihre Führungsmängel noch nicht einmal bewusst, weil sie viel zu sehr mit managen und organisieren beschäftigt sind. Fürs Führen haben sie keine Zeit. Was verständlich ist. Deshalb entgehen ihnen auch weitere Führungsschwächen.

Führungskräfte denken grundsätzlich positiv, konstruktiv, vorwärtsgerichtet. Denn „Führen" funktioniert nur nach vorne. Vorgesetzte dagegen denken oft und gerne rückwärts: „Wer hat das schon wieder verbockt? Warum funktioniert dies immer noch nicht? Woher kommen die schlechten Zahlen?" Vorgesetzte denken gerne problemverhaftet, Führungskräfte denken lösungszentriert. Diese Unterschiede sind extrem schwarz/weiß?

9.1.2 Wir alle sind ein wenig vorgesetzt

Im beruflichen Alltag sind die Unterschiede natürlich nicht so krass: Jeder Chef hat von beidem etwas in sich. Das ändert sich je nach Situation. Mal führen wir uns wie ein Vorgesetzter auf, mal führen wir tatsächlich. Leider ist das ungleich verteilt: Die meisten Personalverantwortlichen stecken 80 bis 90 Prozent der Arbeitszeit im Vorgesetzten-Modus fest. Das merken MitarbeiterInnen.

Taucht ein Problem auf, sagt der typische Vorgesetzte: „Das darf doch nicht wahr sein! Auch das noch! Wer hat mal wieder nicht aufgepasst?" Eine Führungskraft sagt genauso selbstverständlich: „Okay, das lief schief. Was schlagen Sie vor? Was haben Sie schon probiert? Was könnte funktionieren? Was brauchen Sie dazu? Und halten Sie mich bitte auf dem Laufenden." Würden wir nicht alle lieber auf diese Weise geführt werden?

9.1.3 Der Selektionseffekt

Eine Führungskraft stellt andere Mitarbeiter ein als ein Vorgesetzter. Ein Vorgesetzter stellt tendenziell KandidatInnen ein, die weniger wissen als er (damit sein Status nicht bedroht wird). Außerdem stellt er oder sie bequeme KandidatInnen ein, weil er oder sie mit subversiven Kreativen, genialen Innovativen, progressiven Changemakern, High Potentials, Hochtalentierten, Achievern und Querdenkern nicht umgehen kann und nicht mag (mangels Führungskompetenz). Diese Einstellungspraxis ruiniert jeden Betrieb auf Dauer: Mitläufer gestalten die Zukunft nicht.

Führungskräfte dagegen stellen stets die bestmöglichen KandidatInnen und möglichst unterschiedliche Charaktere ein. Denn heterogene Teams bringen die besten Ergebnisse: Ein Team aus ausschließlich Kaufleuten ist genauso betriebsblind wie ein Team von lauter Ingenieuren. Ein heterogenes Team hat so gut wie keine Schwächen. Vorgesetzte klonen sich (meist unbewusst) beim Einstellungsprozess selbst, Führungskräfte stellen viele ein, die so ganz anders sind als sie selbst, weil sie wissen: Sie ergänzen sich mit ihren Unterschieden gegenseitig perfekt. Natürlich würde es einem Vorgesetzten nichts nützen, heterogen einzustellen: Er oder sie kann heterogene Teams nicht führen. Die Gruppendynamik würde ihm oder ihr um die Ohren fliegen und dabei seinen oder ihren Status beschädigen.

9.1.4 Der Mensch in der Gleichung

Einen Vorgesetzten interessiert der Mensch hinter dem Mitarbeiter nicht wirklich. Er ist eher an seiner Präsenz, seiner Leistung und seinen Ergebnissen interessiert. Eine Führungskraft dagegen weiß: Das eine ist Voraussetzung, Enabler, Hebel und Treiber des anderen. Wobei das mit der Leistung noch nicht einmal so sicher ist.

Viele MitarbeiterInnen runzeln an dieser Stelle nämlich die Stirn und sagen: „Ist er denn überhaupt an meiner Leistung interessiert? Ich glaube eher, dass er von uns einfach nur alles abgreift, was ihn in ein gutes Licht rückt. Haben wir zum Beispiel eine gute Idee, tut er sie oft als abwegig ab. Drei Wochen später schlägt er sie als seine eigene vor." Diese verbreitete Taktik nützt dem Vorgesetzten kurzfristig. Langfristig ruiniert sie den Betrieb. Dass bestimmte Betriebe immer die guten Leute abbekommen, obwohl sie keine Spitzentarife bezahlen, hat seinen Grund. Umgekehrt wundern sich viele Inhaber, wofür sie ihre Leute so deutlich über dem Branchenspiegel bezahlen müssen, um welche zu bekommen: Das ist Schmerzensgeld für erlittene Führungsmängel (aus Sicht der Mitarbeiter).

9.1.5 Der reine Vorgesetzte ist schädlich fürs Unternehmen

Der Vorgesetzte ist hauptsächlich an seinem Status als Vorgesetzter interessiert. Deshalb stellt er oder sie auch Mitarbeiter ein, die nicht deutlich mehr auf dem Kasten haben als er oder sie. Lebt der typische Vorgesetzte diese Status-Tendenzen typischerweise aus, ist er geradezu gefährlich für ein Unternehmen. Reine Vorgesetzte sind Erfolgsbremser und Strukturblockierer. Sie sind ein Hindernis auf dem Weg in die Zukunft eines Unternehmens, weil sie Veränderungen eher bremsen und verhindern wollen. Denn Veränderungen jedweder Art könnten ihre Macht und ihren Status bedrohen.

Wobei „Macht" für einen Vorgesetzten etwas anderes bedeutet als für eine Führungskraft, die ebenfalls mächtig ist, jedoch Macht ganz anders einsetzt: mitarbeiter-, lösungs-, kunden-, zukunfts- und beziehungsorientiert. Macht wird für gute Lösungen eingesetzt und nicht dafür, den eigenen Status zu sichern. Beim Vorgesetzten gewinnt also immer nur einer: er oder sie. Bei der Führungskraft gewinnen alle und alle ziehen deshalb an einem Strang. Vorgesetzte managen. Führungskräfte motivieren – allein durch die Art und Weise, wie sie führen. Vorgesetzte demotivieren allein durch die Art und Weise, wie sie nicht führen.

9.2 Gehen Sie in Führung!

Man sieht auf den ersten Blick, ob man einen Vorgesetzten oder eine Führungskraft vor sich hat. Beide verraten sich zuverlässig mit verräterischen Zeichen. Zum Beispiel bei Abnahmen auf dem Bau, wenn mehrere Gewerke abgenommen werden. Fehler werden dabei immer aufgedeckt; das ist unvermeidbar. Sprechen Architekt, Bauleiter und Bauherr die

Fehler an, haut der Vorgesetzte des jeweiligen Gewerk-Teams seine eigenen Leute in die Pfanne: „Das haben die Idioten mal wieder versaut. Ich kann das denen hundertmal sagen!" Die Führungskraft stellt sich vor Dritten immer und bedingungslos vor ihre Leute: „Das war nicht unser Fehler allein. Aber selbstverständlich helfen wir, das auszuräumen." Wessen Mitarbeiter sind wohl motivierter? Hängen sich mehr für ihn oder sie rein? Reißen sich auch mal ein Bein für den Chef aus? Haben gute Ideen? Sind innovativ und engagiert? Rhetorische Fragen.

9.2.1 Führungsfehler sind Trainingscamps

An dieser Stelle der Argumentation sagen viele (gute) Chefs: „Ich halte mich eigentlich für einen guten Chef. Aber dass ich meinen Leuten vor Kunden den Schwarzen Peter zuschiebe – dabei ertappe ich mich auch manchmal! Das will ich aber nicht! Ich möchte ein guter Chef sein! Wie werde ich das?"

Indem Sie solche kritischen Episoden nicht verdrängen, sondern bewusst wahrnehmen und – sich Besserung geloben? Das ist unnütz. Ein guter Vorsatz allein hat noch nie Verhalten verändert. Wir müssen das, was wir anders machen wollen, anders machen. Es so lange „trocken" üben, bis wir es auch im Ernstfall können. Wir üben das im Training oder im Workshop regelmäßig: „Okay, da haben Sie den Mitarbeiter ziemlich zur Schnecke gemacht. Wie hätten Sie die Sache klar ansprechen können, ohne dass der Mitarbeiter sich wie ein Idiot vorkommt?" Und dann probieren wir die Formulierungen durch. So lange, bis eine passt. Dann üben wir diese. So lange, bis sie „sitzt". So einfach kann Führungskompetenz sein.

9.2.2 Lass dir raten!

Was passiert, wenn man den Chef kritisiert? Die ehernen Prinzipien des höheren Managements treten in Kraft. Prinzip 1: Der Chef hat immer Recht. Prinzip 2: Hat der Chef einmal nicht Recht, tritt Prinzip 1 in Kraft.

Das ist polemisch? Leider nicht – und dafür können Chefs nichts. Jeder Mensch wird mit verschiedenen kognitiven Abwehrmechanismen geboren. Kritisiert man uns, dann verdrängen oder verleugnen wir die Kritik, rechtfertigen uns, machen den Kritiker lächerlich oder bagatellisieren seine Kritik. Wie gesagt: Das ist menschlich und normal. Übermenschlich ist es, uns diesen Neander-Reflex zu verkneifen und das Körnchen Wahrheit selbst in überzogener Kritik zu finden. Führungskräfte können das. Warum? Weil sie es wollen. Der Unterschied ist so simpel wie gravierend.

Der Vorgesetzte sagt: „Ach meine Frau! Sie meint es gut, hat aber keine Ahnung, dass unsere Leute mir auf dem Kopf herumtanzen würden, sobald ich sie zu viel lobe." Die Führungskraft dagegen sagt: „Ich bin meiner Frau dankbar dafür, dass sie mich zeitnah daran erinnert, wenn ich mal wieder nicht anerkannt habe, was Anerkennung verdient hat.

Sie ist mein Korrektiv. Sie ist der Watson zu meinem Sherlock." Der Unterschied zwischen beidem ist himmelweit – im Resultat. Beim Input ist er minimal: Es braucht nur guten Willen, einen Ruck, den inneren Entschluss, sich auf Kritik einzulassen, in Führung gehen zu wollen. Schon gefasst? Diese Entschlussabhängigkeit gilt auch für alle anderen Führungskompetenzen.

9.2.3 Führungskräfte wollen

Führungskräfte wollen. Sie wollen führen. Sie wollen besser werden. Sie wollen Kritik ernst nehmen. Sie wollen ihren Betrieb und ihre Kunden voranbringen. Sie wollen viel. Der typische Vorgesetzte will nur eines: Seine Position, Macht, Status und Karriere sichern. Wenn es um konkrete Entscheidungen in Ihrem Führungsalltag geht: Worum geht es Ihnen vordergründig? Und vorrangig? Wollen Sie, dass niemand an Ihrem Nimbus kratzt? Dass die Arbeit erledigt wird? Oder wollen sie führen? Es klingt fast zu einfach, doch wer sich solche Schlüsselfragen regelmäßig stellt, wird fast automatisch eine bessere Führungskraft.

9.2.4 Führungskräfte entscheiden

Führungskräfte sind entscheidungsfreudig. Sie treffen Entscheidungen dann, wenn und wie sie nötig sind. Der Vorgesetzte sichert sich erst einmal nach allen Seiten ab, sitzt die Entscheidung aus und versucht, jedes Risiko zu minimieren. Denn Risiken bedrohen seinen Status. Deshalb entscheiden Vorgesetzte in der Regel zu wenig und zu spät. Oder sie delegieren Entscheidungen nach unten durch: „Machen Sie mal! Sie haben mein vollstes Vertrauen!" Das ist bescheuert?

Schön, wenn Sie das finden. Das spricht für Sie. Und dafür, dass Sie kein Vorgesetzter, sondern eher Führungskraft sind. Denn in der Wolle gegerbte Vorgesetzte sagen an dieser Stelle regelmäßig: „Wieso soll das falsch sein? Dafür bezahle ich doch meine Leute, dass sie mir Arbeit abnehmen!" Arbeit – ja. Aber doch keine Entscheidungen. Entscheidungen sind Chefsache. Vorgesetzte delegieren. Führungskräfte entscheiden selber. Und haben Spaß daran. Denn Entscheidungsfindung ist ein Privileg. Für Vorgesetzte ist sie eine Last, für Führungskräfte eine Auszeichnung. Nur wer entscheidet, hat das Sagen.

9.2.5 Führungskräfte führen emotional

Ein guter Vorgesetzter gibt seine Gefühle an der Zeiterfassung ab: „Job ist Job und Schnaps ist Schnaps!" Führungskräfte dagegen führen auch mal emotional, weil sie wissen, dass sie Kunden begeistern müssen, Mitarbeiter verstehen und Geschäftspartner in ihrer Befindlichkeit abholen müssen. Eine gute Führungskraft weiß, dass der Mitarbeiter gerade ein krankes Kind zu Hause und der Kunde letzte Wochen einen Riesen-Deal gelandet hat – und spricht das so emotional wie geboten an. Den Vorgesetzten interessiert das nicht so sehr. Er hat nur ein Interesse. Inzwischen kennen Sie es; aus der Anschauung, hoffentlich.

Natürlich haben wir uns alle an Vorgesetzte gewöhnt! Schließlich gibt es so viele von ihnen. Aber begeistern und zu Höchstleistung anspornen tun sie uns nicht. Das erklärt, warum manche Betriebe permanent Höchstleistung bringen und andere eben nicht. Der Chef macht's. Wenn er oder sie führt.

9.2.6 Generalentschuldigung

Falls Sie der Meinung sind, dass Vorgesetzte hier schlecht wegkommen: Es gibt eine einfache Erklärung dafür. Vorgesetzte können nichts dafür. Wenn sich ein Mensch statusgetrieben, emotionslos, beziehungsindolent, entscheidungsallergisch und kritikunfähig verhält, tut er das selten aus Sadismus und Menschenfeindlichkeit, sondern aus einer inneren Not heraus.

Sie leiden an einem tief und meist unbewusst empfundenen Mangel an Anerkennung, Selbstwert, Selbstorganisationsfähigkeit, innerer Sicherheit und Souveränität, Affektkontrolle und seelischer Balance. Das heißt nicht, dass wir ihr Verhalten entschuldigen sollten. Es heißt lediglich, dass es sinnlos ist, ihnen Vorwürfe zu machen: Das hilft weder ihnen noch uns. Sie leiden oft mehr als ihre Opfer. Sie geben ihren Leidensdruck lediglich an ihre Opfer weiter.

Manche nutzen ihren Leidensdruck anders: Anstatt ihn an ihren Opfern auszulassen, empfinden sie den Leidensdruck als so hoch, dass sie beschließen, sich zu ändern. Das ist ihre Chance, der persönlichen Hölle zu entkommen – und unsere Chance, einen besseren Chef zu bekommen.

9.2.7 Führungskräfte nutzen Chancen

Machen das nicht auch Vorgesetzte? Nicht in der Regel und nicht gerne. Der Vorgesetzte sieht erst mal die Chance nicht, denn er ist ein „Problembär", wie ihn seine Mitarbeiter (und Angehörigen) oft hinter seinem Rücken nennen: Bei allem, was angepackt werden muss, sieht er erst einmal das Problem, die Risiken, die Kosten, Nachteile und Bedrohungen. Er hat immer erst etwas einzuwenden. Auch das fördert seinen Status: Wer bremst, bremst andere aus, ist also wichtiger als sie (so zumindest die unbewusste Ratio des Vorgesetzten). Dass man mit dieser extremen Risiko-Aversion die Innovationskraft eines Betriebs amputiert und seine Zukunftschancen ruiniert, ergibt sich von selbst.

Der Vorgesetzte sucht tendenziell am liebsten nach Fehlern, die Führungskraft nach Lösungen, Optionen, Chancen, Möglichkeiten, Auswegen und Perspektiven. Wie halten Sie's damit? Die dichotomische Frage macht hier keinen Sinn: Niemand denkt „entweder – oder". Wir alle denken mal in Chancen, mal in Risiken. Deshalb ist die Frage nach der persönlichen Verhaltenshäufigkeit sinnvoller: Denken Sie häufiger in Lösungen oder in Problemen? Wie häufig? 60:40? 80:20? Welches Verhältnis wäre sinnvoll? Wie wollen Sie dahin kommen?

Der Vorgesetzte ist ein Sicherheitsfanatiker. Alles muss fünfmal durchgerechnet, abgecheckt und abgesichert sein, bevor er sich entscheidet, sonst könnte ja seine Position bedroht sein – in seinen Augen. Dass die Welt um ihn herum moderate Risk Taker mehr schätzt und honoriert, versteht er ebenso wenig wie das Sprichwort „Das Glück belohnt die Mutigen".

9.2.8 Führungskräfte leben Fehlerkultur

Wenn ich von Betrieben gerufen werde und mit dem Chef durch die Büros, Hallen und Werkstätten gehe, werden wir fast immer mit Fehlern und Problemen konfrontiert. Vorgesetzte reagieren spontan wie? Natürlich: „Was soll denn das nun wieder? Kriegt ihr das nicht besser hin? Wer hat das verbockt?"

Eine Führungskraft reagiert wie? Wer's ahnt, ist auf bestem Wege. Oft höre ich zum Beispiel: „Hoppla, das können wir doch besser! Was meint ihr? Was schlagt ihr vor? Okay, gute Idee, aber mit ein bisschen … könnte es noch besser gehen. Macht das so und sagt mir dann Bescheid." Kein großes Ding, aber mit großer Wirkung. Welche von beiden Versionen findet sich öfter in Ihrem Sprachgebrauch?

Vorgesetzte suchen Schuldige, Führungskräfte Lösungen. „Aber man darf die Leute doch nicht damit durchkommen lassen, sonst lernen sie es nie!" – sagt wer? Und wer sagt: „Dass das ein Fehler war, wissen meine Leute auch. Die sind a) nicht blöd und haben das b) doch nicht absichtlich gemacht – ich bitte Sie! Also Schwamm drüber und zur Lösung übergegangen!"?

9.2.9 Führungskräfte denken voraus

Vorgesetzte eher nicht, weil sie oft und gerne aus der Vergangenheit heraus denken: „So wird das gemacht! Das haben wir doch immer so gemacht!" Tradition ist wichtig, doch Tradition ist kein Ersatz für Führung. Natürlich orientiert sich auch eine Führungskraft an der Tradition – sie führt die Tradition aber gleichzeitig auch weiter in die Zukunft hinein. Oder um es mit Goethe zu sagen: Nur was sich ändert, bleibt sich selber treu.

9.3 Wenn Führen so viel besser ist …

… warum machen das dann so wenige? Weil es sicherer ist, ein guter Vorgesetzter zu sein (auch wenn „guter Vorgesetzter" ein Oxymoron, ein Widerspruch in sich ist). Vorgesetzter zu sein ist einfacher, üblicher, gewohnter, bequemer, vertrauter und bringt kurzfristig mehr Status und Macht. Warum gibt es dann überhaupt Führungskräfte?

9.3 Wenn Führen so viel besser ist ...

9.3.1 Der Vorteil vom Führen

Wie gesagt: Ein Vorgesetzter hat kurzfristig, auf wenige Jahre hin betrachtet, mehr Status und Macht. Der springende Punkt ist: kurzfristig. Dann wann immer der Status eines Vorgesetzten bröckelt und seine Macht wackelt, sein Erfolg schwindet und sein Ansehen leidet, steckt ein Führungsproblem dahinter. Die Betroffenen ahnen das auch meist.

Führungskräfte ahnen es nicht, sie wissen es: Sie haben es selbst erfahren und erfahren es selbst. Jeden Tag. Sie erfahren und erleben, dass echte Führung bereits mittelfristig deutlich mehr Erfolg in allen Belangen bringt. Mehr Spaß macht. Mehr Aufmerksamkeit, Anerkennung, Dankbarkeit und Respekt verschafft. Weniger Energie kostet, wenn nicht sogar Kraft spendet. Den Mitarbeitern, Kunden, Lieferanten und damit dem ganzen Betrieb mehr bringt. Viele erfahrene Führungskräfte sagen auch: „Weil man dabei seine Seele nicht verkaufen muss." Denn langfristig betrachtet führt Statussucht und Machtstreben immer in Burnout und/oder Neurose. Status und Macht sind immer nur schwacher Ersatz für echten Erfolg und authentische Selbstverwirklichung. Das ahnen wir alle. Führungskräfte leben diese Ahnung. Auch, weil die Außenwirkung besser ist: mehr Respekt.

9.3.2 Mehr Respekt

Vorgesetzte werden als notwendiges Übel akzeptiert, Führungskräfte werden respektiert und geschätzt. Auch außerhalb des Betriebs. Denn Kunden, Lieferanten und der Markt kriegen es natürlich mit, wenn ein Betrieb gut geführt wird. Das übersieht keiner. So wie auch keiner übersieht, wenn in einem Betrieb an der Spitze eben keine Führungskraft, sondern ein Verwalter, Bürokrat, Beamter oder eben Vorgesetzter sitzt und nichts vorwärts geht, kein Zug dahinter ist, das Schiff hoch hektisch, aber eben weitgehend führungslos unterwegs ist, verzettelt, desorganisiert, weitgehend demotiviert. Sowas sieht man. Kunden und Konkurrenz sind nicht dumm. Die sehen sowas.

9.3.3 Besser in der digitalen Zukunft

Schon heute dezimiert die digitale Revolution die Hierarchien in mittleren und größeren Unternehmen. Hierarchien fallen oder werden flacher und lockerer. Damit kommen Vorgesetzte nicht zurecht, denn die Hierarchie gibt ihnen Sicherheit. Sie brauchen die formelle Legitimation der Hierarchie für ihre Macht. Führungskräfte dagegen arbeiten nicht mit der Hierarchie, sondern schon immer mit ihrem Team.

Die Führungskraft ist kein vorgesetzter, statusorientierter Hierarch. Sie ist der Leitwolf, der Primus inter Pares, der Teamleiter, Moderator, Coach oder Kapitän. Die Zukunft ist keine hierarchisch befehlsabhängige Heeresuntergruppe, sondern ein extrem schnelles Spiel. Feldwebel machen da keinen Stich, es reüssieren die Spielmacher.

9.3.4 Das ist auch eine Frage des Mindsets

Also der Frage: Wie sehen Sie sich selbst? Wie verstehen Sie Ihre berufliche Rolle? Wie gehen Sie nicht nur mit Kunden und Mitarbeitern, sondern auch mit Familie und Freunden um? Und da Fremdumgang gleich Selbstumgang ist (wie im Außen, so im Innen): Wie stehen Sie zu sich selbst?

Es gibt nicht umsonst den Begriff der inneren Führung: So wie ich mit mir selbst umgehe, so gehe ich auch mit anderen um. Wenn ich mich selber nur dann okay finde, wenn ich das beste Büro aller Angestellten habe, dann führe ich auch andere rein statusorientiert. Wenn ich von den Quartalszahlen abhängig mache, ob ich ein guter Chef bin, dann beurteile ich auch andere rein quantitativ (und übersehe dabei, woher die Zahlen kommen). Wer sich selber ganz okay findet, findet auch andere ganz okay – und führt sie nicht defizitorientiert, sondern potenzialzentriert. Wer in sich selber ruht, seine Werte kennt und bei sich selber bleibt, muss andere nicht für seine Ego-Defizite vor den Karren spannen. Führungskompetenz ist nicht nur eine Frage der Personalentwicklung, sondern auch der Persönlichkeitsentwicklung.

Nicht umsonst sagen manche Chefs: „Meinem Team fehlt der Zug. Aber ich glaube nicht, dass wir das mit einem Incentive-Seminar hinkriegen. Ich glaube, ich könnte viel mehr selber dafür tun. Aber dafür müsste ich mich anders verhalten, anders führen, eine andere Einstellung pflegen. Glauben Sie, das schaffe ich?" Meine Antwort?

Immer dieselbe und immer korrekt: Ja. Wer sowas fragt, ist auf dem besten Weg, eine richtig gute Führungskraft zu werden. Vorgesetzte bezeichnen sich oft selbst als „guter Chef". Eine Führungskraft schwelgt nicht in dieser fahlen Selbstverliebtheit. Eine gute Führungskraft will immer besser werden. Wer das wirklich will, erreicht das wirklich immer. Womit wollen Sie beginnen? Vielleicht mit dem Neidfaktor?

9.3.5 Der Neidfaktor

Neid ist sowohl eine Eigenschaft von Vorgesetzten wie auch ein Indikator für Führungskraftentwicklung: Eine Führungskraft stellt Mitarbeiter ein, die auf ihren Spezialgebieten besser sind als sie selbst, akzeptiert das vorbehaltlos und nutzt die Expertise des internen Experten. Ein Vorgesetzter duldet das nicht, neidet besseren KandidatInnen deren überragende Kompetenz und betreibt Dumbing-Down mit seinem neuen Experten: Er macht ihn so lange madig, bis er oder sie nur noch halb so gut ist – oder geht. Weil der Chef neidisch auf den Mitarbeiter ist. Los und Credo des Vorgesetzten: Du sollst keine anderen Götter neben mir haben. Auf wen waren Sie heute schon neidisch? Inwieweit verträgt sich das mit guter (innerer) Führung?

9.3.6 Der Berufsoptimist

Führungskräfte sind tendenziell optimistischer als Vorgesetzte, weil sie lösungsorientiert denken und weil sie die Unterstützung ihres Teams, ihrer Kunden, ihre Familie und ihres Umfeldes um sich wissen und spüren. Wenn ich eingefleischte Vorgesetzte coache, diese die Hoffnungs- und Zukunftslosigkeit ihres (mangelnden) Führungsethos erkennen und mich entnervt fragen: „Ich muss was ändern – aber wo fange ich an?", dann beginnen wir oft bei dieser Führungskompetenz: Zweckoptimismus.

Aber das ist doch naiv, blauäugig, bloß Schönfärberei? Ja, das glauben eingefleischte Vorgesetzte oft. Ich frage sie dann: „Und Sie selber – hätten Sie lieber einen pessimistischen oder einen optimistischen Vorgesetzten?" Eine rhetorische Frage. Denn wenn etwas schon getan werden muss, dann doch lieber mit Zuversicht, Konstruktivität, Humor, Gelassenheit, Esprit und Drive anstatt mit „Auch das noch! Wird hoffentlich nicht allzu übel!"

Natürlich sind die Herausforderungen, denen wir alle uns täglich zu stellen haben, oft nichts zum Lachen. Doch gerade deshalb ist die saure Miene keine konstruktive Herangehensweise an eine Herausforderung. Im Gegenteil. Sie macht eine schwierige Aufgabe noch schwieriger. Wenn es in Bayern richtig schwierig wird, dann höre ich von Führungskräften oft: „Lasst den Kopf nicht hängen! A bissel was geht immer!" Das ist die richtige Einstellung. Oder wie der Philosoph und Psychologe Paul Watzlawick („Anleitung zum Unglücklichsein") sagte: „Die Lage ist hoffnungslos, aber nicht ernst." Das ist sie nie – wenn man mit Optimismus an sie herangeht. Selbst und gerade dann, wenn der Optimismus durch die Sach- oder mehr noch die Gefühlslage nicht gerechtfertigt ist.

Gerade dann soll und kann man sich zwingen, dazu durchringen, sich auf die gewählte Lösung zu fokussieren und nicht auf den gewohnten Worst Case. Das ist eine kleine, aber sehr wirkungsvolle Führungsfähigkeit. Sie ist perfekt fürs Training geeignet. Damit tun sich viele Vorgesetzte noch am leichtesten, lernen schnell, beflügeln damit ihr Umfeld und werden dadurch selber beflügelt, weitere Führungsfähigkeiten zu verbessern.

Selbstredend ist Optimismus kein Selbstzweck, sondern nur dann gerechtfertigt und nützlich, wenn er zur Tat führt und sie unterstützt. Aber auch das wissen Optimisten.

9.3.7 Das große Ganze im Blick

Der Vorgesetzte denkt an das, was ihm unterstellt ist; seine Abteilung, seinen Bereich, seinen Erfolg, seinen Status. Das große Ganze, das komplette Unternehmen ist ihm zwar nicht egal, doch er denkt selten daran. Denn hauptsächlich denkt er an sich und seine Position: Was bringt mir das? Was habe ich davon? Was nutzt das mir?

Die Führungskraft dagegen denkt bei Verhalten, Führung und Entscheidung immer zuerst an das gesamte Unternehmen, seine Kunden und Mitarbeiter: Was bringt *uns* das? Was haben *wir* davon? Was nutzt *uns* das?

9.4 Echte Führungskräfte finden

Wie erkennt man Vorgesetzte? Wie unterscheidet man sie von echten Führungskräften? Kunden und „einfache" Mitarbeiter sind oft erstaunlich pragmatisch, treffsicher und ironisch bei ihrer Selektionsdiagnostik.

Oft höre ich von frustrierten Kunden zum Beispiel: „Aber was will man von so einem auch schon erwarten? Wie man sieht, ist ihm sein Firmenwagen wichtiger als unser Auftrag. Um seinen Wagen kümmert er sich wenigstens." Denn Status geht ihm über alles. Auch über Aufträge und Kunden. Gutes Gehalt, guter Firmenwagen – das ist ihm und ihr wichtig. Solche Statussymbole sind nicht bloß symptomatische Diagnostika. Sie werden von vielen pragmatischen Chefs tatsächlich bei der Bewerberauswahl eingesetzt.

9.4.1 Der Visitenkarten-Test

Die Personalchefin eines Mittelständlers erzählte mir: „Wir haben derzeit fünf Trainees im Traineeprogramm. Damit sich alle willkommen fühlen, sollten alle bereits in der ersten Woche ihre Visitenkarten bekommen. Durch einen dummen Fehler in der Druckerei mussten wir ihnen aber mitteilen, dass nicht genug geeignetes Papier da ist und daher nur voraussichtlich drei die Karten bekommen, zwei müssen noch warten." Vier der fünf machten ein trauriges Gesicht und enttäuschte Kommentare.

Der fünfte sagte: „Kollegen – echt jetzt? Visitenkarten sind doch jetzt wirklich das am wenigsten Wichtige. Also bitte!" Auf diesen einen hat daraufhin der Entwicklungsleiter umgehend ein „Vorkaufsrecht" angemeldet und der Personalchefin gesagt: „Den will ich! Ich brauche echte Führungskräfte, keine Frühstücksdirektoren. Leute, denen Leistung wichtig ist, nicht Status." Die Personalchefin findet das nicht durchgehend gut.

Sie sinniert: „Die Frage ist doch: Wie konnten uns die vier Blender durch den Filter rutschen? Warum haben wir die überhaupt eingestellt und ins Programm gelassen?" Sie überlegt jetzt, ob sie die Panne bei den Visitenkarten bei den nächsten Trainees bewusst herbeiführt, um dann aber viel früher die Spreu vom Weizen zu trennen. Das findet der Vertriebsleiter nun gar nicht gut. Raten Sie mal, was das über ihn sagt …

9.4.2 Der Wasserglas-Test

Viele Praktiker halten den Unterschied zwischen Vorgesetzten und Führungskräften für so entscheidend, dass sie einiges auf sich nehmen, um bloß keine Vorgesetzten einzustellen. Da gibt es zum Beispiel den mittelständischen Unternehmer, der seine Bewerbergespräche generell in einem bestimmten Restaurant abhält. Beim Mittagessen. Nicht wegen der Spesen.

Mit dem Kellner hat er pro Gespräch zwei Fauxpas vereinbart. Der Kellner wirft ein Wasserglas um (auf dem Tisch) und bringt einmal das falsche Essen (dem Bewerber, der Bewerberin). Der Chef beobachtet jeweils die Reaktion. Was tippen Sie?

Echte Führungskräfte unter den BewerberInnen bleiben so souverän, gelassen, beziehungsorientiert und ruhig, wie man das von echten Führungskräften in Stresssituationen erwartet: „Halb so schlimm! Nichts passiert! Einfach weiter im Text, Sie machen das gut!" Wenn Sie die Servicefachkraft wären, wen hätten Sie gerne als Gast oder als Chef? Der

Chef, der sich diesen Test hat einfallen lassen, stellt generell nur Führungskräfte ein. Die Kellner-Anmotzer kriegen eine Absage. Selbst wenn sie fachlich exzellent sind und herausragende Referenzen mitbringen (Abschn. 9.4.5).

9.4.3 Das Führungsethos hinter den Tests

In der Praxis beobachte ich Dutzende solcher kleiner Tests, mit denen Chefs ihren KandidatInnen auf den Zahn fühlen. Die Erbin eines Familienunternehmens sagt: „Ich inszeniere kleine Pannen oder gehe mit den Kandidaten einfach durch die Firma: Auf hundert Meter sehen wir ein halbes Dutzend kleiner Fehler. Ich schaue, ob die Kandidaten sie entdecken. Ob sie den jeweiligen Mitarbeiter zur Sau machen, um mich zu beeindrucken. Oder ob sie die Leute motivieren oder sogar selber Hand anlegen, um den Fehler zu beseitigen. Solche Leute brauche ich. Vom Rummotzen behebt sich kein Problem. Ich brauche Macher, keine Ankläger. Wer anklagt, soll Anwalt werden."

9.4.4 Führung und Fachkräftemangel

Die Chefin dieses Familienunternehmens dachte nicht immer so. Früher waren 80 Prozent ihrer Personalverantwortlichen Vorgesetzte. Doch irgendwann war sie die miese, demotivierte und ineffektive Stimmung, die Vorgesetzte im Allgemeinen verbreiten (auch wenn sie selten ihnen zugeschrieben wird), so satt, dass sie seither stärker auf Führungskräfte setzt. Sie beobachtet dabei einen unerwarteten, aber erwünschten Nebeneffekt: Im Gegensatz zu etlichen ihrer Mitbewerber leidet sie keinen Fachkräftemangel. Vorher lag ihre Fluktuation beim Branchendurchschnitt. Jetzt ist sie praktisch null. Sie sagt: „Seit wir mehr Führungskräfte als Vorgesetzte haben, bleiben meine Leute bei der Stange." Viele wechselten früher explizit die Firma wegen des „Scheiß-Chefs" – populistische Ausdrucksweise für „mangelnde Führungskompetenz".

9.4.5 Führung und Priorität

Was fällt an der Chefin dieses Familienunternehmens auf? Dass sie Führungskompetenz an die erste Stelle setzt: Priorität 1. Das ist die Ausnahme; genauer: Das ist Best Practice. Viele Chefs sagen: „Natürlich ist auch wichtig, dass die Leute führen können. Aber wichtiger sind doch wohl Fachkompetenz, Stallgeruch, Branchenerfahrung und dass er oder sie zum Team passt!" Das heißt: Führung hat Prio 2, höchstens. Anderes ist wichtiger.

Das ist eine verbreitete Rangfolge – mit allen Konsequenzen: Wer anderes über Führungsqualität stellt, kriegt auch etwas anderes als Führungsqualität. Verantwortliche, die Führung als Top-Priorität sehen, denken anders: „Fürs Fachliche haben wir notfalls unsere Fachkräfte – aber wer führt, wenn das nicht die Führungskräfte machen? Lieber ein halber

Fachmann, der exzellent führt, als ein exzellenter Fachmann, der nur halbwegs führen kann. Das richtet mehr Unheil an und bringt noch nicht einmal exzellente Leistung – bei den Mitarbeitern."

9.5 Wie führen Sie?

Es ist plastisch, aber nicht besonders heilsam, Personalverantwortliche in Führungskräfte und Vorgesetzte zu unterscheiden. Man sieht daran zwar erschreckend klar die Unterschiede und ihre gravierenden Folgen: Vorgesetzte ruinieren die Zukunft einer Firma, Führungskräfte führen die Firma in die Zukunft. Doch für beide Betroffene ist der Unterschied wenig handlungsleitend.

Der Führungskraft sagt der Unterschied nichts, weil sie ja bereits führungskompetent ist. Dem Vorgesetzten sagt der Unterschied wenig, weil die meisten Vorgesetzten wissen oder ahnen oder täglich gesagt bekommen, dass sie schwach führen: Die Erkenntnis allein bringt sie nicht weiter. Handlungsleitend ist also weniger der Vergleich von Vorgesetzten mit Führungskräften als die zielführende Überlegung, wie man/frau vom einen zum anderen kommt. Vor allem deshalb, weil wir ja alle täglich mehr oder weniger heftig vorgesetzt agieren. Niemand von uns ist 24/7 hundertprozentig führungsstark. Wie werden wir es?

9.5.1 Am Anfang: Die Entscheidung

Erkenntnis mag der erste Schritt zur Besserung sein, wichtiger ist der zweite Schritt: Auf die Erkenntnis muss die Entscheidung folgen. Viele Verantwortliche sagen: „Ich will eine bessere Führungskraft werden. Ich will besser führen!" Wer diesen Entschluss fasst und ihn immer dann erneut fasst, wenn er oder sie mal wieder situativ nicht wirklich stark geführt hat, verwirklicht seinen/ihren Entschluss auch. Gute Vorsätze scheitern meist, doch die Entscheidung für ihre tatsächliche Umsetzung bringt den Erfolg.

9.5.2 Wo anfangen? Mit den Publikumsklagen

Niemand von uns ist perfekt. Wir alle haben unsere kleinen Schwächen – und unsere Kunden, Mitarbeiter und Familien verraten sie uns auch regelmäßig ungefragt und ungebeten. Was bekommen Sie immer mal wieder zu hören? Oder zu spüren? Machen Sie eine Liste. Top 5 genügen völlig. Top 3 tun's auch. Fangen Sie mit dem kleinsten Übel an. Nehmen Sie jede Gelegenheit zum Üben an, die sich Ihnen bietet – es werden viele sein. Wenn Sie bei vier von zehn auch nur daran denken, sich ändern zu wollen: Etappenziel erreicht.

Wenn Sie bei diesen vier auch nur bei einer und auch nur eine winzige Änderung tatsächlich erreichen: zweites Etappenziel erreicht. Wer den Radikalwandel anstrebt, scheitert immer. Die (menschliche) Natur macht keine Sprünge. Wer in kleinen Schritten besser wird, wird immer besser.

9.5.3 Im Ernstfall an Fußball denken

Leider denken viele Unternehmer und Inhaber erst dann ans Thema Führung, wenn es schon fast zu spät ist: Der Laden steht auf der Kippe oder die Mitarbeiter meutern oder die Kunden wandern massiv ab oder die Bank droht ... In diesen Fällen (und nur in diesen Fällen) ist die Strategie der kleinen Schritte zu langsam. Viele sind dann praktisch durch die Umstände gezwungen, sich schneller zu ändern. Das ist im Alleingang nie zu schaffen. Wer zig Jahre mit der alten Marotte mehr schlecht als recht geführt hat, ändert sein Verhalten nicht über Nacht. Das Zebra verliert seine Streifen nicht, bloß weil die Mitarbeiter abwandern. Hier hilft schnell und gut genug tatsächlich nur das, was auch im Fußball hilft: der Trainer oder Coach. Im betrieblichen Kontext also ein externer Mentor, Nestor, Berater oder Coach. Dafür müssen Sie nicht bis zum Äußersten warten.

9.5.4 Externe Unterstützung

Ich werde zu vielen kleinen Krisen gerufen – wie tausende meiner Kolleginnen und Kollegen auch. Es steht zum Beispiel ein superwichtiges Meeting mit einem potenziellen großen Auftraggeber an: Der Chef braucht mich als Tenniswand, um das Gespräch perfekt zu führen. Oder ein heikles Projekt steht auf der Kippe: Im nächsten Teammeeting muss das Projektteam optimal geführt werden! Auch das bereite ich dann zusammen mit der Führungskraft so vor, dass Führungsschwächen bereits im Vorfeld eliminiert und gar nicht mehr virulent werden. Doch außerhalb dieser beiden Extremfälle gilt: Führen lernt man/frau nur beim Führen. Also führen Sie!

9.5.5 Führen Sie! Probeweise

„Ich muss motivierender führen!" Das funktioniert selten. Weil es viel zu abstrakt ist. Was heißt schon „motivierender führen"? Viele Führungskräfte nehmen sich stattdessen vor: „Bei Fehlern werde ich nicht mehr scharf im Ton, sondern gebe den Leuten Sandwich-Feedback." Das klappt relativ zuverlässig – nach ungefähr zwei Dutzend Anläufen. So viele Versuche sollten Sie sich selbst zugestehen. Wobei „Versuch" definiert wird als „kleinstmögliche sinnvolle Führungsaufgabe". Je mehr dieser kleinen „Führungsexperimente" Sie täglich einlegen, desto schneller werden Sie besser. Wie viele schaffen Sie? Am Anfang sind ein bis drei Experimente pro Tag exzellent. Fortgeschrittene schaffen ein bis zwei Dutzend. Champions machen aus praktisch jeder Interaktion ein kleines Leadership Experiment: Wie könnte ich in dieser konkreten Situation noch ein wenig besser führen?

9.5.6 Häufige Themenfelder von Experimenten

Sie wären erstaunt, wenn Sie wüssten, wie viele UnternehmerInnen und InhaberInnen heimlich an ihrer Führungsstärke arbeiten. Die Guten machen das. Hier sind einige Aktionsfelder:

- „Ich stelle mein Umfeld nicht mehr vor vollendete Tatsachen nach dem Motto ‚Vogel friss oder stirb!', sondern informiere alle Beteiligten frühzeitig über anstehende Entscheidungen."
- „Ich höre mehr zu und rede weniger. In manchen Besprechungen habe ich früher 90 Prozent der Zeit geredet. Jetzt bin ich runter auf 60 Prozent. So kriege ich viel eher mit, wie es auf der operativen Ebene tatsächlich steht."
- „Ich lasse es nicht mehr zu, wenn einzelne Stinkstiefel und Zimtzicken das Klima versauen. Früher habe ich da weggehört und erwartet, dass die Leute das unter sich regeln. Heute gehe ich dezidiert dazwischen: Ich dulde keine Teambeschädigung mehr!"
- „Ich habe mir vorgenommen, echte Leistung ausnahmslos zu loben. Früher habe ich das höchstens in 20 Prozent der Fälle gemacht. Heute liege ich bei 60 Prozent, Tendenz steigend."
- „Ich lobe ausnahmslos alle guten Ideen. Ich verspreche nichts – aber ich lobe sie. Seither höre ich von meinen Leuten zehnmal so viele Ideen wie früher."
- „Ich reduziere Kunden nicht mehr auf ihren Auftrag. Ich nehme mir immer fünf Minuten Zeit, auch über Persönliches mit ihnen zu reden. Die Anzahl der Reklamationen hat sich halbiert."
- „Ich verlange von meinen Leuten jetzt auch, dass sie sich selber gut führen. Ich helfe ihnen dabei."

Ich weiß, das sind alles Tabuthemen. Über sowas redet man nicht mit Kolleginnen und Kollegen aus der Branche oder in der Familie. Deshalb wird auch so selten und so schwach geführt. Schön, dass Sie und ich dieses Tabu brechen.

9.5.7 Nicht verbiegen!

In einem Führungsseminar erwähnte ich auch, dass man Mitarbeiter am Arbeitsplatz durchaus nach Persönlichem fragen könne und solle – das ist gute Führung, weil es die Beziehung stärkt und motiviert. Gute Führung betrachtet den Mitarbeiter nicht als reinen Lohnempfänger, sondern als ganzen Menschen. Deshalb machte das der Leiter der Buchhaltung eines Mittelständlers dann auch prompt am nächsten Tag, obwohl oder weil er das 30 Jahre lang nie gemacht hatte. Er machte es unbeholfen, verbissen – warum? Wenn er sich dabei derart verbiegen musste, warum machte er es dann überhaupt?

„Weil man das offensichtlich jetzt so machen muss!", beschwerte er sich. Was raten Sie? Genau. Kam gar nicht gut an bei seinen Mitarbeitern. Eher im Gegenteil. Daher:

Verbiegen Sie sich nicht! Bleiben Sie Sie. Authentisch. Machen Sie nichts, bloß weil man das jetzt so machen muss. Beim Follow-up-Tag des Seminars sagte ich das dem Leiter der Buchhaltung. Er fragte: „Aber was soll ich denn sonst machen?" Er kam selber drauf. Weil er etwas auf dem Kasten hat. Wie alle Vorgesetzten.

Er sagte: „Es fällt mir viel leichter, über Persönliches zu reden, wenn die Mitarbeiter das Thema selber anschneiden." Darauf musste er zwar lange warten (weil er als unpersönlicher grober Klotz bekannt war). Aber als er zufällig im Aufzug mit anhörte, wie sich ein Mitarbeiter über seinen letzten Steuerbescheid beschwerte, sagte er: „Über sowas könnt ich mich auch aufregen! Sie haben mein volles Mitgefühl. Jede Wette: Der Bescheid ist falsch. In über 40 Prozent der Fälle ist das so. Legen Sie Widerspruch ein! Mit sowas sollte man die Behörden nicht davonkommen lassen!" Wochen später bedankte sich der Mitarbeiter beim Chef: „Sie hatten Recht! Ich hab 400 Euro rausgekriegt!" Warum war das besser? Weil das authentisch war. Warum? Weil dieser Buchhalter viel menschlicher über die Steuern der Mitarbeiter reden kann als über ihre kranken Angehörigen.

9.5.8 Feedback einholen!

Oft erzählen mir Führungskräfte begeistert: „Ich führe jetzt ganz anders als noch vor einem Jahr!" Ich finde das immer prima – aber darauf kommt es vorrangig nicht an. Oder was meinen Sie? Auf wen kommt es an?

Richtig. Deshalb frage ich ausnahmslos nach: „Und wie finden das Ihre Mitarbeiter?" Da liegt der Hase im Pfeffer. Und dieser Hase wird in der Regel nicht gefragt. „Wieso auch? Natürlich finden die Mitarbeiter das gut!" Haben Sie sie gefragt?

In aller Regel ist nämlich das, was beim Empfänger ankommt, etwas ganz anderes als das, was der Sender beabsichtigt. Gute Führung führt nicht nur. Sie fragt auch nach, zum Beispiel: „Ihr habt das ja schon bemerkt. Seit einigen Wochen frage ich am Ende jedes Meetings, was bei euch gerade gut läuft und was wir verbessern könnten – wie findet ihr das generell und überhaupt?" Unter Garantie: Es kommt immer etwas Nützliches dabei heraus. In der Regel sogar Substanzielles und Überraschendes.

Ihre Leute sagen dann aber immer „Jaja, Chef, schon alles in Ordnung"? Das ist ein schlimmes Zeichen. Die lügen Sie an. Weil sie Angst vor Ihnen haben. Oder Sie schon aufgegeben haben. Diese Rückmeldung bedeutet nicht „Chef führt okay", sondern exakt das Gegenteil. In so einem Fall sollte man immer die Aussprache suchen. Wer sich besser damit fühlt, kann dazu auch einen externen Moderator hinzunehmen.

9.5.9 Sind wir schon da?

Die meisten Vorgesetzten überschätzen die Zeitschiene: „Ich bin nun mal so, wie ich bin. Ich ändere mich groß nicht mehr. Ich führe nun schon seit … Jahren so. Daran was zu ändern, dauert mir einfach zu lange." Verständlich, aber falsch.

Verhaltensänderungen gehen, wenn sie richtig angepackt werden, sehr viel schneller als die meisten annehmen. Es gibt Raucher, die gewöhnen sich das Rauchen binnen eines Tages ab. Blitzmerker ändern ihr Führungsverhalten spürbar bereits binnen weniger Tage, die meisten schaffen es innerhalb weniger Wochen. Wer sich selber gut kennt oder wer gute Unterstützung von Familie, Beziehungspartner, Mentor, Coach, Team oder Lernpartner(n) hat, ist erheblich schneller unterwegs. Flops sind so gut wie ausgeschlossen. Der Erfolg ist der Regelfall Ihres Bemühens. Frei nach Goethe gesagt: „Wer immer strebend sich bemüht, den werden wir belohnen." Dranbleiben wird belohnt.

Beenden Sie die Glorifizierung der Mitarbeiter!

Nicht bloß Positionen besetzen, sondern echte Mitarbeiter einstellen

> *„Luxus treibt den Menschen zu keiner Tugend an – er erstickt meist alle besseren Gefühle in ihm." Friedrich II., Der „alte Fritz"*

Zusammenfassung

In Zeiten des Fachkräftemangels werden rar gewordene Fachkräfte oft mit attraktiven Angeboten, Privilegien und Sonderleistungen geködert, gepampert, verwöhnt. Aus der Not des Mangels heraus werden bestimmte Mitarbeiter, von denen man sich abhängig wähnt, aufs Podest gestellt und glorifiziert. Das ist eine kurzfristige Lösung mit langfristig gravierenden Problemen: Gepamperte Mitarbeiter sind nicht dieselben wie leistungsstarke, engagierte und loyale Mitarbeiter. Es gibt klügere Optionen, mit dem Fachkräftemangel umzugehen: No Warm Bodies, Misfit-Recruiting, integratives Klima, Training on the Job, Quereinsteiger-Qualifikation. Dafür reicht es nicht, einfach Bewerber einzustellen. Dafür muss man schon ein wenig Personalentwicklung betreiben. Wie das Sprichwort sagt: Jeder Chef hat die Mitarbeiter, die er verdient.

Mitarbeiter werden oft als „wichtigstes Kapital des Unternehmens" bezeichnet. Mitarbeiter sind wichtig – aber soll man sie deshalb geradezu verwöhnen?

Verwöhnt werden sie leider in vielen Unternehmen: eigenes Büro, Firmenhandy, Firmenwagen, übertarifliches Gehalt, üppiges Spesenkonto, Jahresbonus – alles vom Feinsten. Nichts gegen angemessene Entlohnung! Nichts gegen die vielen kleinen Extras – aber doch nicht bereits zum Dienstantritt! So etwas sollte man sich erst einmal verdienen, oder? Andererseits: „Wenn man nicht ordentlich was bietet, kriegt man in Zeiten des Fachkräftemangels gleich gar keinen mehr!", sagen viele Inhaber, Unternehmer und Führungskräfte.

10.1 Wen sollen wir einstellen?

Mit Speck fängt man Mäuse, sagt der Volksmund. Das mag stimmen. Die Frage jedoch ist: Wer will schon Mäuse im Haus?

10.1.1 Wer braucht Mitarbeiter, die sich vor allem durch ihre Anspruchsmentalität auszeichnen?

Wenn man potenziellen MitarbeiterInnen bereits von vorne herein alles bietet, was ihr Herz begehrt: Wen holt man sich mit solchen Luxus-Offerten ins Haus? Und wenn ein Bewerber, eine Bewerberin schon mit zwar heute als „normal" betrachteten, aber objektiv gesehen recht hohen Ansprüchen an Entlohnung und Privilegien im Bewerberinterview auffällig wird – was sagt das über ihn oder sie? Dass er oder sie vorbildlich leistungsorientiert ist und darauf brennt, engagiert im Team mitzuarbeiten?

Oder dass er oder sie vor allem statusorientiert ist, materialistisch gesinnt und die Arbeit als Mittel zum Zweck betrachtet, für sich abzugreifen, was zu haben ist?

Immer wieder berichten Führungskräfte und Inhaber: „Ich habe mit dem Bewerber lange über Vergünstigungen, Urlaubs- und Überstundenregelung, Weiterbildungsmöglichkeiten und Aufstiegschancen geredet. Über seine eigentliche Arbeit und seine konkreten Aufgaben wollte er nicht halb so viel wissen." Das sagt schon vieles – und mehr als dem Bewerber recht sein sollte. Doch was passiert nach solchen Gesprächen? Wird dem Bewerber freundlich abgesagt? Weil man echte Mitarbeiter fürs Unternehmen sucht und braucht?

10.1.2 No Warm Bodies!

Leider oft ganz im Gegenteil. Man stellt den Bewerber ein und damit auf ein Podest mit der landläufigen Begründung: „Wir brauchen ihn/sie aber! Wir sind schon jetzt untersetzt. Wenn wir nicht einstellen, bricht der Laden zusammen." Und dann wundert man sich, wenn es trotz Neueinstellung nicht wirklich besser wird. Was nicht wirklich ein Wunder ist, wenn man Bewerber einstellt, deren herausragendes Merkmal nicht ihre Leistungsbereitschaft, sondern ihre Anspruchsmentalität ist.

Dann hat man zwar jemanden eingestellt, wird aber an ihm oder ihr nicht wirklich froh. Die US-Gastronomie hatte in den 90er-Jahren des vorigen Jahrhunderts dasselbe Problem:

Der Arbeitsmarkt war leergefegt. Also rekrutierte man nolens volens auch Leute, die nicht wirklich für das Gastgewerbe geeignet oder motiviert waren – und kam zu der branchenweiten Erkenntnis: böser Fehler. Lieber eine Stelle gar nicht besetzen als sie mit einem damals so genannten „Warm Body" zu füllen. Das ist ein unfeiner Ausdruck. Doch was diese „Warmen Leichen" auf ihrer Position oft anrichteten, war noch viel unfeiner: Unmotivierte, illoyale, kundenfeindliche, nachlässige, gedankenlose, pflichtvergessene und unkollegiale MitarbeiterInnen schaden dem Unternehmen, der Belegschaft und den Kunden in der Regel mehr als eine unbesetzte Stelle. Einmal ganz davon abgesehen, dass sie jeden vernünftigen Chef mit der Zeit in den Wahnsinn treiben. Das ist eine harte Erkenntnis. Doch Wahrheit ist meist unbequem.

Und die Wahrheit ist: Der Mitarbeiter muss nicht nur die Stelle annehmen, sondern auch die verlangte Leistung bringen. Er und sie muss das wert sein, was er oder sie für sich in Anspruch nimmt. Oft erfüllen diese basale Voraussetzung die überraschendsten KandidatInnen.

10.1.3 Der Misfit-Charme der Quereinsteiger

Wie klug ein Chef seine Belegschaft zusammenstellt, entscheidet über die Zukunftsfähigkeit seines Unternehmens. Oft bedeutet „klug" jedoch „kontra-intuitiv".

Die Inhaberin eines mittelgroßen Fertigungsbetriebs erzählt: „Ich rekrutiere nur in Ausnahmefällen die üblichen Spitzenkräfte unserer Branche. Die waren mir immer schon zu teuer, zu anspruchsvoll, teilweise zu arrogant. Die haben von mir erwartet, dass ich sie aufs Podest hebe. Das mache ich nicht mehr, weil das nicht mein Job ist. Ich muss ein Unternehmen führen. Deshalb stelle ich seit Jahren Bewerberinnen und Bewerber ein, die auf den ersten Blick eigentlich nicht zum Unternehmen passen."

Also Branchenfremde, Quereinsteiger, Querdenker, Bewerber ohne oder mit wenig Stallgeruch, Menschen, die Out of the Box denken und wegen ihrer ungewöhnlichen Herkunft und Perspektive gegen den Strich gebürstet sind, nicht branchen- oder betriebsblind sind und neuen Wind, neue Ideen, neue Technologien und Best Practices anderer Branchen ins Unternehmen gebracht haben und noch bringen. Denn so stellt diese Chefin immer noch ein (und sie ist nicht die einzige). Das hat sich bewährt. Warum machen das nicht alle so?

10.1.4 Das Übliche ist nicht immer das Beste

Die meisten Personalverantwortlichen setzen auf vorgeblich bewährte Einstellungskriterien wie Stallgeruch, Fachkompetenz, Zeugnisse und Branchenkenntnis. Nicht, weil das die besten Kriterien wären, also die zuverlässigsten, validesten und reliabelsten Prädiktoren (Vorhersagegrößen) für beruflichen Erfolg. Sondern weil man das schon immer so gemacht hat und weil Gleich und Gleich sich gern gesellen. Mit einer wohldurchdachten

Einstellungsstrategie hat das wenig zu tun. Mit der üblichen Vorgehensweise stellt man Leute mit Stallgeruch ein – nicht unbedingt Leistungsträger und Erfolgsmenschen.

Es sind die Misfits, Mavericks, Nerds, Querdenker und -einsteiger, die ein Unternehmen bereichern und zukunftstauglich machen können. Doch die meisten Chefs rennen den branchenbekannten Köpfen hinterher und versuchen, sie auf den Sockel zu stellen. Was gut ist! Nämlich für jene Chefs und Unternehmen, die das nicht tun. Denn sie haben immer reichlich Auswahl an hoch motivierten und geeigneten KandidatInnen. Unter drei Voraussetzungen, die man bei der Einstellung solcher prima facie wenig geeigneten KandidatInnen beachten sollte.

10.1.5 Erste Voraussetzung: Integrationskraft von Chef und Belegschaft

Natürlich sehen auch Chefs, die ihre Mitarbeiter auf den Sockel stellen, dass das nicht immer eine gute Idee ist und dass die Quereinsteiger und Misfits in den Konkurrenzunternehmen oder in den Unternehmen anderer Branchen diesen Unternehmen und ihren Kunden sehr gut tun. Doch wann immer Chefs, die Mitarbeiter aufs Podest heben, einen Branchenfremden einstellen, ist er oder sie binnen weniger Monate weg oder „zündet" nicht, weil eine „Abstoßungsreaktion" stattfindet: Der Chef und seine angestammten Mitarbeiter „fremdeln" und schotten sich gegen den „Fremdkörper" ab, anstatt ihn zu integrieren. Sie erwarten, dass der fremde Neue sich dem Betrieb anpasst – und damit all das verliert, was ihn für den Betrieb wertvoll macht.

Erfolg mit Quereinsteigern haben nur jene Chefs, Unternehmen und Belegschaften, die über eine hohe integrative Kompetenz verfügen. Das hört man oft schon an Alltagsbemerkungen wie: „Bei uns ist eigentlich jeder willkommen!", „Jeder, der die Ärmel hochkrempelt, wird bei uns respektiert.", „Viel wichtiger als Fachkompetenz sind Engagement, Einstellung und Commitment. Motivation kannst du nicht anlernen – Fachkenntnis schon.", „Natürlich ist der/die Neue anders als wir – aber anders ist doch gut, oder? Bringt Leben in die Bude. Derselbe alte Stiefel wird ja mit der Zeit langweilig." Integrative Chefs, Führungskräfte und KollegInnen fühlen sich von fremden Neuen bereichert und angeregt, weniger integrative Teams fühlen sich von ihnen bedroht.

10.1.6 An ihrer Sprache werdet ihr sie erkennen

Was hört man in Betrieben mit geringer Integrationskraft? Sätze wie: „Der hat ja null Ahnung vom Fachlichen!", „Kommt aus der völlig falschen Branche!" Gibt es so etwas wie eine falsche Branche? „Die kann keine Rohrzange von einer Kneifzange unterscheiden!" Ja und? Dann bringt man es ihr bei – ist eine Sache von wenigen Sekunden (was die Zangen angeht). Und diese wenigen Sekunden schaffen einige nicht? Nein, sie *wollen* sie nicht schaffen. Weil ihnen das Fremde nicht geheuer ist – was nicht gerade für Zukunftskompetenz spricht. Denn die Zukunft ist ebenfalls weitgehend fremd, für uns alle.

10.1 Wen sollen wir einstellen?

Was hört man bei Ihnen im Betrieb über fach- und branchenfremde InteressentInnen, BewerberInnen und KollegInnen? Ist es „die gegen uns"? Was sagen oder denken Sie selber? Das macht den Unterschied. Das, was gesagt wird und die Einstellung, die dahinter steht. Wie schon Kurt Tucholsky meinte: „Sprache ist Gesinnung." Ändern Sie die Sprache, ändern Sie auch die Denkhaltung – und umgekehrt. Das ist ein mittelfristiges Projekt der Organisationsentwicklung mit hohem Potenzial: Die richtige Haltung gegenüber dem/den fremden Neuen ist eine Grundvoraussetzung für die Zukunftskompetenz von Betrieben, Inhabern, Führungskräften und Teams.

10.1.7 Zweite Voraussetzung: Quereinsteiger-Qualifizierung

Ob Branchenfremde „zünden", hängt auch davon ab, wie schnell, beziehungsfreundlich und sachdienlich Quereinsteiger an- und eingelernt werden. Durch eine formalisierte, standardisierte, funktionsübergreifende und systematische Einlernphase zum Beispiel. Oder durch Training on the Job und externe Seminare in der Anfangszeit. Das macht Aufwand, das kostet Geld, Zeit und Nerven. Doch manche Betriebe und Chefs investieren das gerne. Weil sie wissen: Es lohnt sich und zahlt sich aus. Es gibt sogar Modellrechnungen, die zeigen, dass jeder Euro, der in diese kritische Start-Qualifizierung investiert wird, einen Return on Investment weit über einem Euro erzielt.

So eine Investition lohnt sich mittel- und langfristig stärker, als Mitarbeiter aufs Podest zu hieven und sie so zu verwöhnen, dass ihre Leistungsfähigkeit und vor allem ihre Loyalität nachlässt (wer für 50 Euro mehr im Monat kommt, geht auch für 50 Euro mehr wieder). Quereinsteiger oder auch Bewerber mit schlechten Noten aber hoher Motivation, um die man sich kümmert, die gut eingelernt und gefördert werden, werden leistungsstark und sind dankbar, fleißig, engagiert, teamorientiert, kundenfreundlich und loyal. Wollen wir nicht alle solche Mitarbeiter?

Dann bilden wir sie uns heran. Jeder Chef hat die Mitarbeiter, die er sich mit hartem Einsatz verdient. Dieser harte Einsatz umfasst Qualifizierung, Führung und Personalentwicklung. So gesehen hat jeder Chef die Mitarbeiter, die er sich entwickelt.

10.1.8 Dritte Voraussetzung: Ambiguitätstoleranz

Ein Facheinzelhändler, der wie viele Einzelhändler kaum mehr (gutes) Personal bekommt, stellt inzwischen auch in Teilzeit Mütter ein, die dann arbeiten wollen, wenn die Kinder in der Schule oder im Kindergarten sind. Nein, die restriktiven Zeitwünsche der Kandidatinnen sind nicht das eigentliche Problem. Dieses Problem lässt sich durch eine kluge Schichtplanung in den Griff bekommen.

Eigentlich problematisch ist, dass „Fachfremde" auch fachfremde Ideen mitbringen. Einige altgediente Kolleginnen mit Stallgeruch klagen zum Beispiel: „Wenn wir für Wochenangebote oder Kollektionswechsel die Regale und Displays umräumen, macht die

Neue erst mal eine Regalplanung. Das haben wir ja noch nie so gemacht! Das kostet doch bloß Zeit. Die will sicher bloß damit angeben, weil die ist ja was Besseres als wir mit ihrem Uni-Abschluss und so." Was soll man mit solchen ambiguitätsintoleranten Mitarbeitern (die keine Neuerungen ertragen) bloß anfangen?

Einfach: Sie führen. Genau das tut die Inhaberin. Als sie das erste Mal solche Sprüche hörte, sagte sie: „Okay, Regalplanung. Ist wirklich etwas seltsam. Aber ihr habt das doch schon mal mit der Neuen gemacht. Geht's danach vielleicht schneller mit dem Regalumräumen und der Logistik? Sieht das danach besser aus? Kostet im Endeffekt weniger Zeit? Und die Kundinnen finden sich auch besser zurecht? Und die Ware wird attraktiver präsentiert?" Alle nickten betreten mehr oder weniger zähneknirschend.

Darauf sagte die Inhaberin, die ein gutes Gespür dafür hat, warum Menschen sich so verhalten wie sie sich verhalten: „Ihr denkt vielleicht, wer eine neue Idee hat, stellt sich über euch. Aber das könnt ihr ruckzuck ändern. Wenn ihr schmollt und meckert, ordnet ihr euch selber unter. Wenn ihr dagegen die Idee ausprobiert und danach zur neuen Kollegin sagt: ‚Prima Idee! Das hast du gut gemacht. Das übernehmen wir ab sofort', dann zieht ihr mit ihr mindestens gleich. Denn wer lobt, steht mindestens auf gleicher Höhe mit dem Gelobten." Clever. Gute Führung. Vorgesetzte beklagen sich über die Defizite ihrer Mitarbeitenden, Führungskräfte beheben sie. Das ist der Sinn von Führung: Jemanden dorthin führen, wo er oder sie jetzt noch nicht ist.

10.1.9 Mitarbeiter wollen geführt werden

Dass heterogene Teams sehr viel produktiver, flexibler, agiler und erfolgreicher sind als homogene Teams, ist inzwischen eine durch viele Studien bestätigte Tatsache. Der Haken daran: Wenn viele sehr unterschiedliche Typen (Paradebeispiel: Ingenieure und Kaufleute) in einem Team zusammenarbeiten, gibt es immer massenhaft Zündstoff – eben weil die Leute so verschieden sind. Gute Führung jedoch vermeidet diese naturgegebenen Friktionen und ermöglicht erst, dass die beeindruckenden Potenziale heterogener Teams sich voll entfalten können.

Viele Führungskräfte haben jedoch genau diese Art der Führung insgeheim und oft praktisch hinter ihrem eigenen Rücken aufgegeben. Sie stellen Mitarbeiter ein und erwarten, dass diese „funktionieren", das heißt ohne nennenswerte Führung (Anweisen ist nicht Führen) ihre Leistung bringen: „Ich hab keine Zeit, die Neuen an die Hand zu nehmen. Wer bin ich denn? Ihre Kindergartentante? Wenn ich jemanden einstelle, dann erwarte ich, dass er oder sie weiß, wie der Hase läuft. Dafür werden sie schließlich bezahlt." Wir haben diesen Führungsmangel bereits angesprochen (Kap. 8).

Wer diesen Mangel beseitigt, bringt auch MitarbeiterInnen zum Laufen, die führungsschwache Chefs nicht einstellen könnten. Manche Führungskräfte beherrschen diese Kunst perfekt. Über einen Malermeister mit stadtbekannt hoher Führungskompetenz sagen zum Beispiel seine Mitarbeiter: „Der Chef könnte auch einen Germanisten einstellen, der in seinem Leben noch nie einen Farbtopf angerührt hat – und nach drei Wochen steht der auf dem Gerüst und schwingt den Pinsel wie ein Alter!" Mitarbeiter sind nie nur das, was sie sind. Mitarbeiter sind immer auch das, was der Chef aus ihnen macht. Auch das ist Führung.

10.2 So wertvoll kann kein Mitarbeiter sein, dass man sich von ihm erpressen lässt

Das ist ja nicht nur bei der Einstellung so. Das zieht sich durch den ganzen Lebenszyklus eines Mitarbeiters. Wenn mir bei meinen Beratungsvisiten ein etwas unkollegialer Kollege auffällt, der sich auch sichtlich kein Bein ausreißt und ich das anspreche, höre ich oft von Chef oder Chefin: „Um Gottes Willen, sagen Sie bloß nichts! Wir brauchen den Mann!" Deshalb lässt man ihm Sachen durchgehen, die bei jedem anderen sofort einen Anpfiff zur Folge hätte.

10.2.1 Der Chef schluckt die Kröte

Wenn ein Chef sieht, wie sich einer schont, aber Ansprüche erhebt, schwillt jedem Chef der Hals. Aber er schluckt die Kröte. Regelmäßig. Täglich, weil: „Wir brauchen ihn/sie!" Es gibt ein Heer an MitarbeiterInnen, die auf einem Erbhof an Pfründen sitzen und ständig mehr fordern als er oder sie leisten. Oder erst Hand anlegen, wenn die Gegenleistung stimmt.

Neulich bei einem größeren Mittelständler zum Beispiel. Die großen Hersteller digitalisieren, die Kunden digitalisieren, der Mittelständler muss mit, tüftelt einige Digitalprojekte aus, stellt sie der Belegschaft vor und „Die Altgedienten" sagen noch während der Vorstellung der Projekte: „Und was ist für uns drin? Was nützt uns das? Kriegen wir wenigstens einen Extra-Digitalbonus für unsere Mühe?" Dem Chef bleibt der Mund offen stehen: Wenn der Betrieb nicht binnen weniger Monate digitalisiert, kann er die Hälfte der Leute entlassen. Das scheint die Altgedienten nicht zu stören, ja nicht einmal zu interessieren. Was sie vorrangig daran interessiert, ist das, was für sie dabei herausspringt (Job-Sicherheit zählt offensichtlich nicht dazu).

Vielen Chefs bleibt bei solchen Eskapaden aus der Mitte ihrer Belegschaft der Mund schon lange nicht mehr offen stehen, weil sie an sowas leider schon gewöhnt sind. Lassen Sie uns das Kind beim Namen nennen: Das ist Erpressung; auch wenn es politisch nicht korrekt ist, das so zu nennen. Denn sobald man das Kind beim Namen nennt, ist man sofort „arbeitnehmerfeindlich", ein „Ausbeuter" und ein „Haifischkapitalist". Aber wir sind hier ja unter uns. Wir dürfen sowas sagen. Was wahr ist, muss wahr bleiben.

Die Inhaberin eines größeren Zulieferbetriebs der Automobilindustrie sagt: „Sobald ein größeres Projekt oder ein Auftrag außer der Reihe kommt, fühle ich mich in einen Basar versetzt. Einige unserer sogenannten Leistungsträger sagen mir rundheraus: ‚Können wir schon machen – aber wie sieht es denn mit größerem Büro, neuem Firmenwagen, neuem

Notebook, besserem Handy-Vertrag, vermögensbildenden Maßnahmen, neuen und besseren Visitenkarten, Beförderung, Incentive-Seminar … aus?'" Das ist Management by Pampering. Muss man da mitmachen?

10.2.2 Chef, wehr dich!

„So wertvoll kann ein Mitarbeiter gar nicht sein", sagte mir unlängst ein Chef, „dass ich mich von ihm erpressen lasse! Reisende soll man nicht aufhalten." Das ist eine harte, aber langfristig vernünftige Einstellung. Denn Erpressung funktioniert langfristig nicht – nicht für den Chef und seinen Betrieb.

Denn Erpresser haben keine Loyalität, kein Gespür für Leistung und Gegenleistung, kein Leistungsethos, sondern ein Selbstbereicherungsethos. Warum sind sie so? Weil sie böse und kriminell sind?

Natürlich nicht! Sie haben lediglich ein schwaches Selbstbild, das überwiegend extrinsisch, von externen Statussymbolen abhängig ist. Kriegen sie 100 Euro mehr, fühlen sie sich in ihrem Selbstwert gestärkt – einige Wochen lang. Bis die intrinsischen Selbstzweifel wieder hochkochen. Dann fordern sie erneut eine Zulage, ein Statussymbol, einen Ego Booster, eine Kompensation für das schwache Selbst. Es geht ihnen um Status, nicht um Leistung oder Loyalität. Jetzt mal ehrlich: Wie lange wollen Sie so jemanden in den eigenen Reihen halten?

10.2.3 Von der Kunst, Nein zu sagen

Natürlich fällt es schwer, so jemandem Nein zu sagen. Denn immerhin ist man als Chef auch zu einem guten Teil von ihm oder ihr abhängig. Also tut ein Nein dem Chef auch weh. Kurzfristig. Langfristig lohnt sich das Neinsagen.

Das ist jetzt kein schöner Ausspruch, doch die Personalchefin eines mittelständischen Dienstleistungsunternehmens sagt dazu: „Es zahlt sich langfristig nicht aus, dem Affen ständig Zucker zu geben. Man weiß doch, wohin das führt: Das nimmt und nimmt kein Ende und wird immer inflationärer, je länger man das mit sich machen lässt. Wer erst nach einem Zuckerle zu arbeiten beginnt, fordert immer mehr und mehr, bis Leistung und Gegenleistung in keinem Verhältnis mehr stehen. Wenn sie merken, dass du dich erpressen lässt, erpressen sie dich auch." Das merkt die Belegschaft natürlich.

10.2.4 Systemische Effekte einer Erpressung

Dass jemand den Chef erpresst, kriegen über kurz oder lang alle mit. Vor allem auch KollegInnen, die deutlich mehr leisten als der Erpresser, aber deutlich weniger bekommen. Schwache Chefs kriegen es dann mit der Angst zu tun: „Was, wenn die mich jetzt alle erpressen?"

Starke Chefs fürchten das nicht, weil sie wissen, dass das a) eher unwahrscheinlich ist (weil gute Leute ein Leistungsethos haben) und b) eine viel größere Gefahr droht: So eine schreiende Ungerechtigkeit zerstört jeden Teamgeist. „Warum kriegt der so viel, wo er doch viel weniger leistet als wir?" Das hält kein Team lange aus. Es zersetzt sich. Die Leute meutern oder gehen. Die Teamproduktivität geht in den Sturzflug über. Der Inhaber einer Werbeagentur (zwölf Mitarbeiter) hatte eine gute Idee.

Er sagt: „Das, was ich früher in jene beiden Mäuler gestopft habe, die den Hals nicht vollkriegen konnten, investiere ich jetzt in jene, die früher zu kurz kamen und schon damals im Grunde mehr leisteten und größeres Potenzial zeigten als die beiden Nassauer." Er hat die beiden Nimmersatte gehen lassen. Die Teamleistung machte einen Quantensprung. Die Konkurrenz nahm die beiden Statusjäger mit Handkuss – und hat bereits nach wenigen Wochen unter der Hand rückgefragt: „Waren die bei euch auch schon so High Maintenance? Ohne Gefahrenzulage fahren die nicht mal den Rechner hoch!"

10.3 Es lohnt sich einfach nicht

Viele Chefs gestehen hinter vorgehaltener Hand: „Ja, er ist unverschämt. Ja, sie erpresst uns auf gewisse Weise. Aber dafür kriegen wir auch was fürs Geld!" Das bezweifle ich.

10.3.1 Exzellentes Impression Management

Dass anspruchsvolle Mitarbeiter exzellentes Impression Management betreiben, ist sicher: Sie sehen wirklich gut aus und verkaufen sich erstklassig. Doch schaut man genauer hin, erweist sich der Eindruck als eben das: Eindruck, nicht Fakt.

Da ist zum Beispiel der Chefverkäufer eines Maschinenbauers, der allein ein Drittel des Jahresumsatzes bringt. Aber wie? Er sahnt seine Bestandskunden ab, die „auch einem Schimpansen ihre Order reinmailen würden", wie einige KollegInnen lästern, die das Impression Management des Kollegen durchschaut haben: „Bestandskunden bestellen auch ohne große Pflege." Neukundenakquise?

Komplette Fehlanzeige. Und das ist typisch für „Legends in their own mind" (Legenden der eigenen Phantasie), wie sie in Amerika auch genannt werden. An etwas Neues, Innovatives, Kreatives und mithin Riskantes wagen sich solche Legenden verlässlich nicht heran. Weil sie auf Status aus sind. Neukundenakquise zum Beispiel ist diesbezüglich hoch riskant. Sie könnte den Status des Statushengstes beschädigen, wenn er sich beispielsweise bei fünf Interessenten hintereinander Absagen holt, was bei der Neukundenakquise eher die Regel als die Ausnahme ist. Statusverlust droht?

Dann stellt der Statusjäger Denken und Handeln ein. Denn nichts ist ihm wichtiger als sein Status. Auch nicht die Zukunft des Unternehmens. Lieber sucht er sich ein neues, das ihn sein Statusstreben unbehelligt verfolgen lässt.

10.3.2 Leistungsträger sind was anderes

In aller Deutlichkeit und um jedem Missverständnis vorzubeugen: Wir reden in diesem Kapitel nicht über jene Leistungsträger, die Leistung bringen und eine adäquate Gegenleistung erwarten, fordern oder erhalten. Wir reden nicht über jene, die ihre hohe Leistung entsprechend hoch anerkannt sehen wollen. Wir reden nicht über Leistungsträger, die das bekommen, was sie verdienen, sondern über Erpresser, die das fordern, was sie eben nicht verdienen. Das ist ein Unterschied, den viele Interessenvertreter auf Arbeitnehmerseite aus gut nachvollziehbaren politischen Gründen nicht machen, nicht sehen oder nicht machen wollen. Das sei ihnen unbenommen.

Wir sind auf diesen Seiten jedoch nicht an einer Gleichbehandlung aller interessiert, ganz gleich, wieviel sie auch leisten oder eben nicht leisten. Wir sind an Leistungsgerechtigkeit interessiert. Das ist eine Wertentscheidung. Wir treffen sie hier und jetzt – ich bin mir sicher, Sie haben sie längst getroffen.

10.3.3 Statusjünger bedrohen die Zukunft eines Betriebs

Wer in erster Linie nicht an Leistung interessiert ist, sondern am eigenen Status, vermeidet nicht nur die Neukundenakquise, sondern auch viele andere nötige Aufgaben mit Risikopotenzial. Innovationen sind nicht so sein Ding, weil eine Innovation ja auch mal schiefgehen könnte – wie alles Neue. Also ist der Statusjünger allem Neuen erst einmal abhold. Neues ist nicht so sein Ding, denn es könnte ja gefährlich werden – seinem Status.

Statusjäger innovieren und digitalisieren nicht oder nur höchst ungern. Viel lieber spulen sie ihr gewohntes Programm ab. Sie erschaffen nicht oder ungern Neues, stellen nichts auf den Kopf, auch keine veralteten Prozesse und verkrusteten Strukturen – selbst wenn das für eine gute Zukunft des Betriebs absolut notwendig und geboten wäre. Denn im Zweifelsfall geht ihnen ihr Status vor der Zukunft des Unternehmens. Das sagen sie nicht, aber danach handeln sie – und das sieht man auch, wenn man genau hinschaut. Wer braucht solche Leute? Und von denen lassen Sie sich erpressen? Das kann nicht sein.

10.4   Befreien Sie sich aus der Abhängigkeit!

Selbstverständlich sind Mitarbeiter das wichtigste Kapital eines Unternehmens (wobei der Spruch schon ein wenig kurzsichtig ist: Was ist mit den Kunden? Den Inhabern? Den Führungskräften? Den Produkten und Leistungen?). Doch es gibt einen Unterschied zwischen wichtigem Kapital und unnötiger Abhängigkeit von exakt jenen Mitarbeitern, von denen man am wenigsten abhängig sein möchte. Jede Art von Abhängigkeit ist gefährlich. Befreien Sie sich daraus.

10.4.1 Den Personalfragebogen umkrempeln

Viele Chefs und ihre Führungskräfte sehen längst, dass sie sich von Leuten abhängig gemacht haben, die sie still erpressen. Viele wollen sich auch daraus lösen – und setzen bei der nächsten Einstellungskampagne dann doch wieder den alten Personalfragebogen ein. Dieser Fragebogen definiert im allgemeinen Sprachgebrauch (und laut QM-Handbuch) das Anforderungsprofil an BewerberInnen: Was muss ein idealer Mitarbeiter für die Stelle X mitbringen? Welche Voraussetzungen, Kenntnisse, Fähigkeiten, Zeugnisse, Persönlichkeitsmerkmale, Leistungsnachweise? Welche Aufgaben und Befugnisse stehen laut Stellenbeschreibung an?

Diese Anforderungen an den idealen Bewerber sind zwar in der Regel QM-zertifiziert – aber oft seit zig Jahren (manche seit über 20) unverändert. Damit schreibt man die Misere fort. Man setzt damit doch wieder auf die Bewährten, die sich teilweise eben nicht bewährt haben. Man kann keine Mavericks und Misfits, Quereinsteiger und -denker einstellen, weil diese der veraltete Fragebogen nicht zu- und durchlässt. Überarbeiten Sie ihn!

Natürlich macht das Arbeit und Mühe und kostet Zeit. Aber wäre es das nicht wert, wenn Sie damit dem Fachkräftemangel ein Schnippchen schlagen, wenn nicht ihn für Ihren Betrieb komplett aushebeln könnten?

Überhaupt: Wer beim Recruiting, bei der Einstellung neuer MitarbeiterInnen, etwas praktische Phantasie walten lässt, ist klar im Vorteil, wie wir gleich sehen werden.

10.4.2 Verändern Sie Ihre Einstellungsregularien!

Es lohnt sich nicht nur, den Personalfragebogen zukunftsfähig zu machen. Es lohnt sich auch, die Einstellungspraxis selbst zu überarbeiten. Einige Personalverantwortliche machen das bereits.

Da ist zum Beispiel der Inhaber eines Unternehmens, das Spezialwerkzeug herstellt. Natürlich prüft er auch Zeugnisse und Lebenslauf von BewerberInnen. Doch wenn er welche zum Bewerbergespräch einlädt, dann legt er ihnen drei, vier konkrete Probleme oder Aufgaben des Firmenalltags vor, macht die Einschränkung, dass sie natürlich nicht wissen können, wie die Problemlösung im Betrieb gehandhabt wird, aber: „Wie würden Sie das Problem lösen? Wie würden Sie die Aufgabe anpacken?" Was passiert?

Eine Dichotomie (Zweiteilung) tritt auf. Der Inhaber sagt: „Eine kleine Aufgabe – und binnen zehn Sekunden trennt sich die Spreu vom Weizen!" Einen Bewerber für die Stelle des Marketingleiters hat er beispielsweise gefragt, wie er ein konkretes aktuelles Problem mit der Website der Firma lösen würde. Der Bewerber reagierte erst einmal verblüfft – was schon mal kein gutes Zeichen ist.

Der Inhaber erzählt: „Der hat mir seitenweise das Marketing-Lehrbuch mit zig Theorien und Fachausdrücken rezitiert. Ein toller Theoretiker. Von praktischer Problemlösung jedoch leider keine Ahnung." Wer stellt solche Leute ein? Jene Chefs, die nach den üblichen 08/15-Kriterien einstellen und zum Beispiel keine Szenarien durchspielen lassen (so nennt man solche Denkübungen).

Drehen wir den Spieß um: Wenn BewerberInnen keine Antwort auf praktische Probleme und Aufgaben ihres Arbeitgebers in spe parat haben – wieso bewerben die sich überhaupt? Was denken sich solche BewerberInnen?

10.4.3 Was denken solche Kandidaten?

Manche Kandidaten rechnen eben nicht mit konkreten Aufgabenstellungen, sondern mit den üblichen Fragen: Was sind Ihre Stärken/Schwächen? Warum wollen Sie zu uns? Wo sehen Sie sich in fünf Jahren? Solche KandidatInnen haben Probleme mit konkreten Fragen und Probleme mit den Sachverhalten, die hinter den konkreten Fragen stehen – das heißt: mit der eigentlichen Arbeit, die auf sie zukommt. Und solche Problemkandidaten werden eingestellt? Ja. Was ihnen an Problemlöse-, Handlungs- und Entscheidungsfähigkeit fehlt, machen sie durch Abstrahierung, Theoretisierung, Anglerlatein, Anspruchsdenken und Statusorientierung wett.

Schlimmer noch: Statuszentrierte BewerberInnen kennen ihr Wunschgehalt „auf die dritte Stelle hinterm Komma genau", wie es eine genervte Personalverantwortliche ausdrückt und sie verhandeln beinhart dafür. Doch sie entwickeln nicht die Hälfte dieses Enthusiasmus und dieser Fachkenntnis, wenn es um praktische Dinge des täglichen Jobs geht. Sie wollen ihre Vorstellungen anbringen – nicht Probleme lösen. Mit simplen Szenarien entlarvt man diese Tendenz.

„Szenario" meint: Man beschreibt mit drei, vier knappen Sätzen eine konkrete Situation, ein Problem oder eine Aufgabe – und lässt den Bewerber daran arbeiten. Wer klug ist, streut seine Szenarien über alle einstellungsrelevanten betrieblichen Funktionen, bringt Probleme mit Kunden, technische Probleme, Teamkonflikte oder überraschende Konkurrenzattacken ins Spiel und lässt den Kandidaten seine Gedanken dazu formulieren: „Was würden Sie tun? Wie gehen Sie damit um?" Das zeigt besser und schneller als alles andere, was der Bewerber konkret an Fähigkeiten drauf hat.

10.4.4 Street Smart

Niemand braucht Statusjäger im Unternehmen. Status löst keine Probleme und trifft keine Entscheidungen. Wir alle brauchen Leute, die die Ärmel hochkrempeln und anpacken. So wie es Street Smart gibt, gibt es auch Job Smart: Anpacker wissen, wie der Hase läuft. Und wenn sie es nicht wissen, wissen sie, wen sie fragen oder was sie tun müssen, um es herauszubekommen.

Und genau das prüft man mit klugen Szenarien ab. Man prüft nicht ab, ob jemand die „richtige Antwort" weiß – bei konkreten Problemen gibt es die selten, sonst wäre das Problem kein Problem. Echte Probleme und Aufgaben sind immer komplex. Man prüft nicht „die Lösung", sondern den Lösungsweg ab und die Fähigkeit, die dahinter steckt. Man prüft ab, ob jemand „den Zug zur Lösung" hat, entscheidungsstark, handlungssicher und lösungsorientiert ist, schnell vom Denken ins Handeln kommt, ohne in hektischen Aktionismus zu verfallen, kühlen Kopf bewahren und komplexitätsreduzierend mit komplexen Situationen umgehen kann. Statusjäger tun sich schwer damit.

Sie würden sich zum Beispiel nie durch den Betrieb fragen, um eine Lösung zu erarbeiten, denn: „Sich durchfragen" ist nicht statusfördernd. Statusjäger glauben nicht „Wer fragt, der führt!" Sie glauben: Wer fragt, hat keine Ahnung und damit auch keinen Status. „Wer was Besseres ist, fragt nicht!" Weil er alles schon weiß (glaubt er). Der Statusjäger sucht den Distinktionsgewinn, der Pragmatiker den Gewinn fürs Unternehmen und seine Kunden. Wen stellen Sie lieber ein?

10.4.5 Wen wollen Sie lieber?

Lieber einen Pragmatiker, der noch nicht die Branchenkenntnis besitzt – die kann man ihm beibringen. Lieber einen Pragmatiker mit hoher Motivation als einen Statusjäger mit exzellenten Zeugnissen – denn der Statusjäger legt sich garantiert nicht so heftig für Sie und die Firma ins Zeug.

Statusjäger sind meist Egozentriker. Sie interessieren sich für sich selbst deutlich stärker als fürs Unternehmen. Warum werden sie dann trotzdem so oft eingestellt? Weil sie meist einen exzellenten Auftritt haben, zu beeindrucken wissen, sich hervorragend artikulieren können. Sie machen mächtig Eindruck und lösen damit eine sogenannte Fehlattribution (fehlerhafte Zuschreibung von Eigenschaften) aus. Man denkt unwillkürlich: „Jemand, der so einen guten Eindruck macht, muss doch was drauf haben!" Ja – nämlich wie man einen guten Eindruck macht. Leider fallen die meisten Menschen darauf herein.

Nicht so die Frau eines Handwerksmeisters. Sie sichtet immer als erste im Betrieb die BewerberInnen und sagt: „Mein Mann hat früher nie die Jungs und Mädels als Azubi genommen, die keinen Ton herausbringen und nur rumdrucksen. Das kam mir immer Spanisch vor. Also habe ich damit begonnen, den stillen Typen irgendwann einen Lötkolben in die Hand zu drücken und zu sagen: Entlöte mal die Widerstände und Kondensatoren von diesen Uralt-Platinen. Keiner von denen hatte jemals einen Lötkolben in der Hand – aber Junge, da trennt sich rasend schnell die Spreu vom Weizen! Ich sage meinem Mann immer: Was willst du? Quasselstrippen mit zwei linken Händen oder jemanden, der das Maul nicht aufbringt, aber dafür wie Karajan mit dem Taktstock mit unserem Handwerkszeug umgehen kann?"

10.4.6 Der erste Eindruck zählt nicht, sondern verwirrt bloß

Praktiker mit Durchblick beurteilen den Sachverhalt oft schonungslos. Nachdem sein Chef wieder einen egozentrischen, statusorientierten Blender eingestellt hatte, sagte sein Werkstattleiter: „Heute haben wir wieder ein schönes neues Ausstellungsstück bekommen." Nicht nett, aber will man es ihm verdenken?

Schließlich muss er sich mit dem neuen Mann herumschlagen, dessen blendender erster Eindruck hauptsächlich schöne Fassade ist. Der Neue sieht den Zeugnissen nach tadellos aus und macht auch persönlich einen exzellenten Eindruck – doch anpacken kann und will er nicht wirklich. Der erste Eindruck täuscht also?

Ja – und nein. Oder wie der Werkstattleiter es ausdrückt: „Wer so einen übertrieben guten Eindruck macht, ist eben oft nur daran interessiert: am Eindruck schinden. Außer Eindruck kann der nicht viel." Die Personalleiterin eines Handelsunternehmens meint: „Am Anfang hab ich bei den Typen, die sich in Jeans und T-Shirt vorstellen, die Nase gerümpft. Dann habe ich ihnen einige Szenarien zum Nussknacken gegeben und siehe da: Einige von denen haben mehr drauf als einige der Krawatten-Typen. Hätte man sich eigentlich denken können. Aber auch ich bin nicht immun gegen den ersten Eindruck." Die echten Perlen strahlen im Verborgenen. Sie blenden nicht, sie machen keinen galaktischen Eindruck – aber sie haben halt was drauf. Wer das versteht, für den gibt es nicht wirklich einen Fachkräftemangel. Zumindest erlebt er und sie ihn deutlich milder.

„Ach was!", wenden hartgesottene PraktikerInnen an dieser Stelle manchmal ein: „Natürlich gibt es den Fachkräftemangel! Und nur wer mehr zahlt, entgeht ihm." Wirklich?

10.5 Gibt es den Fachkräftemangel?

Betrachten wir einen Extremfall: eine Mittelstadt mit knapp 50.000 Einwohnern im Süden Deutschlands, viele Hunderte kleiner und mittlerer Betriebe. Vom Kfz-Betrieb über den Fensterbauer bis hin zur Schlosserei brauchen alle dringend eine Fachkraft, die Aluminium schweißen kann. Es ist kaum zu glauben (oder eben doch), aber in der ganzen Stadt samt Umkreis gibt es zum Bedarfszeitpunkt nur einen einzigen Gesellen mit der nötigen Ausbildung und Praxiserfahrung. Alle reißen sich um ihn.

10.5.1 Geld wird überbewertet

Der Schlossermeister sagt: „Ich kann Ihnen nicht so viel zahlen wie der große Fensterbauer, bei dem Sie sich sicher auch bewerben. Nicht annähernd so viel. Aber beim Fensterbauer werden Sie Ihr Leben lang bis zur totalen Langeweile Fensterrahmen schweißen und als einziger Ihrer Art immer ein Außenseiter sein. Das ist wie FC Bayern und Borussia Dortmund. Die Bayern zahlen besser, doch bei uns sind Sie Teil eines echten Teams. Sie sehen vom Großkran bis zur feinmechanischen Arbeit alles, was es auf unserem Feld zu sehen und zu bearbeiten gibt. Und Sie gehören zur Familie." Was macht der Bewerber?

Er geht zum Fensterbauer, weil der 200 Euro mehr bezahlt.

Nach einem halben Jahr klopft er beim Schlosser an: „Gilt Ihr Angebot noch? Alles war genauso, wie Sie gesagt haben. Ich habe es satt. Ich will zur Borussia!" Kein Einzelfall.

Und deshalb: Ja, es gibt den Fachkräftemangel. Für Betriebe wie den Fensterbauer, der mehr bezahlen muss als alle anderen, weil er weniger attraktiv ist und damit hauptsächlich Statusjäger anzieht und Leute, die vor allem fürs Geld arbeiten. Für Betriebe wie die Schlosserei gibt es den Fachkräftemangel nicht oder weniger heftig. Es ist so wie im richtigen Leben: Der Bessere gewinnt. Und das ist eben nicht immer der, der mehr Knete auf den Tisch legt.

10.5.2 Wer falsch sucht, produziert den Mangel selber

Der von Medien und einigen Verbandsvertretern bedrohlich gehypte Fachkräftemangel ist in großen Teilen ein Mythos, da zu ebenso großen Teilen bedauerlicherweise hausgemacht. Und damit meine ich nicht das vielzitierte Image einer Branche, das eher eine untergeordnete Rolle spielt.

Viel heftiger mangel-erzeugend, doch genauso heftig und häufig übersehen, ist das mangelhafte Suchraster bei der Bewerberauswahl. Da sucht ein Familienunternehmen zum Beispiel eine erfahrene Sachbearbeiterin, findet auch glücklich eine und stellt sie ein – und aus ist es mit dem Glück. Denn irgendwie nimmt die Überlastung des Teams auch Monate nach der Neueinstellung nicht wirklich ab.

Die Enkelin des Gründers ist einigermaßen ratlos und fragt mich: „Wir könnten jetzt natürlich weitere Sachbearbeiterinnen einstellen – aber einerseits können wir uns die nicht in unbegrenzter Anzahl leisten und andererseits habe ich den Verdacht, dass das die falsche Lösung des Problems ist!" Nach kurzer Praxisanalyse ihres Betriebs und des konkreten Aufgabenprofils der Stelle bestätige ich ihren Verdacht.

Sie hat eine ganze Sachbearbeiterin eingestellt – dabei bräuchte sie im Grunde lediglich eine halbe. Plus eine halbe Innovationsbeauftragte. Denn die Sachbearbeiterin sitzt an der Schnittstelle zwischen Entwicklung, Fertigung und Geschäftsführung in Zeiten der Digitalisierung – und ist mit Digital- und Innovationsprojekten derart überfordert, dass sie den Betrieb nicht wirklich entlasten kann. Sie kann nichts dafür! Sie wurde nach Zeugnis eingestellt, nicht nach konkreter Erfordernis.

10.5.3 Immer noch Kunst – oder gutes Handwerk: Den/die Richtige/n finden!

Noch ein Beispiel für Fehlselektion – oder wie das manche Praktiker in ihrer unnachahmlichen Direktheit ausdrücken: „Da hat der Chef wieder den Bock zum Gärtner gemacht." Grausam, aber leider wahr.

Ein Mittelständler sucht eine Innendienst-Telefonistin und stellt auch eine solche ein. Wieder dasselbe Ergebnis. Oder wie die Geschäftsführerin sagt, die privat einen flotten Sportwagen fährt: „Wir bauen einen Turbo ein – und der zündet nicht!" Ich schaue mir die

Telefonistin an und was sie täglich leisten muss und erkenne fast unmittelbar: Ja, der Betrieb braucht dringend jemanden am Telefon vom Innendienst – aber gleichzeitig eigentlich auch eine Customer Relationship Managerin: Die Telefonistin vermittelt zu viele KundInnen an die jeweilig zuständigen Fachkräfte im Betrieb, die damit nicht wirklich entlastet sind. An dieser Stelle sagte die Personalchefin: „Aber für jemanden mit Bachelor oder Master haben wir das Geld nicht!" Wer hat das denn verlangt?

Verlangt ist lediglich eine Telefonistin, die sich zutraut, Bagatellanfragen und -beschwerden nicht unberührt einfach weiter zu delegieren, sondern größtenteils selber zu beantworten. Eine Telefonistin, die darüber hinaus einfach gut mit Menschen kann. Und wer wurde stattdessen eingestellt?

Die Bewerberin mit den guten Schulnoten, der abgeschlossenen Berufsausbildung zur Bürokauffrau und mit der Weiterbildung in Telefonakquise. Die formalen Erfordernisse sind damit doch erfüllt?! Ja, klar – und: Seit wann fallen Sie auf die formalen Erfordernisse herein?

Denn die Bewerberin mit den guten Schulnoten, der abgeschlossenen Berufsausbildung zur Bürokauffrau und Weiterbildung in Telefonakquise dachte schon im Vorstellungsgespräch auffallend lange nach, bevor sie gestellte Fragen beantwortete, wich Blickkontakt häufig aus, konnte emotional keinen Draht zur Interviewerin finden und machte nach eigener Schilderung eher einen introvertierten Eindruck. Nichts dagegen! Aber für die zu besetzende Stelle eben ungeeignet – beiderseitig! Denn die neue Mitarbeiterin ist nicht wirklich glücklich in ihrem neuen Job: „Die Kunden treiben mich langsam in den Wahnsinn mit ihren blöden Fragen!" Der Knüller kommt aber erst noch.

10.5.4 Der schlimmste aller Fehler: Den perfekten Bewerber ziehen lassen

Im Rückblick betrachtet könnten sich Geschäftsführerin und Personalchefin grün ärgern: Sie hatten die perfekte Bewerberin. Und ließen sie gehen! Weil sie mit einer satten Vier in der Ausbildungsnote daherkam, keine Telefon-Weiterbildung hatte, dafür verbal nicht zu bremsen war („a Gosch wie a Schwert!", meinte die Personalchefin), sich vor Enthusiasmus kaum halten konnte, nach fünf Minuten mehr aus der Personalchefin herausgefragt hatte als umgekehrt und mit den gestellten, komplexen Szenarien nicht nur spielte, sondern damit geradezu jonglierte. Und so eine Kanone lässt man gehen? Und hebt dafür die viel weniger geeignete Bewerberin auf den Sockel? Bloß wegen der besseren Zeugnisnoten?

„Jaja", winkten beide Führungskräfte ab. „Schon verstanden. Wir überarbeiten unsere Bewerberauswahl." Dringend! Denn sonst produziert man munter den Fachkräftemangel weiter selber, über den man sich beklagt und ihn der demographischen Entwicklung in die Schuhe schiebt. Und da fragt man sich noch, warum manche Betriebe keinen Fachkräftemangel leiden? Das rein mit übertariflicher Bezahlung weg zu erklären, riecht schon etwas streng nach altem Käse …

10.5.5 Manche Chefs haben das im Blut

Sie misstrauen Zeugnissen und anderen formalen Qualifikationen a priori. Vielleicht weil sie selber kein gutes Zeugnis hatten und wissen, was für ein schwacher Prädiktor Zeugnisse für beruflichen Erfolg sind. Praktisch alle Genies und Wirtschaftswunderkinder hatten ein schlechtes Zeugnis. Die Einser-Kandidaten von den Business Schools dagegen haben die letzte Weltwirtschaftskrise verursacht. So viel zur Schulnote als Indiz für Berufserfolg.

Eben deshalb haben smarte Chefs eine Tendenz zum Underdog, zum stillen Schaffer, zum Anpacker, der nicht blendet, sondern eben anpackt. Dann stellt der Underdog den Underdog ein. Schaffer erkennt Schaffer. Leider gilt das auch umgekehrt.

Wenn ich in einem Betrieb in Büros und Fertigungsstätten auffallend viele Statusorientierte entdecke, kann ich fast drauf wetten, dass sie auch ein Vorgesetzter mit starker Statusneigung eingestellt hat: Gleich und Gleich gesellt sich gern. People that are like each other, like each other. Man nennt das den Klon-Effekt: Chefs haben beim Einstellen von neuen Mitarbeitern die unbewusste Tendenz (einen sogenannten Bias, eine Denkverzerrung), sich selbst zu klonen. Dann stellt der Statusjäger neue Statusjäger ein, stellt sie auf den Sockel und macht sich abhängig von ihnen. Glücklicherweise ist das wie der Drang zum fünften Pils oder der Griff zur Schokolade: Man kann auf jede Versuchung hereinfallen. Man und frau kann ihr aber auch widerstehen (wenn man/frau die Versuchung als solche erkennt).

10.6 Die Zukunft ist eher neu als alt

Wir brauchen im Betrieb auch die alten Kämpen – aber eben nicht nur. Mit den alten Kämpen und den alten Blendern wird die Zukunft schwierig. Alt ist kein Synonym für „zukunftsfähig". Deshalb brauchen wir auch neue Querdenker, Schaffer und Visionäre. Die passen oft nicht zum alten Team.

Dafür passen sie zur Zukunft. Denn sie stellen den Betrieb dort auf den Kopf, wo er auf den Kopf gestellt gehört – ohne KollegInnen und Vorgesetzte vor den Kopf zu stoßen.

Natürlich ist es bequemer, nach altem Schema F weiter Mitarbeiter einzustellen, weiter die alten Bewerberprofile zu verwenden anstatt neue zu formulieren, weiter die altbewährten und eben nicht wirklich bewährten Mitarbeiter auf den Sockel zu stellen und sich von ihnen abhängig zu machen. Das ist vertraut und gewohnt. Zukunftsträchtig ist es nicht. Die Zukunft ist neu, also lasst uns auch neue Leute einstellen!

Personalentwicklung statt Arbeitskraftbeschaffung

Wie Sie die Mitarbeiter bekommen, die Sie brauchen

> *„Führungskräfte müssen akzeptieren können, dass sie in ihrer Gruppe Personen haben, die mehr wissen als sie selbst. Es ist für viele spezialisierte Mitarbeiter ein tragisches Ereignis, dass sie einen Vorgesetzten haben, der das Wissen von gestern und die Macht von heute hat. Man muss also auch Führung durch die Geführten in Fachfragen zulassen."* Lutz von Rosenstiel

Zusammenfassung

Viele Betriebe legen zu großen Wert auf die Rekrutierung und zu wenig Wert auf Weiterbildung und Personalentwicklung. Die eigene Kompetenz- und Persönlichkeitsentwicklung von Führungskräften und Mitarbeitern wird vielerorts und implizit als Bringschuld und Privatsache der Arbeiter und Angestellten betrachtet. Das hat früher mehr schlecht als recht funktioniert. In den heutigen Zeiten des radikalen Wandels und der großen Entwicklungssprünge reicht es nicht mehr. Das sieht man zum Beispiel an den häufigsten Kompetenzlücken, die oft sogar mit Learning on the Job oder Learning by Doing geschlossen werden könnten – wenn die Lernblockaden überwunden würden. Personalentwicklung ist besser als Personalrekrutierung, denn im Vergleich zur Rekrutierung sind der Entwicklung viel weniger Grenzen gesetzt.

Alle klagen: „Man kriegt grad kaum oder gar keine guten Leute!" Also sucht man noch etwas verbissener und weitläufiger oder wirbt ab. Man sucht per Annonce die eierlegende Wollmilchsau, mit der sich jeder Bewerber, jede Bewerberin hoffnungslos überfordert fühlt und kaum hat man mit viel Glück doch eine der begehrten Fach- oder Führungskräfte eingestellt, ist mehr oder weniger, bis auf ein paar spärliche Weiterbildungen, Ende mit der Weiterqualifizierung im Beruf. Ganz gleich, ob sich die Technologie (Stichwort Digitale Revolution) oder die Kunden (Stichworte Wertewandel und Losgröße 1) oder die Wirtschaft (Stichwort agil) radikal ändern. Der Mitarbeiter bleibt mehr oder weniger so, wie er eingestellt wurde.

11.1 Die Welt wandelt sich – wir auch?

Wenn wir die aufgezählten und viele anderen oft radikalen Veränderungen mitmachen, dann eher privat als beruflich. Privat sind viele von uns zum Beispiel weitaus stärker „digital ready" als ihr Betrieb, in dem sie arbeiten.

11.1.1 Das Private wandelt sich schneller als viele Betriebe

Privat bestellen wir ganz selbstverständlich und massiv online. Wir haben mindestens einen Newsfeed auf dem Smartphone, bewegen uns täglich stundenlang im Internet, kennen uns mit Facebook und Youtube aus, verfolgen die Medien. Wenn wir uns mit dem Betrieb vergleichen, in dem wir arbeiten, schneiden wir privat oft besser, moderner, digitaler und weiter entwickelt ab. Wir sind voll digital und im Wertewandel weit fortgeschritten – unser Betrieb noch nicht.

11.1.2 Kompetenz ist Privatsache

Es geht dabei nicht so sehr darum, den Anschluss zu wahren. Darum geht es natürlich auch. Doch es geht hauptsächlich um die Frage: Wenn die Gesellschaft, die Technologie, die Kundschaft und die Wirtschaft sich verändern – wer sorgt dann dafür, dass Führungskräfte und Mitarbeiter up to date, auf dem Stand der Entwicklung bleiben?

In leider sehr vielen Betrieben lautet die Antwort: jedenfalls nicht der Betrieb. Weiterbildung, lebenslanges Lernen, Kompetenzentwicklung, Charakterbildung, Persönlichkeits- und Personalentwicklung – nicht Sache des Betriebs. Privatsache. Es geht vielen Betrieben stärker darum, die Richtigen einzustellen. Und nicht darum, jene, die man schon hat, so weiterzuentwickeln, dass sie immer auf dem Stand der Entwicklung bleiben. Die Welt entwickelt sich weiter und man müsste dazulernen? Dann macht das mal: Lernen ist Privatsache.

Es sei denn, der Betrieb kauft eine neue Maschine oder Software. Dann kriegen die Bediener eine schnelle Einweisung – meist vom Hersteller oder Händler. Das ist dann aber keine Weiterbildung, sondern lediglich eine Einweisung. Viele Handwerksbetriebe fahren mit dieser entwicklungsfernen Strategie schon seit Jahrzehnten. In Zeiten langsamen Wandels funktionierte das auch irgendwie. Leider sind diese Zeiten vorbei.

11.1.3 Im Gewerbe ist es nicht besser

Im produzierenden Gewerbe ist es meist nicht besser. Da gibt es die Pflichtschulungen im Rahmen des Qualitätsmanagements. Doch allein schon das Wort „Pflicht" sagt: Hier wird lediglich das Allernötigste dazugelernt. Die Grundlagen. Die Wissensbasis. In Zeiten, in denen ganze Branchen von neuen Geschäftsmodellen und digitaler Technologie disrumpiert werden, kommt man damit nicht weit. Das reicht einfach nicht, um die nächsten zehn, 20 Jahre zu überleben und weiter Erfolg zu ernten. Die Zeiten ändern sich derzeit schneller als viele Betriebe ihre Mannschaft weiterbilden können oder auch nur wollen. Wo sind die Kompetenzlücken am größten?

11.2 Die größten Kompetenzlücken

Die Kompetenzlücken eines Betriebs sind in der Regel so spezifisch wie der Betrieb selbst. Doch einige Lücken haben sich über fast alle Unternehmen verbreitet.

11.2.1 Kundenkommunikation

Was sagen viele Kompetenzträger hinter vorgehaltener Hand über ihre eigenen Kunden? „Der Kunde hat doch keine Ahnung von der Sache!" Nur wenige der Fachexperten kennen die andere Seite dieser Klage: „Ich habe kein Wort von dem verstanden, was der Handwerker mir eben zu erklären versucht hat." Sich verständlich auszudrücken, kann man aber lernen. Man sollte das auch.

Denn sobald die Konjunktur sich wieder abkühlt – und das hat sie bislang noch immer getan – werden jene Handwerker, von denen Kunden sich fair und nachvollziehbar behandelt fühlen, weiterhin gute Geschäfte machen, während die anderen mit der Konjunktur in den Keller gehen. Für viele ist das eine harte Nuss: Die eigene Leistung ist für die Leistungsbeurteilung des Kunden nicht alleinbestimmend, sondern lediglich genauso wichtig, wie die Kundenkommunikation: Der Ton macht die Musik. Und wer sich öfter im Ton vergreift, den retten auch keine guten Leistungen vor schlechten Bewertungen durch den Kunden.

11.2.2 Learning by Doing

Um konstruktiv und verständlich mit Kunden kommunizieren zu lernen, muss man nicht unbedingt ein Training abhalten oder besuchen. Natürlich geht es so schneller und einfacher. Man kann jedoch auch bei dem lernen, was man sowieso täglich macht. Wenn sich zum Beispiel Mitarbeiter über Kunden beklagen – und das tun sie täglich.

Bei einem Großhändler für Gastronomiebedarf hört der Chef immer genau zu, wenn sich seine Leute über Kunden beschweren und fragt dann immer: „Was der Kunde da gesagt hat, geht natürlich gar nicht. Aber was hast du zuvor gesagt? Was danach?" Und immer finden sich ungewollt ungeschickte Formulierungen, die in einer schwierigen Situation den Stress noch erhöht und den Kunden noch schlimmer aufgebracht haben. Dann tüfteln Chef und Mitarbeiter Alternativformulierungen aus und üben das im Rollenspiel ein wenig. Ist meist in drei bis fünf Minuten erledigt. Warum machen das nicht alle?

11.2.3 Kompetenzlücken sind groß, Lernblockaden sind größer

„Weil ich davon ausgehe, dass meine Leute reden können!", sagen viele Vorgesetzte. „Dafür bezahle ich sie schließlich!" Das ist keine sinnvolle Begründung, wenn die Mitarbeiter bereits das Gegenteil aktenkundig demonstriert haben. Das ist eher eine sogenannte Lernblockade. Manche sagen auch „Lernverweigerung" dazu. Denn dass der Mitarbeiter oder die Führungskraft in der konkreten Situation eben nicht über die optimale Artikulationsfähigkeit verfügen, zeigt allein der Umstand, dass sie sich über einen Kunden beklagen.

Für jede Situation, in der geklagt und nicht gelernt wird, gibt es meist mehrere Lernblockaden. Vorgesetzte beklagen sich ihrerseits darüber („Lernen die das nie?") – Führungskräfte beseitigen solche Lernblockaden (Kap. 9).

11.2.4 Die moderne Kundenkommunikation

Dass Unternehmen heute auf den sozialen Medien präsent sind, gehört inzwischen zum guten Ton. Viele haben das inzwischen auch eingerichtet – von der Aufbauorganisation her betrachtet. Die Ablauforganisation funktioniert oft noch nicht so toll. Auf vielen Web-Seiten sind auf den ersten Blick eklatante Fehler zu sehen.

Da postet zum Beispiel ein erboster Kunde (zu Recht oder zu Unrecht sei dahingestellt) einen erhitzten Kommentar – und da steht er nun. Seit mehreren Tagen, manchmal sogar Wochen! Ohne Antwort. Dann hat das Unternehmen zwar einen Auftritt in den sozialen Medien, aber Kommunikation ist das nicht. Denn Kommunikation ist zweiseitig und nach Möglichkeit paritätisch. Manchmal höre ich hinter vorgehaltener Hand: „Ist mir doch egal, was die Kunden da posten!" So hört sich eine Lernblockade an. Führungskräfte, die kommunizieren können und wollen, sagen etwas anderes.

Zum Beispiel: „Es ist uns wichtig, mit allen Kunden und gerade auch den schwierigen Kunden stets im Gespräch zu bleiben. Solange man noch miteinander redet, kann man alles regeln. Erst wenn man nicht mehr miteinander redet, bleiben die Aufträge dann meist auch weg." Ein chinesisches Sprichwort sagt: „Wer nicht lächeln kann, sollte keinen Laden aufmachen." Die Menschen hinter den Aufträgen sind mindestens genauso wichtig wie die Aufträge selbst.

Bei einem kleinen aber feinen Handelsunternehmen im Norden Deutschlands hängt im Büro der Geschäftsführerin der Spruch: „Aufträge gut erledigen – Kunden gut behandeln." Wer beides gleich gut kann und wer vermeidet, dass das eine unter dem anderen leidet, der hat eine gute Zukunft vor sich.

11.2.5 Netikette

Es gibt eine Etikette im Netz und auf den sozialen Medien. Da startet zum Beispiel ein Betrieb eine Umfrage unter seinen Kunden zum Smart Home, die Kunden beteiligen sich erfreulicherweise rege – und was passiert danach?

Nichts. Kein Dankeschön, kein „vielen Dank für Ihre vielen wertvollen Anregungen", keine auszugsweise Diskussion der gewonnenen Erkenntnisse. Das ist keine Kommunikation, das ist der Tod jeder Kommunikation, das ist Verlautbarungsartikulation. Das können sich Könige und Tyrannen leisten, aber keine Geschäftsleute, die an einer guten Zukunft interessiert sind. Diese Kommunikationspathologie hängt auch mit der nächsten Kompetenzlücke zusammen.

11.2.6 Das Mindset

Mangelhafte Kommunikation kommt nicht von ungefähr. Sie ist meist Symptom einer problematischen Grundhaltung, Einstellung, Denkhaltung – neuhochdeutsch Mindset genannt. Erkennbar wird das Mindset täglich an verräterischen Äußerungen wie „Der Kunde hat doch keine Ahnung!" Natürlich hat er keine Ahnung – sonst würde er es selber machen und nicht uns den Auftrag geben. Doch diese Äußerung ist auch nicht als Statement, sondern als Abwertung gemeint. Und Abwertung ist die verbale Ohrfeige.

Um das Sprichwort abzuwandeln: „Wer den Kunden nicht ehrt, ist des Auftrags nicht wert." Denn wenn ein Kunde sich auf Anbieterseite mit einem Mindset der Abwertung konfrontiert sieht, dann fühlt er sich bevormundet, abgewertet, nicht verstanden, nicht ernstgenommen, nicht abgeholt, nicht richtig behandelt. Abwertung ist niemals gut. Selbst jene, die abwerten, lassen sich ungern selber abwerten.

Ein Mindset der Abwertung (auch gegenüber eigenen Arbeitern und Angestellten) ist ein gefährliches Zukunftsrisiko und zeigt sich in der Regel in einer hohen Fluktuation in der Belegschaft. Niemand lässt sich gerne abwerten. Das lässt auch niemand lange mit sich machen. Ob Kunde oder Mitarbeiter: Die wandern ab. Zu jemandem mit einem beziehungsfreundlicheren Mindset. Warum gibt es diesen woanders überhaupt?

11.2.7 Mindset-Lernblockade

Wenn es um das eigene Mindset geht, sagen viele: „So bin ich halt. Kann man nichts machen. Ihr müsst mich eben nehmen, wie ich bin. Ich ändere mich auch nicht mehr." Das ist falsch, aber weit verbreitet. Natürlich kann sich der Charakter eines Menschen ändern! Genauer und noch besser: *Sie* selbst können Ihren Charakter ändern. Tatsächlich sind Sie der/die Einzige, der/die ihn ändern kann. Und das haben Sie ja auch schon oft getan – meist völlig unbewusst.

Sie sind doch sicher nicht mehr komplett so wie Sie mit 17 waren! Alles ändert sich, auch der Charakter. Meist ändert er sich unwillkürlich. Das können Sie aber auch willkürlich haben. Deshalb heißt der Ausdruck „Charakterschulung" oder „Persönlichkeitsentwicklung".

Das eigene Mindset kann geändert werden. Manchmal über Nacht, aber auf jeden Fall binnen zwei, drei Wochen. Wer das möchte, schafft das auch. Das ist übrigens ein häufiger Grund, weshalb sich Führungskräfte an Coaches wenden: „Wir müssen dringend was an meinem Führungsstil ändern und wie ich mit Menschen umgehe!" Dann arbeiten wir am Mindset. Danach ändert sich auch der Stil in Führung und Kommunikation.

11.3 Strategische Kompetenzlücke: Entscheidungsfindung

Wenn es Probleme gibt, übersehen wir meist eine im Sinne des Wortes entscheidende Problemursache. Da leidet zum Beispiel ein kleiner Werkzeugbauer mitten in der Hochkonjunktur unter einer Auftragsflaute und verortet das sofort bei den wankelmütigen Kunden und der scharfen Konkurrenz. Dabei übersieht der Werkzeugbauer jene Entscheidungen, die er selber in der jüngsten Vergangenheit getroffen hat und die zur Flaute beitragen.

11.3.1 Entscheidungen sind entscheidend

Denn vor einigen Monaten hat er aus Effizienzgründe beschlossen, keine Kleinaufträge mehr anzunehmen. Solche Aufträge sind auch tatsächlich wenig bis überhaupt nicht effizient: großer Aufwand, kleiner Umsatz, kleine Marge. Doch die Kleinaufträge haben früher immer wunderbar Auslastungslöcher gestopft und zumindest Cash Flow gebracht. Jetzt leidet der Betrieb unter dieser (Fehl)Entscheidung.

Viele Entscheidungen werden eben nicht rein sachlich, fachlich und ökonomisch getroffen, sondern zu schnell, zu langsam oder zu sehr einem bestimmten verzerrten Mindset geschuldet. Die Liste der Entscheidungspathologien ist lang.

11.3.2 Entscheidungspathologien

Wesentlich ist nicht, dass man aus der langen Liste der Entscheidungsfehler die eigenen heraussucht, sondern dass man überhaupt weiß und darauf achtet, dass jede Entscheidung auch systematisch verzerrt sein könnte.

In kleinen Betrieben sind Familienangehörige oft eine exzellente Korrekturinstanz. Ein Geschäftsinhaber sagt halb stolz, halb peinlich berührt: „Wenn ich wieder eine Entscheidung viel zu lange vor mir herschiebe, weil wir mit den Aufträgen nicht hinterher kommen, sagt meine Frau dann immer: Wir setzen uns heute mit deinem Führungsteam zusammen. Halbe Stunde, wir besprechen das und fällen dann eine Entscheidung, die alle mittragen können." Pathologie abgewendet, Entscheidung getroffen.

Dafür brauchen Sie keine Familienmitglieder. Diese Korrekturfunktion kann auch ein Vertrauter, die Sekretärin oder der Assistent übernehmen. Oder ein Mentor. Wer all das nicht hat oder demjenigen nicht vertraut, kann auch einen Coach dafür einsetzen.

11.3.3 Entscheiden Sie besser!

Welche systematischen Verzerrungen bedrohen Ihre Entscheidungen? Kommen Sie ihnen auf die Schliche und behalten Sie sie im Hinterkopf. Entscheidungsverbesserung ist wie Führungsstilpflege: Besser geht immer. Und halten Sie sich nicht mit Entscheidungsblockaden auf, die Sie kurzfristig nicht ändern können (zum Beispiel Ihrem Vorgesetzten). Verbessern Sie das, was Sie verbessern können. Das allein bringt Sie erheblich weiter.

11.3.4 Rekrutierung: Entscheidungsfreude

Nur ganz wenige Vorgesetzte achten bei Einstellungen darauf: Ist der Wunschkandidat, die Wunschkandidatin entscheidungsfreudig und entscheidungssicher? Das kann man durchaus recht zuverlässig mit Mini-Szenarien herausfinden: „Folgende Situation: ... Wie würden Sie entscheiden?"

Da bei der Entscheidungsfähigkeit auch bei wachsamer Bewerberauswahl meist ein Defizit besteht, sind Unternehmen deutlich entscheidungsstärker, die ein Skill-Training abhalten oder diese Fähigkeit regelmäßig on the job trainieren:

- Wie gut können unsere Angestellten und Arbeiter entscheiden?
- Was sind überhaupt unsere Kriterien einer guten Entscheidung?
- Wie priorisieren wir diese Kriterien?
- Kommt zum Beispiel Genauigkeit und Sicherheit immer vor Schnelligkeit und Flexibilität?
- Welche unserer Abteilungen und Teams sind auffallend entscheidungsschwach?
- Wo ist der Verantwortungsbereich größer als die Entscheidungsfähigkeit?
- Wer schiebt die größte Bugwelle an aufgeschobenen Entscheidungen vor sich her?

Wer keine Bugwelle sieht, schaut meist nicht genau hin. Denn fast jeder von uns schiebt eine kleine oder größere Welle vor sich her. Wir sind alle mehr oder weniger überlastet. Also schauen Sie genau hin. You can't manage what you can't see.

11.4 Kompetenzlücke Fehlerkultur

Gerade hierzulande, wo alles immer akkurat und exakt und nach Vorschrift sein muss, ist die Fehlerkultur vielerorts recht destruktiv. Natürlich trägt eine mangelhafte Fehlerkultur auch zu Entscheidungspathologien bei (Abschn. 11.3) und ist Teil eines hinderlichen Mindsets (Abschn. 11.2.6).

11.4.1 Anpassungsreaktionen

Wer Fehler fürchtet (weil er wegen ihnen bestraft wird), entscheidet nicht schnell und gut genug. Wer Fehler bestraft, bremst nötige Entscheidungen unnötig. Schlimmer noch: Wer Bestrafung fürchtet, spielt Cover Your Ass. Man sichert sich völlig übertrieben ab, damit selbst bei der kleinsten Entscheidung niemals eine eigene Schuld nachgewiesen werden kann. Wir alle kennen solche Fehlerkulturen. Was wäre eine gute Fehlerkultur?

11.4.2 Die gute Fehlerkultur

Es gibt Unternehmen mit herausragender Fehlerkultur. Wirklich alle arbeiten dort sehr gerne – und gut! Diese Firmen haben auch keine Probleme, gute Leute zu finden. Wenn dort jemand einen Fehler macht, heißt es nicht: „Wer hat das wieder verbockt? War das jetzt nötig? Als ob wir nicht schon genug Probleme hätten!" Und alle ducken sich weg, haben Stress und nehmen sich vor, künftig noch mehr Entscheidungen weg- und aufzuschieben.

Nein, in solchen Unternehmen heißt es: „Okay, das lief jetzt nicht glücklich, das war klar ein Fehler – Schwamm drüber, Lehrgeld bezahlt, was lernen wir draus? Wie bügeln wir das bestmöglich aus? Was braucht ihr dafür? Wer macht mit?" Man könnte durchaus den Eindruck bekommen, dass Fehler in so einer Kultur nichts Schönes, aber auch nichts Unangenehmes sind. Das sagen auch viele dort: „Ist doch toll, wenn alle zusammenhalten und sich gegenseitig raushauen! So macht das ein echtes Team! Wir lassen keinen hängen!"

11.4.3 Den Kulturwandel managen

Viele sehen den Kulturwandel zu pessimistisch: „Bei uns herrscht eine falsche Fehlerkultur praktisch seit 50 Jahren. Sowas ändert sich nicht über Nacht!" Aber über 20, 30 Nächte. Manchmal geht es auch binnen einer Woche. Kulturwandel ist keine Frage der Zeit, sondern der Entschlossenheit.

Das hängt immer vom Vorgesetzten ab. Die IT-Leiterin eines Naturkosmetikherstellers sagt: „Ich glaube, bei uns ging das binnen zwei Tagen durch. Am ersten Tag habe ich bei zwei zentralen Gelegenheiten (in Meetings) mit Nachdruck gesagt, dass ich Schuldzuweisungen nicht mehr dulde und dass ich jedem auf die Finger klopfe, der einen anderen wegen eines Fehlers schlecht macht. Am zweiten Tag schon gaben sich alle mächtig Mühe. Ich musste das nur noch anerkennen und verstärken." Kulturveränderung ist Führungsaufgabe.

11.4.4 Lernblockade Kulturwandel

Viele Vorgesetzte sagen mir: „Ich kann meinen Leuten das hundert Mal sagen – die kapieren das einfach nicht!" Dann ist es noch nicht richtig gesagt.

Natürlich ändert sich wenig bis nichts, wenn ich zu einem Mitarbeiter sage: „Hören Sie auf, auf dem Kollegen rumzuhacken, wenn er einen Fehler gemacht hat!" Wer das nach zwei Wiederholungen immer noch nicht hinbekommt, dem kann und muss ein Vorgesetzter Konsequenzen androhen. Meist reicht schon: „Sie machen ihn zur Schnecke – dann mache ich auch Sie zur Schnecke!"

Ganz oft liegt es jedoch nicht am mangelnden guten Willen, sondern daran, dass die passenden Worte fehlen: Der Betreffende hat es eben nie anders gelernt. Eine Fehlerkorrektur kann er nur pampig, wertend und persönlich verletzend vornehmen. Also übt man mit ihm im Rollenspiel passende Formulierungen. Auch das dauert Minuten und keine Stunden. Wenn der Vorgesetzte sich als Führungskraft versteht und seine Mitarbeiter besser machen möchte. Wer das möchte, dem gelingt das auch erstaunlich gut und erstaunlich oft.

11.4.5 Job Enrichment und Fehlerkultur

Wenn in den meisten Unternehmen ein Kompetenzträger ausfällt, ist Schicht im Schacht: Keiner kann einspringen, weil keiner das so gut „drauf" hat. Warum eigentlich nicht? Weil keiner sich traute, dem Kollegen auch mal über die Schulter zu schauen und sich ein bisschen in sein Aufgabengebiet einzuarbeiten. Damit man zur Not auch mal einspringen kann.

In vielen Unternehmen wird zwar auch eine Urlaubsübergabe gemacht. Doch fällt dann etwas an, was die interne Urlaubsvertretung tatsächlich erledigen müsste, macht sie das nicht, sondern legt es einfach auf den kleinen Himalaya mit „liegengebliebener Arbeit". Warum? Weil die Urlaubsvertretung nie im fremden Feld des Kollegen üben durfte oder wollte – aus Angst davor, Fehler zu machen und dann bestraft zu werden. So verhindert man sinnvolle Vertretungsregelungen und auch Job Enrichment.

Ganz anders machen es super flexible und agile Unternehmen. Dort wird nicht nur geduldet, sondern geradezu gefordert, auch mal reihum bei den Kollegen zu hospitieren – und Fehler dürfen gemacht werden! „Ist doch klar! Wer lernt, macht Fehler und wir lassen die Kollegen auch nur an Aufgaben ran, wo die Fehlertoleranz hoch ist." Wenn praktisch und in Maßen jeder für jeden einspringen kann, dann können in Engpasssituationen alle zusammen helfen und in bestimmten Bereichen die Kapazität verzigfachen – auf Zuruf! Das ist Zukunftskompetenz. Einer für alle, alle für einen.

11.5 Die Welt bewegt sich schneller als wir dazulernen

Es gibt noch viele andere Kompetenzlücken. Darunter zum Beispiel die Art und Weise der internen Kooperation, die abteilungsübergreifende Zusammenarbeit oder der Teamgeist. Stattdessen erleben wir in vielen Unternehmen Neid, Ellbogenmentalität, Intrigen, ungesunde Konkurrenz, Missgunst und Schnittstellenfriktion. Dass so eine Organisation, die sich selber behindert, bekämpft und ausbremst, keine gute Zukunft hat, ist selbstredend.

11.5.1 Sehen die das nicht?

Bei all diesen Kompetenzmängeln: Sehen die Verantwortlichen die Mängel nicht? Doch, natürlich. Ich kenne kaum jemanden, der sie nicht sehen würde. Doch in kleinen und mittleren Unternehmen höre ich oft: „Wir können unsere Mitarbeiter nicht so oft auf Weiterbildung schicken, wie wir möchten und wie es nötig wäre. Denn wenn wir sie ins Seminar schicken, dann fehlen sie uns hier bei der Arbeit!" Das ist ein verbreitetes Argument, das ziemlich veraltet ist.

11.5.2 Absenzminimale Schulung

Es gibt genügend interne Formate der Weiterbildung, bei denen aufs Seminar Entsandte eben nicht tagelang bei der eigentlichen Arbeit fehlen. Es gibt interne Trainings, Inhouse-Seminare und Inhouse Workshops und es gibt Mini Breaks für Lernimpulse („5-Minuten-Seminare"), bei denen die aufs Seminar Entsandten noch nicht einmal das Haus verlassen müssen!

Selbst in Meetings kann man regelmäßig das Schlaglicht (auch als Blitzlicht bekannt: „Was lief gut? Was weniger?") oder das Format „Lessons Learned" (Was haben wir daraus gelernt?) einsetzen. Es gibt Online-Kurse, viele sogar kostenlos. Es gibt Coaching per Zoom oder Skype, es gibt Action Learning, Supervision und Mentoring und noch viele weitere Weiterbildungsformen, die wenig Zeit kosten, schnell wirken und einen hohen Lerntransfer liefern. Und wenig Geld kosten.

Wenn also jemand in den heutigen stürmischen Zeiten sein Team nicht auf dem aktuellen Stand hält, gibt es nur eine Erklärung: Er oder sie will das nicht. Was okay ist. Jeder und jede darf wollen, wonach ihm oder ihr der Sinn steht. Man sollte sich lediglich nicht mit Zeit- oder Geldmangel herausreden. Wer weiterbilden will, findet immer einen Weg. Treibende Kraft dahinter ist meist die Grundhaltung: „Wir lernen täglich dazu! Wir werden täglich besser!" Wer die richtige Grundhaltung pflegt, findet immer Zeit, Wege und Mittel.

11.5.3 Bildungsindolente Vorgesetzte

Wir haben eines der besten Schulsysteme. Trotzdem oder gerade deshalb gibt es erstaunlich viele Vorgesetzte, die sagen: „Weiterbildung machen wir nicht. Bringt doch nichts." Einmal davon abgesehen, dass jede jemals veröffentlichte Studie dagegen spricht: Damit löst man eine Adverse Selection aus – man zieht die falschen Mitarbeiter an.

Nämlich jene, die ebenfalls nichts hinzu lernen wollen: Wie der Chef, so sein Team. Jeder Chef hat die Mitarbeiter, die er verdient.

Damit vergrault man aber heutzutage jene Mitarbeiter, die etwas dazulernen, besser werden wollen. Sie verlassen irgendwann das Unternehmen, weil ihnen das immer selbe Alte auf den Senkel geht. Es verlassen also exakt jene Mitarbeiter und Führungskräfte das Unternehmen, die für Zukunftssicherheit sorgen könnten. Denn die Zukunft wird manches sein, aber ganz sicher nicht das immer selbe Alte.

SpitzenkandidatInnen fragen bereits beim Bewerbergespräch: „Wie sieht es mit Weiterbildung aus? Welche Zusatzqualifikationen kann ich ablegen? Während der Arbeitszeit? Und die Firma übernimmt die Kosten?"

Das sind die Leute, die wir brauchen: Die wollen vorankommen, dazulernen, besser werden. Also wie anfangen?

11.6 Weiterbildung in der Praxis

Viele wenden bei der betrieblichen Weiterbildung immer noch das Gießkannenprinzip an: Alle kriegen zum Beispiel ein Self-Management-Training – obwohl ein Drittel der Zwangsentsandten das gar nicht braucht oder will. Man lernt immer nur dann dazu, wenn das, was man lernen soll, auch das ist, was man braucht.

11.6.1 Am Anfang die Bedarfsanalyse: Wer braucht was?

Deshalb steht die Bedarfsanalyse am Anfang der Personalentwicklung und Weiterbildung: Wer braucht was?

Wichtig: Bestimmen Sie das nicht von oben herab. Lassen Sie den Mitarbeiter mitreden. Wer zwangsbeglückt in ein Seminar geschickt wird, rächt sich meist durch Seminarschlaf und Nulltransfer (es kommt nichts vom Vermittelten bei der eigenen Arbeit an).

Also sagen Sie einem Mitarbeiter nicht, auch wenn es objektiv zutrifft: „Du hast ein Einstellungsproblem, mein Lieber!" Fragen Sie ihn vielmehr: „Was interessiert dich? Wo möchtest du besser werden?" Und finden Sie einen guten Kompromiss zwischen dem, was er denkt und dem, was Sie denken. Auch Lernen braucht Motivation und wer von oben herab Lernstoff diktiert, demotiviert.

11.6.2 Die leidige Kostenfrage

In vielen Betrieben scheitert die Weiterbildung tatsächlich an der Kostenfrage. Auch bei guter Konjunktur ist einfach nicht so viel Geld da. Also lassen die meisten es dann ganz. Was immer ein Fehler ist. Denn wenn ein beschlagener Kollege, der sich dank privatem Interesse beim Thema X wirklich gut auskennt, in einem 20-Minuten-Impuls-Referat seine KollegInnen an seinem Wissen teilhaben lässt, ist das immer noch besser als komplett auf Weiterbildung zu verzichten. Auch hier gilt: Wer gute Ideen hat, braucht nicht viel Geld, beziehungsweise macht es trotzdem möglich.

11.6.3 Den Sack schlagen und den Esel meinen

Ganz oft werde ich mit den Worten gerufen: „Bringen Sie mein Team auf Vordermann! Machen Sie denen Dampf! Die kriegen den Hintern nicht hoch, die engagieren sich nicht!" Es gibt tatsächlich Trainer, die das machen.

Andere Trainer reden erst einmal eine halbe Stunde mit dem Auftraggeber und machen Auftragsklärung: Woran liegt es? Tatsächlich am Team?

Ganz oft stellt sich nämlich heraus: Führungsteam und Mitarbeiter sind tatsächlich passiv und denkfaul – doch das liegt am Chef, der seine Leute völlig unabsichtlich aber höchst wirkungsvoll demotiviert. Es gibt kein Teamproblem, dafür ein Chefproblem. Das Team braucht kein Training, der Chef braucht ein Coaching. Ist der Chef gut, erkennt er das auch, holt sich das Coaching und erspart seinem Team eine Maßnahme, die es nur weiter demotiviert hätte.

Ganz oft führt der Chef einfach unabsichtlich und unbewusst etwas zu direktiv und treibt damit seine Leute in Passivität und Trotz. Oder die Chefin führt aus vornehmer Zurückhaltung heraus zu wenig und überlässt ihrem Team Entscheidungen, die es gar nicht treffen kann. Das finden wir bei der Bedarfsklärung dann heraus – und stellen es ab. Mit der geeigneten Maßnahme. Und nicht, indem wir Leute auf Verdacht in eine Maßnahme schicken, die gar nichts mit ihnen zu tun hat.

11.6.4 Das Fahnenflucht-Argument

Häufig ist auch zu hören: „Wenn ich meine Leute auf Weiterbildung schicke und die mit einem Schein zurückkommen, dann wollen die mehr Geld oder gehen zur Konkurrenz!" Dann lasse ich sie eben etwas unterschreiben! Bei Trainee-Programmen ist das seit Jahrzehnten Standard: Wer als Trainee das Unternehmen verlässt, ohne so lange geblieben zu sein, dass er mit seiner Arbeitsleistung dem Unternehmen das Geld fürs Trainee-Programm wieder eingespielt hat, zahlt der Firma eben das Lehrgeld anteilig zurück. Das kann man alles regeln und das wird auch von allen geregelt, die das Argument nicht als Ausrede brauchen, um ihre Bildungsabneigung zu erklären.

11.6.5 Wie viele Tage im Jahr?

Auch diese Frage taucht häufig auf: Wie viele Tage Weiterbildung pro Jahr braucht ein Mitarbeiter? Diese Frage ist Unfug und wird wohl nur gestellt, weil viele Statistiken die Weiterbildung eines Unternehmens in Seminartagen pro Kopf und Jahr angeben. Dabei sagt die Zahl überhaupt nichts.

Angenommen, der Durchschnitt liegt in Ihrer Branche bei 2,5 Tagen, Sie finanzieren Ihren Leuten jedoch 5 Tage und drei Viertel ihres Teams bräuchten wegen der rasanten Entwicklung der Digitalisierung 8 Tage? Dann sagt Ihre auf den ersten Blick eindrucksvolle Verdopplung Ihrer Branchen-Benchmark gar nichts, eher im Gegenteil.

Die beste Antwort auf diese Frage lautet also: So viele Tage wie nötig sind, damit das festgestellte Kompetenzdefizit behoben ist! Es wird gelernt, bis es „sitzt". Es wird so lange trainiert, bis die Leute es können. Denn es hilft ja alles nichts: Können müssen sie es!

11.7 Der Entwicklungsaspekt

Die besten Mitarbeiter werden nicht eingestellt, sondern entwickelt. Das ist jetzt etwas vereinfacht formuliert, doch als Prinzip stimmt es und funktioniert auch. Dieses Prinzip ist einfach und einleuchtend – und wird heftig geleugnet.

Mit teils heftigen Sprüchen wie: „Du kannst einer Kuh nicht das Klavierspielen beibringen. Du vergeudest nur deine Zeit und verärgerst dabei noch die Kuh." Andere sagen weniger zynisch: „Was Hänschen nicht lernt, lernt Hans nimmermehr." Dann dürfte kein 40-Jähriger im Internet unterwegs sein: Denn als er ein Hänschen war, gab's das noch nicht. Doch heute bestellt er online wie ein Weltmeister. Hans hat's also dazu gelernt. Quod erat demonstrandum: Der Mensch ist lernfähig.

Er ist auch lernwillig, wenn man ihn nicht per Befehl in den Seminarraum abkommandiert wie zu einer Strafaktion. Die Frage ist nicht, ob Menschen dazulernen können und wollen: Die meisten können und wollen. Die Frage ist, wie wir das lebenslange Lernen unserer Führungskräfte und Mitarbeiter so organisieren, dass sie auch tatsächlich täglich dazulernen. Wobei die Frage bereits die Antwort ist.

Wir lernen täglich dazu, indem wir täglich dazu lernen. Also wenn wir die dutzendfachen täglichen Lernimpulse und -gelegenheiten nutzen, die in der täglichen Hektik meist übergangen werden. Nicht nach Lust und Laune (dann wird es nämlich in der Hektik des Alltags zuverlässig und regelmäßig „vergessen"), sondern von Führungskräften so organisiert, dass tägliches Dazulernen gefordert und gefördert wird. Fordern und fördern? Das können Führungskräfte.

Schlusswort von der Zukunft

Zusammenfassung
Sein Unternehmen auf den Kopf stellen, heißt eben nicht, es ins Chaos zu stürzen, sondern schlicht und mutig Denkverbote aufheben, in großen Kategorien und kleinen Schritten denken und eine Entwicklung eingehen, die jeden Tag ein kleines Stückchen weiter vorangebracht wird.

Herzlichen Glückwunsch! Wozu? Dazu, dass Sie sich so weit vorgearbeitet haben. Das ist keine Selbstverständlichkeit. Lesend besser werden ist in Zeiten der Emoji-Kommunikation per Handy bereits schon eine Hochkultur-Technologie und per se eine beachtliche Leistung.

Manche, die so weit wie Sie gekommen sind, fragen mich: Ich habe jetzt so viel Neues hinzu gelernt – muss ich denn meinen ganzen Laden auf den Kopf stellen? Nein, das würde nur unnötig Chaos verursachen.

Es reicht schon völlig, wenn Sie sich für den Anfang von einigen alten Denkweisen befreien. Denn das geht dann automatisch auch auf Ihre Führungskräfte und Mitarbeiter über – auf dem Weg des sogenannten osmotischen Transfers oder umgangssprachlich: wegen Ihrer Vorbildfunktion.

Lassen Sie sich auch nicht von der vermeintlichen Fülle dessen irritieren, was Sie alles ändern sollten, müssen oder wollen: Wo fange ich bloß an? Gute Frage, bessere Antwort: Irgendwo! Hauptsache, Sie fangen an. Korrigieren können Sie immer noch, wenn Sie einmal losgelegt haben. Einfach mal machen und schauen wie sich das entwickelt. Die Entwicklung zum Besseren lässt sich ja steuern.

Setzen Sie sich große Ziele! Das motiviert stärker als immer nur bis zu den eigenen Fußspitzen zu schauen. Think Big! Was man nicht denkt, kann man nicht machen. Wer Großes denkt, erreicht auch Großes. Wer immer nur klein/klein denkt, kommt selten bei etwas Großem heraus. Ebenso selbstverständlich ist, dass man zwar im großen Wurf denkt, aber in kleinen Schritten handelt. Je kleiner ein Schritt, desto höher die Erfolgswahrscheinlichkeit und desto schneller kommen Sie zum nächsten kleinen Schritt und daher umso schneller voran. Wenn Verantwortliche dabei scheitern, das eigene Unternehmen vom Kopf auf die Füße zu stellen, dann meist, weil sie zu große Schritte planen: Niemand isst die Salami am Stück. Die Kunst des Erfolgs liegt darin, das Ziel groß genug und die Zielschritte klein genug zu machen.

Sein Unternehmen vom Kopf auf die Füße zu stellen ist kein Event, sondern ein Prozess, der Sie ein Leben lang begleiten wird, wenn Sie es ernst damit meinen. Und wenn Sie es ernst damit meinen, werden Sie auch täglich genügend Zeit dafür finden. Nicht viel Zeit, aber genügend.

Natürlich werden Sie dabei auch viel Neues ausprobieren, was bei den meisten Menschen Skepsis und Vorsicht auslöst. Deshalb muss man auch nicht mit totaler Begeisterung ins Neue hineinspringen, sondern sollte es vielmehr mit Sinn und Verstand angehen. Anfangs macht das Neue nicht immer Spaß: Die Freude kommt beim Machen. Das ist deshalb wichtig, weil wir beim Anpacken von Neuem oft Unlust verspüren und dann automatisch sagen oder denken: „Vielleicht ist das doch nicht so eine gute Idee!" Das ist fatal.

Denn jene Ideen, die sich hinterher als die besten Ideen herausstellen, haben in den ersten Tagen meist wenig Spaß gemacht: Neues macht, solange es noch sehr neu ist, selten Spaß. Es fordert vor allem. Neues ist in erster Linie kein Spaß, sondern eine Herausforderung. Diese Herausforderung werden Sie meistern. Woher ich das weiß?

Allein aus der Tatsache, dass Sie in diesem Buch, auch wenn Sie quergelesen oder Seiten übersprungen haben sollten, auf dieser Seite angelangt sind. Diese Leistung befähigt Sie schon rein intellektuell, kognitiv und organisatorisch, auch die Herausforderungen der Zukunft zu meistern. Wie es geht, wissen Sie jetzt. Sie finden auf den Seiten dieses Buches genügend Anregungen. Wenn ich Sie bei deren Umsetzung unterstützen kann, mache ich das gerne.

Ich wünsche Ihnen viel Erfolg und Freude auf Ihrem Weg in eine gute Zukunft!

Über den Initiator der Chefsache-Reihe

Peter Buchenau gilt als der Indianer in der deutschen Redner-, Berater- und Coaching-Szene. Als ehemaliger Top-Manager in französischen, Schweizer und US-amerikanischen Konzernen kennt er die Erfolgsfaktoren bei Führungsthemen bestens. Er versteht es wie kaum ein anderer auf sein Gegenüber einzugehen, zu analysieren, zu verstehen und zu fühlen. Er liest Fährten, entdeckt Wege und Zugänge und bringt Zuhörer und Klienten auf den richtigen Weg.

Peter Buchenau ist Ihr Gefährte, er begleitet Sie bei der Umsetzung Ihres Weges, damit Sie Spuren hinterlassen – Spuren, an die man sich noch lange erinnern wird. Der mehrfach ausgezeichnete Chefsache-Ratgeber und Geradeausdenker (denn der effizienteste Weg zwischen zwei Punkten ist immer noch eine Gerade) ist ein Mann von der Praxis für die Praxis, gibt Tipps vom Profi für Profis. Heute ist er auf der einen Seite Vollblutunternehmer und Geschäftsführer, auf der anderen Seite Sparringspartner, Mentor, Autor, Kabarettist und Dozent an Hochschulen. In seinen Büchern, Coachings und Vorträgen verblüfft er die Teilnehmer mit seinen einfachen und schnell nachvollziehbaren Praxisbeispielen. Er versteht es vorbildhaft und effizient ernste und kritische Sachverhalte so unterhaltsam und kabarettistisch zu präsentieren, dass die emotionalen Highlights und Pointen zum Erlebnis werden.

Die von ihm initiierte Chefsache Serie beschreibt wichtige Führungsthemen der sogenannten Ebene 2. Dies sind hauptsächlich die weichen zusätzlichen Erfolgsfaktoren abseits von Umsatz, Finanzen und rechtlichen Gegebenheiten. Als Zielgruppe sind hier Kleinunternehmer, Vorgesetzte und Inhaber in mittelständischen Unternehmungen sowie Führungskräfte in Konzernen angesprochen.

Mehr zu Peter Buchenau unter www.peterbuchenau.de

Topaktuelles Wissen für die Praxis

P. Buchenau (Hrsg.)
Chefsache Diversity Management
1. Aufl. 2016, XII, 194 S. 9 Abb., Hardcover
*29,99 € (D) | 30,83 € (A) | CHF 31.00
ISBN 978-3-658-12655-1

P. Buchenau, B. Balsereit
Chefsache Leisure Sickness
Warum Leistungsträger in ihrer Freizeit krank werden
1. Aufl. 2015, XIII, 115 S. 4 Abb., Hardcover
*19,99 € (D) | 20,55 € (A) | CHF 21.50
ISBN 978-3-658-05782-4

P. Buchenau, M. Geßner, C. Geßner, A. Kölle (Hrsg.)
Chefsache Nachhaltigkeit
Praxisbeispiele aus Unternehmen
1. Aufl. 2016, XVIII, 314 S., Hardcover
*29,99 € (D) | 30,83 € (A) | CHF 31.00
ISBN 978-3-658-11071-0

P. Buchenau (Hrsg.)
Chefsache Frauenquote
Pro und Kontra aus aktueller Sicht
1. Aufl. 2016, XII, 204 S. 5 Abb., Hardcover
*29,99 € (D) | 30,83 € (A) | CHF 31.00
ISBN 978-3-658-12182-2

P. Buchenau (Hrsg.)
Chefsache Frauen
Männer machen Frauen erfolgreich
1. Aufl. 2015, XII, 294 S. 23 Abb., Hardcover
*29,99 € (D) | 30,83 € (A) | CHF 32.00
ISBN 978-3-658-07497-5

P. Buchenau (Hrsg.)
Chefsache Frauen II
Frauen machen Frauen erfolgreich
1. Aufl. 2017, X, 291 S. 31 Abb., Hardcover
*29,99 € (D) | 30,83 € (A) | CHF 31.00
ISBN 978-3-658-14269-8

P. Buchenau (Hrsg.)
Chefsache Gesundheit I
Der Führungsratgeber fürs 21. Jahrhundert
2. Aufl. 2017, VIII, 280 S., Hardcover
*29,99 € (D) | 30,83 € (A) | CHF 37.50
ISBN 978-3-658-16579-6

P.H. Buchenau (Hrsg.)
Chefsache Prävention I
Wie Prävention zum unternehmerischen Erfolgsfaktor wird
2014, XIV, 325 S. 48 Abb., Softcover
*29,99 € (D) | 30,83 € (A) | CHF 37.50
ISBN 978-3-658-03611-9

P. Buchenau, D. Fürtbauer
Chefsache Social Media Marketing
Wie erfolgreiche Unternehmen schon heute den Markt der Zukunft bestimmen
1. Aufl. 2015, XIV, 115 S. 33 Abb., Hardcover
*29,99 € (D) | 30,83 € (A) | CHF 32.00
ISBN 978-3-658-07507-1

€ (D) sind gebundene Ladenpreise in Deutschland und enthalten 7 % MwSt. € (A) sind gebundene Ladenpreise in Österreich und enthalten 10 % MwSt. Die mit * gekennzeichneten Preise sind unverbindliche Preisempfehlungen und enthalten die landesübliche MwSt. Preisänderungen und Irrtümer vorbehalten.

Jetzt bestellen: springer.com/shop

Ihr Bonus als Käufer dieses Buches

Als Käufer dieses Buches können Sie kostenlos das eBook zum Buch nutzen. Sie können es dauerhaft in Ihrem persönlichen, digitalen Bücherregal auf **springer.com** speichern oder auf Ihren PC/Tablet/eReader downloaden.

Gehen Sie bitte wie folgt vor:
1. Gehen Sie zu **springer.com/shop** und suchen Sie das vorliegende Buch (am schnellsten über die Eingabe der eISBN).
2. Legen Sie es in den Warenkorb und klicken Sie dann auf: **zum Einkaufswagen/zur Kasse.**
3. Geben Sie den untenstehenden Coupon ein. In der Bestellübersicht wird damit das eBook mit 0 Euro ausgewiesen, ist also kostenlos für Sie.
4. Gehen Sie weiter **zur Kasse** und schließen den Vorgang ab.
5. Sie können das eBook nun downloaden und auf einem Gerät Ihrer Wahl lesen. Das eBook bleibt dauerhaft in Ihrem digitalen Bücherregal gespeichert.

EBOOK INSIDE

eISBN
Ihr persönlicher Coupon

Sollte der Coupon fehlen oder nicht funktionieren, senden Sie uns bitte eine E-Mail mit dem Betreff: **eBook inside** an **customerservice@springer.com**.

MIX
Papier aus verantwortungsvollen Quellen
Paper from responsible sources
FSC® C105338

If you have any concerns about our products,
you can contact us on
ProductSafety@springernature.com

In case Publisher is established outside the EU,
the EU authorized representative is:
**Springer Nature Customer Service Center GmbH
Europaplatz 3, 69115 Heidelberg, Germany**

Printed by Libri Plureos GmbH
in Hamburg, Germany